Swego Mężà ona
Głowy KORONA

Altpolnische Küche und polnische Tischsitten

Maria Lemnis
Henryk Vitry

Altpolnische Küche und polnische Tischsitten

Verlag Interpress
Warszawa 1984

Graphische Gestaltung: Hubert Rudziński

Titel des polnischen Originals:
W staropolskiej kuchni i przy polskim stole

Die abgebildeten Holzschnitte sind folgenden Quellen entnommen:
Józef Muczkowski, *Zbiór drzeworytów w Bibliotece Uniwersytetu Jagiellońskiego.* 1884
Polonia typographica saeculi sedecimi. Ossolineum 1938—1976. Ikonographische Anstalt der Nationalbibliothek in Warszawa

ISBN-83-223-1817-0

Inhalt

Ein Kochbuch?

Ein Kochbuch, wenn auch kein gewöhnliches; eine Plauderei, in der typisch polnische Kochrezepte und Skizzen aus der Geschichte des polnischen kulinarischen Brauchtums einander abwechseln.

Von der altpolnischen Küche wird viel geschrieben und gesprochen. Die einen bemängeln an ihr die grenzenlose Verschwendung und das Übermass an alkoholischen Getränken, andere wieder rühmen ihre unverkennbaren Reize — das Vertraute, das Einfache, den Überfluss.

Die altpolnische Küche ist jedoch keineswegs der Magnatenküche gleichzusetzen, die ganze Vermögen verschlang, Üppigkeit liebte und durch die Unmenge der bei einem Festmahl angerichteten Gänge in Erstaunen setzte.

Die echte altpolnische Küche setzte sich aus drei kulinarischen „Strömungen" zusammen, aus der Bauernküche, der Bürgerküche und der Adelsküche. Im Laufe der vergangenen Jahrhunderte haben sie sich teils angenähert, teils voneinander entfernt, bis sie schliesslich zu einer einzigen vielfältigen und abwechslungsreichen Küche verschmolzen sind, die alle Elemente des polnischen kulinarischen Stils in sich vereint.

Die Unterschiede zwischen diesen Strömungen waren im Grunde genommen nicht so gross; innerhalb der „Adelsküche" z.B. bestanden erhebliche Kontraste zwischen der Küche der Magnaten, der Küche des mittleren Adels und der — von der Küche der Bauern kaum abweichenden — Küche des armen Landadels. Der Reiche hat immer besser gespeist als der Arme. Mit anderen Worten, im alten Polen gab es mehrere Kategorien von Küche (nach Zbigniew Kuchowicz — „Altpolnische Bräuche des 17. und 18. Jh.", erschienen 1975 in Łódź — waren es im 17. und 18. Jh. gar fünf!), sie spiegelten jedoch nicht ausschliesslich den Vermögensstand wider, sondern auch die Traditionen und die Kultur des jeweiligen Milieus und der einzelnen Bevölkerungsgruppen.

Nicht ohne Anteil und Einfluss war hierbei die Geschichte, denn die dramatischen und stürmischen politischen Ereignisse, aber auch gesellschaftliche Umwälzungen bestimmten mit, was und wie gegessen wurde. So darf es den Leser nicht wundern, dass in der vorliegenden kulinarischen Plauderei hie und da auch diese „Grosse Geschichte" zu Worte kommt, die alle Bereiche des nationalen Lebens gestaltet.

Der altpolnischen Küche ist bisher noch keine Monographie gewidmet worden, die diesem faszinierenden Thema würdig wäre. Sie hat noch keinen Geschichtsschreiber gefunden, der sich für sie begeistert hätte. Das heisst jedoch nicht, dass sie der Vergessenheit anheim gefallen ist. Ganz im Gegenteil. Es ist über sie verhältnismässig viel geschrieben worden. Viele Autoren aus alten und neuen Zeiten haben dieses Thema in ihren Arbeiten über bestimmte Geschichtsabschnitte oder aber über ein ausgewähltes Problem aufgegriffen und damit die Kenntnisse von den altpolnischen kulinarischen Bräuchen um ausserordentlich wertvolle Beiträge und Kapitel bereichert. Die beste und zugleich neueste Position hierzu ist zweifellos das bereits zitierte Werk von Z. Kuchowicz „Altpolnische Bräuche des 17. und 18. Jh.". Die lange Reihe derjenigen, die in ihren Werken Hinweise auf polnische Gerichte, Festgelage und kulinarische Bräuche gaben, wird vom Verfasser der ersten, in den Jahren 1112—1116 entstandenen polnischen Chronik eingeleitet — einem später als Gallus Anonymus bezeichneten Mönch unbekannten Namens und unbekannter Herkunft. Wollte man alle jene altpolnischen Quellen — Fragmente zahlreicher Memoiren, unzählige Epigramme, nicht zu reden von den so wertvollen Urteilen und Berichten ausländischer Polenreisender über kulinarische Dinge — zusammentragen, wäre das Material so umfangreich, dass das Leben eines einzigen Forschers für seine Bearbeitung nicht ausreichen würde.

Es wäre auch lohnend, in die leider nicht zahlreich erhaltenen altpolnischen Wiegendrucke und Handschriften über kulinarische Fragen Einblick zu nehmen, u.a. in das berühmte, 1682 erschienene „Compendium ferculorum" von Stanisław Czerniecki — ein Buch, das heute vor allem deshalb bekannt ist, weil Adam Mickiewicz eben daraus Anregungen für die Beschreibung des letzten altpolnischen Festmahls im 12. Buch von „Pan Tadeusz" geschöpft hat.

All das wird gewiss früher oder später erfolgen. Doch scheint es gerechtfertigt, auf einige Quellen zurückzugreifen, um vorliegendes bescheidenes Büchlein über die polnische Küche mit Beschreibungen und Anekdoten aus ihrer ruhmvollen und jahrhundertealten Vergangenheit farbiger zu gestalten. Die kulinarischen Bräuche bilden nur einen schmalen Randbereich der polnischen Nationalkultur, jedoch einen so farbigen, dass es lohnt, ein wenig bei ihm zu verweilen, um so mehr, als er — ein kontinuierlicher Teil der Tradition — die fernsten Zeiten mit der Gegenwart verbindet.

Da hier erst gar nicht versucht werden soll, ein erschöpfendes Bild von der kulinarischen Vergangenheit Polens zu geben, ein Bild, das wie ein riesiges Mosaik aus tausenden farbigen Details zusammengesetzt werden müsste, wurde beschlossen, über dieses Thema ein wenig zu plaudern.

Die polnischen kulinarischen Bräuche geben nicht nur Auskunft über die den Polen eigene Art der Ernährung. Zu ihnen gehören auch das stürmische polnische Temperament, die sprichwörtliche polnische Gastlichkeit, die Offenheit, die Lebensfreude, die Freigebigkeit, der sich in der altpolnischen gedeckten Tafel offenbarende Sinn für das Schöne, aber auch die Treue gegenüber der Tradition und ihre Hochschätzung — kurz, alle die vielen Eigenschaften, die das ausmachen, was ganz allgemein als Polentum bezeichnet werden kann.

So mancher Pole erinnert sich noch an jene tragischen, traurigen Weihnachten und Ostern während des letzten Krieges: an den furchtbaren Terror der Nazis, an die Ungewissheit, an den Hunger, an die demütigende Bitternis der vom Okkupanten aufgezwungenen Unfreiheit. Wie wohl taten dem Herzen die kümmerlichen Weihnachten jener Jahre mit ihrem dünnen, aus einigen erfrorenen roten Rüben gekochten Barschtsch und dem einen, mühevoll ergatterten Hering, der — in kleine Stückchen geteilt — die weihnachtlichen Fischgerichte ersetzen musste. Mit welcher Ergriffenheit teilten die Polen damals die Oblate miteinander, wünschten einander ein gesundes Fest und gedachten jener, die im geheimen Kampf ihr Leben gelassen hatten oder in den Gestapogefängnissen umgekommen waren. Ebenso erschütternd war das Osterfest mit seinem geweihten Mahl. Das waren keine Speisen, denn sie konnten den Hunger nicht stillen, es waren patriotische Symbole, die mithalfen auszuharren, durchzuhalten und zu überdauern.

Inzwischen ist eine junge Generation herangewachsen, die jene düsteren Zeiten nur aus Erzählungen und Büchern kennt. Für sie sind Weihnachten und Ostern gleichbedeutend mit fröhlichen Familienfesten am traditionsgemäss und reich gedeckten Tisch ohne die tragischen Erinnerungen. Möge es so bleiben für alle Zeiten.

Auch für jene Polen, die über alle Erdteile verstreut leben und die grosse Familie der Auslandspolen bilden, sind die heimatlichen Traditionen der polnischen Küche etwas Ergreifendes, das sorgsam gepflegt und an die Jüngeren weitergegeben wird. Wie oft kann man beobachten, dass Auslandspolen, die das Land ihrer Väter besuchen, im Restaurant aufmerksam die Speisekarte studieren und dann polnische Gerichte wählen, die ihnen oft nur vom Hörensagen und dem Namen nach bekannt sind. Vor allem diese Leser hatten wir im Auge, als unsere kulinarische Plauderei entstand.

Die gigantische Lebensmittelindustrie der Welt, deren Produktion durch den internationalen, weitverzweigten Handel verbreitet wird, trägt dazu bei, dass die Küchen der hochentwickelten Länder einander immer ähnlicher werden, wenn dieser Prozess auch vorerst noch sehr langsam verläuft.

Zugleich jedoch lässt sich ein wachsendes Interesse für die Nationalküchen feststellen, eine Erscheinung, die keineswegs ohne tieferen Sinn ist. So kann also zum kulturellen Austausch zwischen den Völkern neuerdings auch die Kochkunst gerechnet werden.

Kochbücher mit Rezepten anderer Länder sind zusehends gefragter, ebenso Restaurants, auf deren Speisekarten französische, spanische, italienische, griechische, türkische, chinesische, jüdische, jugoslawische, indonesische u.a. Gerichte stehen. In diesem grossen internationalen kulinarischen Reigen wird die polnische Küche gewiss einen ihr gebührenden Platz einnehmen.

Im vorliegenden Buch sind keine besonders raffinierten und seltenen Gerichte zusammengestellt worden. Es enthält dagegen Rezepte für Gerichte, die tagtäglich auf dem polnischen Tisch erscheinen, und auch die Festtagsküche ist nicht vergessen worden: ihr sind die Kapitel „Weihnachten" und „Ostern" gewidmet.

Es wäre schön, wenn die Koch- und Backrezepte, die in die Plauderei über polnische Tischsitten eingeflochten sind, den Leser zu häufigem Gebrauch anregen und damit zur Fortsetzung der kulinarischen Traditionen Polens beitragen würden.

Legende und Geschichte

Seit eh und je

war der Nahrungserwerb eine der wichtigsten, wenn nicht gar die wichtigste Beschäftigung des Menschen überhaupt. Vermutlich vergingen vom Zeitpunkt seines Erscheinens auf der Erde mehrere Millionen Jahre, bevor er das zu schaffen begann, was wir allgemein als Kultur bezeichnen.

Paläontologen haben unwiderlegbar festgestellt, dass die ersten Menschengruppen in verschiedenen Klimazonen unseres Erdballs gelebt haben, daher die Schlussfolgerung, dass sich diese ersten Vertreter des Menschengeschlechts verschiedenartig ernähren mussten, je nach den Gegebenheiten, in denen sie lebten.

Die Zeit floss damals — vom heutigen Standpunkt aus gesehen — sehr langsam dahin, und wir werden nie erfahren, wann das Essen, das bis heute nicht aufgehört hat eine Notwendigkeit zu sein, auch zu einer — immer geschickter dosierten — Annehmlichkeit zu werden begann. Diese Zeit liegt so weit zurück, dass sie nicht einmal annähernd angegeben werden kann. Tauchten doch erst Ende des 4. und im 3. Jh. vor unserer Zeitrechnung Staaten mit — auch kulinarisch — hoher Kultur aus dem Dämmer der Geschichte empor, wie etwa Ägypten, Babylon, China. Zu jener Zeit entstanden gewiss auch die ersten „Nationalküchen", die sich durch erhebliche Rafinesse und durch Vorliebe für den Luxus auszeichneten. Selbstverständlich sind dies nur mehr oder weniger begründete Vermutungen. Die „Werke" der Kochkunst haben schliesslich nur ein kurzes Leben, ebenso kurz wie die sprichwörtliche Eintagsfliege; die ersten schriftlichen polnischen Kochrezepte jedoch sind im Verhältnis zu anderen niedergeschriebenen Dingen sehr jungen Datums. Ebenso wie die Volkslieder mündlich überliefert, sind sie grossenteils unwiderbringlich verloren gegangen oder aber sind in immer neuer, vollkommenerer Form wiedererstanden und haben mit den Errungenschaften in anderen Bereichen der Kultur Schritt gehalten. Einige sehr alte Speisen und Getränke haben sich in ihrer fast ursprünglichen Form allerdings bis in unsere Zeit erhalten, wie etwa das heute so beliebte Grillfleisch, die Grütze, Käse, Brot, Wein und Bier.

Die altpolnische Küche hat sich aus der Küche der alten Slawen entwickelt. Leider haben jene das Gebiet Polens damals bewohnenden slawischen Stämme im alten Schrifttum nur sehr spärliche und nicht immer glaubwürdige Spuren hinterlassen. Als reiches und nur teilweise erforschtes „Archiv" der slawischen Vergangenheit hat sich dagegen der Boden Polens erwiesen, der noch tausende Gegenstände birgt — authentische Dokumente von unschätzbarem Wert für den Historiker.

So vermittelt die Archäologie ein immer vollständigeres Bild von der slawischen, der polnischen Geschichte, ja sie gibt sogar die Möglichkeit, das tägliche Leben der Bewohner dieses Gebietes in groben Umrissen zu rekonstruieren.

Der polnische Staat ist weder von einem Tag zum anderen noch auf kulturell sterilem Boden gewachsen. Ganz besonders trifft das auf den Stamm der Polanen zu, bei denen die Idee von der Schaffung eines starken Staates, der sich Eroberungsgelüsten der Nachbarn widersetzen konnte, aufgetaucht ist und verwirklicht wurde.

Heute ist aus zahlreichen, oft aufsehenerregenden Grabungsfunden bekannt, dass schon zwischen dem 1. und dem 5. Jh. unserer Zeitrechnung die das heutige Polen bewohnenden Stämme lebhafte Handelsverbindungen nicht nur mit Rom unterhielten. Zwar sind die römischen Legionen nie bis an die Weichsel vorgedrungen, römische Kaufleute jedoch haben nicht nur das Oder- und Weichselgebiet besucht, sondern sind — der verzweigten, im Altertum berühmten „Bernsteinstrasse" folgend — sogar bis zur von den Slawen bewohnten Ostseeküste gelangt. Sie wussten mehr von den Naturschätzen der slawischen Gebiete, von den Bräuchen und der Kultur der Slawen als die grossen römischen Historiker, allen voran Tacitus, dessen Wissen über die Slawen „aus zweiter Hand" stammte. Weitblickend und vorsichtig behielten die Kaufleute wegen der Konkurrenz ihr Wissen für sich.

Die slawischen Territorien, auf denen der polnische Staat entstand, waren nicht nur reich an dem im Altertum ungemein teuren Bernstein, der damals als eine der „stärksten Währungen" galt, sondern auch an kostbarem und gefragtem Pelzwerk.

Zwischen dem 1. und dem 5. Jh. wurden, wie Ausgrabungen beweisen, viele und mannigfaltige Waren römischer, byzantinischer und sogar ägyptischer Herkunft eingeführt. Auf polnischem Gebiet sind nicht nur grosse Mengen römischer Münzen gefunden worden, sondern auch viele Luxusgegenstände, wie etwa kunstvoll gearbeitete Pokale, kostbarer Gold- und Silberschmuck, römische Goldmedaillons mit Kaiserbildnissen, verschiedenartige Silber-, Bronze- und Keramikgefässe, Glaserzeugnisse usw.

Obwohl die Ausfuhr von Waffen aus Rom in die Länder der „Barbaren" streng verboten war, sind bei Ausgrabungen auch römische Schwerter gefunden worden. Offenbar ist der illegale Waffenhandel so alt wie die Welt selbst. Eingeführt wurden auch Traubenweine, so dass die Behauptung entkräftet wird, sie seien erst nach dem Übergang Polens zum Christentum auf den Tafeln der reichen slawischen Feudalherren erschienen. Selbstverständlich waren sie zu jener Zeit, von der hier die Rede ist, nur für einen kleinen Kreis, für die reichsten Stammesfürsten zugänglich.

In dieser fernen, von den Historikern nur wenig erforschten Zeit sind die Anfänge der polnischen Küche zu suchen. An den Höfen der Magnaten war sie infolge fremdländischer Einflüsse gewiss erlesener und abwechslungsreicher. Aber auch die bodenständige slawische Küche war trotz gewisser Einfachheit reichhaltig und durchaus nicht eintönig.

In der Chronik des Gallus Anonymus, die zur Herrschaftszeit von Bolesław Schiefmund (1107—1138) geschrieben wurde, heisst es von Polen: „Ein zwar sehr waldiges Land, aber doch auch recht reich an Gold und Silber, Brot und Fleisch, Fisch und Honig; und vor allem aus einem Grund verdient es über andere gestellt zu werden, dass es, umgeben von so vielen... christlichen und heidnischen Völkern und oftmals von allen zusammen und von jedem einzeln überfallen, doch von niemandem jemals ganz unterworfen worden ist; ein Land, in dem die Luft gesund, die Äcker fruchtbar, der Wald honigreich, die Gewässer fischreich, die Ritter tapfer, die Bauern arbeitsam, die Pferde ausdauernd und die Ochsen arbeitswillig sind, die Kühe fette Milch und die Schafe viel Wolle geben."

Die Anfänge der polnischen Geschichte sind vom Glanz zweier Festmähler umstrahlt. Das erste birgt unter dem Mantel der Legende ein Körnchen historischer Wahrheit. Das zweite, vollkommen authentische, genau datierte war ein durch seine Üppigkeit überwältigender Empfang von ausgesprochen politischem Charakter.

Das erste, ein bescheidenes Festmahl, wurde von Piast, einem Ackersmann des Fürsten Popiel, anlässlich der Aufnahme seines Sohnes Siemowit in die Gemeinschaft der Männer ausgerichtet. Zur gleichen Zeit wurde auch den beiden Söhnen von Popiel zum Zeichen ihrer Mannbarkeit das Haar geschnitten. Zwei geheimnisvolle Fremde, denen Fürst Popiel die Gastfreundschaft versagt hatte, klopften an die Hütte von Piast. Dieser und seine Frau Rzepka nahmen die Wanderer mit wahrhaft polnischer Gastlichkeit auf. Als Dank dafür liessen die beiden Fremden alle von Rzepka zubereiteten Speisen sich auf wunderbare Art vermehren — zur grossen Verwunderung des Gastgebers und seiner Gäste. Der junge Siemowit jedoch wurde nach der Vertreibung des verhassten Popiel zum Ahnherrn der Königsdynastie der Piasten, die bis 1370 den polnischen Thron innehatte und mit dem Tod von Kazimierz dem Grossen erlosch.

Gallus Anonymus war es, der das Mannbarkeitsritual des Siemowit beschrieben hat. Besonderen Nachdruck legte er dabei auf die wunderbaren Geschehnisse, die dieses Ritual begleiteten, da sie das Geschlecht der Piasten als würdige Nachfolger des Geschlechts der Popieliden erscheinen liessen. Kulinarische Einzelheiten werden nur nebenbei erwähnt. So erfährt man lediglich, dass Piast für seine Gäste ein Spanferkel zubereitet hatte; wie es allerdings gereicht wurde, verschweigt der Chronist. Es ist anzunehmen, dass Frau Rzepka auch noch andere Gerichte zubereitet hatte. Gallus fügt hinzu, dass die Gäste des Piast nach dem Essen einem „Fässchen gut gegorenen Biers" zusprachen, das sich immer neu füllte, so dass von den Nachbarn Gefässe ausgeliehen werden mussten. Die Gastfreundschaft von Piast und Rzepka beschreibend, bemerkt Gallus: „Gott zögert nicht, die Gastfreundschaft sogar der Heiden zu belohnen." Gallus Anonymus war ein Fremder, ein Mönch, und die aufrichtige polnische Gastfreundschaft, ein Erbteil aller Slawen, ist seiner Aufmerksamkeit nicht entgangen, da er sie in seiner Chronik noch oft lobend erwähnt hat.

Das berühmteste polnische „diplomatische Bankett" des frühen Mittelalters jedoch, das in ganz Europa Widerhall fand, war das Festmahl, das Bolesław der Tapfere im Jahre 1000 zu Ehren des Kaisers Otto III. in Gniezno — der damaligen Hauptstadt Polens — gegeben hat. Der Kaiser befand sich auf einer Pilgerfahrt nach Gniezno zum Grab des hl. Adalbert. Bei dieser Gelegenheit besprach er mit dem polnischen Fürsten seine weitreichenden und, wie sich bald zeigen sollte, utopischen politischen Pläne. Sie waren für jene Zeiten ungewöhnlich. Der junge Kaiser, ein Mystiker und Phantast, wollte ein römisches Kaiserreich schaffen, dem die Völker Europas gleichberechtigt und unter dem Zepter des Kaisers als weltlichem Statthalter Christi auf Erden angehören sollten. Er wollte den polnischen Fürsten, dem er Vertrauen und Freundschaft entgegenbrachte, für seine grosse Idee gewinnen.

Gallus Anonymus gibt eine äusserst anschauliche Beschreibung der feierlichen Begrüssung und des prunkvollen Empfangs, wobei er sich gewiss auf zahlreiche Überlieferungen stützte, denn seit jenen Ereignissen war schon mehr als ein Jahrhundert vergangen.

Fürst Bolesław hatte „für die Ankunft des Kaisers wahre Wunder vorbereitet; zuerst hatte er verschiedenartige Rittertruppen, dann Würdenträger wie Chöre auf der grossen Ebene aufgestellt, und die einzelnen, gesondert stehenden Truppen unterschieden sich voneinander durch anders gefärbte Kleidung. Es war das aber kein billiges Kunterbunt beliebigen Zierats, sondern es waren die wertvollsten Dinge, die irgend in der Welt zu finden waren... Ungeachtet seines Ruhms, seiner Macht und seines Reichtums rief der Kaiser verwundert aus: ‚Bei der Krone meines Kaiserreichs! Was ich sehe, ist mehr, als man mir verkündet hat!' Und auf Anraten seiner Magnaten fügte er vor allen Versammelten hinzu: ‚Es steht einem solchen und so grossen Manne nicht an..., dass er Fürst oder Graf genannt wird, sondern es geziemt sich, ihn rühmlich auf den Königsthron zu erheben und ihm die Krone auf das Haupt zu setzen.' Und sein Kaiserdiadem vom Kopf nehmend, setzte er es Bolesław als Unterpfand des Bündnisses und der Freundschaft auf und gab ihm einen Nagel vom Kreuz des Herrn sowie die Lanze des hl. Mauritius zum Geschenk, wofür ihm Bolesław die Siegesfahne und den Arm des hl. Adalbert schenkte. Und in so grosser Liebe verbanden sie sich an jenem Tag, dass ihn der Kaiser zu seinem Bruder und zum Mitverwalter des Kaiserreichs erhob und ihn seinen Freund nannte."

Bolesław war von wahrhaft königlicher Freigebigkeit. Gallus Anonymus teilt in seiner Chronik mit, der polnische Fürst habe „drei Tage lang... ein wahrhaft königliches und kaiserliches Gastmahl ausgerichtet", Otto III. das gesamte goldene und silberne Tafelgeschirr geschenkt und viele andere, ebenso kostbare Geschenke hinzugefügt. Auch das den Kaiser begleitende Gefolge habe er sehr grosszügig beschenkt, so dass „er sie sich aus freundschaftlich Gesinnten zu grössten Freunden gemacht" habe.

Leider ist nicht bekannt, welche Speisen in jenen goldenen und silbernen Schüsseln gereicht worden waren, die der Kaiser erhalten hat. Es darf jedoch angenommen werden, dass sie hervorragend waren. Auch Wein wurde getrunken, da Otto, ein Verehrer römischer Traditionen, ihn sicher dem Bier vorgezogen hat. Neben polnischen Gerichten gab es sicher auch Speisen, die zu jener Zeit an den glänzenden Höfen der Könige anderer Länder gereicht wurden, mit denen der Hof von

Bolesław dem Tapferen lebhafte Kontakte unterhielt. Sie dürften nicht ohne Einfluss auf die Auswahl der Speisen bei den Festgelagen in Gniezno geblieben sein.

Nicht alleine Gallus Anonymus schildert begeistert die polnische Gastfreundschaft Bolesławs. Erwähnt wird sie auch — allerdings bedeutend zurückhaltender — von dem Merseburger Bischof Thietmar, einem Zeitgenossen der Ereignisse in Gniezno. Da er Otto III. nicht wohlgesinnt war, vor allem aber die wachsende Macht Polens unter Bolesław dem Tapferen missgünstig verfolgte, nahm er nicht an den Festlichkeiten in Gniezno teil. Ihm waren jedoch alle Einzelheiten genau bekannt. Er hatte sie von jenen erfahren, die dabei anwesend waren.

Absichtlich den politischen Zweck der Begegnung des Kaisers mit dem polnischen Fürsten verschweigend beziehungsweise tadelnd, stellte er in seiner Chronik „Gesta Saxorum" unter anderem fest: „Es fällt schwer zu glauben und wiederzugeben, mit welchem Prunk Bolesław damals den Kaiser empfangen und wie er ihn durch sein Land nach Gniezno geleitet hat."

Dass jedoch Bolesław mit dem Diadem gekrönt worden war und die Mauritiuslanze — eines der Insignien des Kaisers — zum Geschenk erhalten hatte, notierte er mit unverhohlener Empörung: „Möge Gott dem Kaiser verzeihen, dass er, einen Vasallen zum Herrn machend, ihn so hoch erhoben hat, dass jener, vergessend, wie sein Vater (Mieszko I.) handelte, es gewagt hat, sich über ihm Stehende untertänig zu machen."

Tatsächlich vermochte der Glanz des polnischen Fürsten- und seit 1025 Königshofes den Bischof Thietmar zu verwirren, um so mehr, als Polen auch eine politische und militärische Macht darstellte.

Nicht nur an Festtagen war die Küche am gastlichen Hof von König Bolesław dem Tapferen reichhaltig, üppig und abwechslungsreich und — wie den Aufzeichnungen des Gallus Anonymus zu entnehmen ist — echt polnisch:

„Seinen Hof jedoch hielt er so ordentlich und so grossartig, dass er an jedem gewöhnlichen Tag 40 Haupttafeln aufstellen liess, nicht gerechnet die kleineren; niemals aber nahm er dafür fremdes Gut, sondern gab alles aus den eigenen Vorräten dazu. Auch hatte er Vogelfänger und Jäger aus fast allen Völkern, die, jeder auf seine Weise, Vögel und Wild aller Art fingen; aus diesen Vierbeinern und auch aus Vögeln wurden täglich Gerichte aller Art auf seinen Tisch gebracht."

Ibrahim ibn Jakub, ein jüdischer Kaufmann und Diplomat aus Spanien, besuchte auf seinen ausgedehnten Reisen 966 auch Polen. Er beschrieb nicht nur den Reichtum des Landes, sondern stellte auch fest, dass Polen unter Mieszko I. (ca. 960—992) der territorial grösste und am besten organisierte westslawische Staat war. Dieser weitblickende Fürst übernahm 966 das Christentum von Böhmen und schützte so sein Land davor, vom deutschen Klerus überflutet zu werden. Er besass auch Einfluss in Deutschland, sowohl bei den mächtigen Herren als auch am Hof der Kaiserinwitwe Theophanu, einer byzantinischen Prinzessin. Der Sohn von Mieszko I., Bolesław der Tapfere, der Otto III. so grossartig bewirtete, hatte sich eine Zeitlang als Geisel am Hof Ottos I. aufhalten müssen und alles genau studieren können, was damals als Gipfel der Eleganz galt.

Es sei noch hinzugefügt, dass der Sohn von Bolesław dem Tapferen, Mieszko II., mit der Tochter des lothringischen Pfalzgrafen Ezzo und Nichte Kaiser Ottos III. verheiratet, ein Herrscher von grosser und allgemein bewunderter Kultur war, der fliessend Latein und Griechisch sprach. So ausgedehnte und bedeutende verwandtschaftliche Bindungen waren gewiss nicht ohne Einfluss auf die Hofküche.

Verlassen wir jedoch diese erlauchten Kreise und kehren wir zur bodenständigen polnischen Küche zurück, deren Gerichte allgemein beliebt waren, stellten sie doch ein Erbe der jahrhundertealten, vom polnischen Gaumen für gut befundenen Tradition dar. Sie wurden sowohl in den Bauernhütten als auch in den Residenzen der Magnaten in den verschiedensten, mehr oder weniger erlesenen Abwandlungen zubereitet. Es darf nämlich nicht vergessen werden, dass die Kronbauern noch im 15. Jh. in der Regel vermögend waren, reichlich Vieh und sogar Pferde besassen. Es kam auch vor, dass ein wohlhabender Bauer einem Adligen Geld lieh. Nach und nach verschlechterte sich allerdings die Lage der Bauern, vor allem zur Herrschaftszeit der Sachsenkönige, und wurde Mitte des 18. Jh. zu einem kümmerlichen Dahinvegetieren. Auch dem armen Landadel ging es zu jener Zeit nicht viel besser.

Versetzen wir uns jedoch um einige Jahrhunderte zurück und werfen wir einen Blick in die Vorratskammer eines reichen Bauern oder eines gut wirtschaftenden und daher nicht gerade armen — auch wenn nur ein Dorf besitzenden — Adligen. Bekanntlich hing die Fülle der Vorratskammern fast gleichermassen von der Wohlhabenheit und dem Fleiss des Mannes und der Vorsorge der Frau ab, da sowohl die kleinen Adelsgüter als auch die Bauernwirtschaften jahrhundertelang wirtschaftlich autark waren.

Sofort fällt die Mannigfaltigkeit an Vorräten ins Auge. Da gab es mehrere Arten von Grütze, Weizen- und Roggenmehl, Erbsen, Bohnen, Leinöl, getrocknete und marinierte Pilze, gepökeltes und geräuchertes Rind- und Schweinefleisch, nicht selten Wildbret, altslawische Würste, Speck, Käse, Butter, Eier, Honig, mit dem die Speisen gesüsst wurden, und „gebrauten" Met, auch Holzfässchen mit leichtem, erfrischendem Bier. Das waren die wichtigsten „Rohstoffe", die Hauptprodukte, doch das Verzeichnis ist gewiss noch unvollständig. In der ältesten polnischen Küche fehlte auch das Gemüse nicht, wenn auch in viel bescheidenerer Auswahl als heute. Es wurden grüne und eingelegte Gurken, Möhren, der bei den Polen so beliebte Kohl und Sauerkraut, Steckrüben, Knoblauch und Zwiebeln gegessen. Früher als in anderen Ländern Westeuropas fanden auch Kümmel und Petersilie Eingang in die polnische Küche. Die alten Polen pflanzten schon in jener fernen Vergangenheit mit Vorliebe Apfel-, Kirsch-, Pflaumen- und — etwas später — Birnenbäume.

Vermutlich wurde in Gegenden mit geeignetem Klima Wein angebaut. In einer Beschreibung von Kraków aus dem

12. Jh. heisst es: „Es ist eine schöne und grosse Stadt mit vielen Häusern und Bewohnern, Märkten, Wein- und Obstgärten." Spuren der polnischen Weinherstellung haben sich unter anderem in den Namen mancher Ortschaften erhalten (z.B. Winiary). Grösseren Umfang hat der Weinanbau nicht angenommen, obwohl Königin Bona (1518—1557) ihn zu fördern versuchte. Die frostreichen polnischen Winter begünstigten eher die Einfuhr von Traubenwein als den Weinanbau. Dagegen wurden Obstweine gekeltert, die zwar weniger gut waren als die Traubenweine, jedoch bei weitem billiger und — mit Honig gesüsst — durchaus schmackhaft.

Die herrlichen und ausgedehnten Wälder lieferten Beeren in Hülle und Fülle, und die zahlreichen Flüsse waren reich an Fischen, die man zu räuchern und einzusalzen verstand.

Die Speisen wurden mit damals kostbarem Salz gewürzt, das man auch in die Nachbarländer Polens ausführte.

Es besteht Grund zu der Annahme, dass Gewürze sehr frühzeitig in der polnischen Küche verwendet wurden. Durch Polen verliefen schliesslich viele Handelsstrassen des Altertums, die mit Handelszentren wie Rom und Byzanz verbunden waren, wo es viele Gewürze gab. Der bereits erwähnte Ibrahim ibn Jakub bemerkt, dass Mainz eine Zentrale des Gewürzhandels für Nord- und Osteuropa war. Als er 973 diese Stadt besuchte, setzten ihn die unermesslichen Vorräte an Pfeffer, Ingwer, Nelken und anderen Gewürzen in Erstaunen, die, wie er sich ausdrückte, „nur im fernsten Osten wachsen, obwohl diese Stadt doch im fernsten Westen liegt". Es ist also kaum denkbar, dass sich die polnischen Hausfrauen nicht für diese bemerkenswerte Ware interessiert hätten, um so mehr, als sie auf den Handelsstrassen durch Polen befördert wurde.

Es gab also schon im uralten Polen etwas zu kochen, zu backen und zu braten, und auf den Tafeln der Reicheren erschienen Gerichte, die nicht nur mit Salz gewürzt waren.

Auch erschienen, vor allem bei den Magnaten, Gerichte auf dem Tisch, die nach Rezepten zubereitet wurden, deren Ursprungsland nicht nur mit Polen benachbarte Länder waren.

Die fremdländischen Kaufleute, die mit Spezereien handelten, verbreiteten wohl auch deren Anwendung. Während der Ruhepausen, die sie auf ihren langen, oft beschwerlichen und gefährlichen Reisen einlegen mussten, bereiteten sie sich ihr Essen sicher so, wie es in ihrer Heimat üblich war. Den polnischen Hausfrauen bot sich also ab und an Gelegenheit, sich eine kulinarische Neuheit anzueignen. Die kulinarische Kunst gehört schliesslich zu jenen Künsten, die die Völker einander näherbringen, und zu Friedenszeiten gedeiht sie bekanntlich am besten.

Das Brotbacken haben die Slawen vermutlich von den Goten gelernt. Brot spielte bei den religiösen Zeremonien der Slawen schon lange vor der Annahme des Christentums eine wichtige Rolle, und viele heidnische Bräuche sind vom Christentum übernommen worden und mit christlichen Festen, vor allem Weihnachten und Ostern, verschmolzen.

Das Brot genoss in Polen seit undenklichen Zeiten fast religiöse Ehren. Fiel es zufällig zu Boden, wurde es aufgehoben, um Verzeihung gebeten und geküsst. In späteren Zeiten machte man über einem neuen Laib Brot das Kreuzeszeichen, wenn er angeschnitten wurde. Mit Brot und Salz wurden und werden bis heute hochgestellte und gerngesehene Gäste sowie Jungvermählte an der Schwelle ihrer Wohnung begrüsst. Der grosse polnische Romantiker Cyprian Kamil Norwid (1821—1883) beschrieb in der Emigration seine Sehnsucht nach Polen mit den Worten:

> Nach dem Land, in dem eine Brotkrume
> Vom Boden aufgelesen wird aus Achtung
> Vor den Geschenken des Himmels...
> Sehne ich mich, o Herr.

Die Bedeutung des Brotes in Polen kommt in zahlreichen alten Sprichwörtern zum Ausdruck, wie etwa „Brot verbindet am stärksten", „Brot weint, wird es unverdient gegessen", „Schwerverdientes Brot schmeckt und sättigt" oder, in etwas schärferem Ton, „Wem Brot schadet, dem helfen Schläge".

Es gab und gibt unzählige Brotsorten in Polen. Sie werden von allen Fremden gleichermassen gerühmt, da sie den echten

Geschmack und das Aroma von Brot bewahrt haben. Ein herrlicher, leider immer seltenerer Leckerbissen ist das früher in allen Häusern in Kohl- oder Meerrettichblättern gebackene Schwarzbrot, das sogenannte Landbrot. Die Polen halten die Vorzüge ihres Brotes für eine ganz natürliche Sache, denn an etwas Gutes gewöhnt man sich leicht.

Die Polen waren grosse Freunde und Kenner der Grütze. Auch die „Grützentraditionen" reichen Jahrhunderte zurück. Von der ritualen Bedeutung der Grütze in der alten slawischen Küche könnte viel und farbig berichtet werden. „Junge Leute mit Grütze bewirten" bedeutete Verlobung, „Weibergrütze" dagegen Brautschau. Wollte man in heidnischen Zeiten dem Neugeborenen ein langes und erfolgreiches Leben sichern, brachte man den Fruchtbarkeitsgötzen Grütze, Honig und Käse zum Geschenk dar.

Den polnischen Hausfrauen waren schon vor Jahrhunderten viele Arten der Zubereitung von Grütze bekannt. Aus ihr wurden sämige, nahrhafte Suppen bereitet, sie wurde in Milch gekocht, im Ofen gebacken und geröstet, mit ausgelassenem Speck, mit Butter, Öl und Käse angerichtet, mit Pilzen und Pflaumen verfeinert und — da man auf die Kartoffel noch einige Jahrhunderte warten musste — reichlich mit Sosse übergossen zu Fleisch aller Art gereicht. Die Vorliebe der Polen für Grütze hat in einem altpolnischen Sprichwort ihren Niederschlag gefunden, das besagt: „Ein Pole lässt sich nicht in die Grütze blasen", das heisst, er lässt sich in nichts dreinreden. Natürlich diente die Grütze hier als — allerdings äusserst treffender — Vergleich.

Nach dem Auftauchen der Kartoffel begann die Vorliebe für Grütze nachzulassen, ganz erlosch sie allerdings nie. Die heutige polnische Küche hält die zu Rinderbraten und besonders zu Rouladen gereichte Buchweizengrütze, die Weizengrütze und die im Geschmack zarte Krakauer Grütze hoch in Ehren.

Tägliches Getränk der Slawen und jahrhundertelang auch der Polen waren Bier und ausgezeichneter Met. Zwar war auch Wein bekannt, doch die „Stunde des Weins" schlug in der altpolnischen Küche erst erheblich später.

Das Bier der Slawen war leicht, hell, grünlich in der Farbe und schäumend. Es wurde so getrunken, wie wir heute Mineralwasser trinken — um den Durst zu löschen und zum Essen. Anfänglich wurde in jedem Haus Bier für den Eigenbedarf gebraut. Zum Frühstück gab es Biersuppe mit Weisskäsewürfeln oder gerösteten Brotstückchen. Die berühmte polnische Biersuppe, „Gramatka" oder „Farmuszka" genannt, war vor allem beim Landadel bis Mitte des 19. Jh. allgemein beliebt.

Dem Hochzeitsbier wurde vor Jahrhunderten Hopfen zugesetzt, dem man den Umständen entsprechende Eigenschaften zuschrieb. Ein altes, wohl noch aus heidnischen Zeiten stammendes Volkslied kündet davon:

> Würdest du, Hopfen, am Stab nicht wachsen,
> Würdest du aus Mädchen keine Frauen machen...

Bier und Met gab es unter den polnischen Nationalgetränken noch zu Anfang des 16. Jh. Der bedeutende polnische Geschichtsschreiber Jan Długosz (1415—1480) berichtet, dass der Fürst von Sandomierz und Kraków Leszek der Weisse (1186—1227) den Papst bat, ihn von dem Schwur zu entbinden, eine Pilgerfahrt in das Heilige Land zu unternehmen. Als Begründung führte er an, dass man dort weder Bier noch Met kenne, er jedoch keine anderen Getränke zu sich nehme. Dieses Argument war so stichhaltig, dass der Fürst die gewünschte Lossprechung erhielt. Auch wird berichtet, dass Papst Clemens VIII., der 1588 als Legat des Heiligen Stuhls in Polen weilte, zum begeisterten Anhänger des ausgezeichneten, in Warka gebrauten Biers wurde. Als er — schon Papst — in Rom schwer erkrankte, verlangte er in seinen Fieberphantasien „Piva di Varca" — Bier aus Warka. Die am päpstlichen Lager versammelten Kardinäle meinten, er flehe eine Heilige um Hilfe an und begannen sofort zu beten: „Sancta Piva di Varca, ora pro nobis". Die Liste des in polnischen Städten hergestellten Biers enthielt einige Dutzend Positionen. Das berühmte, bis auf den heutigen Tag bekannte Bier aus Grodzisk wurde sogar nach Brandenburg exportiert. Auch das in Klöstern gebraute Bier und das „Adelsbier" wurde nach sorgsam gehüteten Rezepturen hergestellt. Die Bierbrauerei war schon frühzeitig ein sehr wichtiges und überaus lohnendes Gewerbe in Polen. So z.B. bestand schon im 15. Jh. in Kraków eine reiche Zunft der Bierbrauer mit einer eigenen Bastei in der Stadtmauer, von der aus sie bei Belagerungen die Stadt verteidigten.

Der Schleier der slawischen, altpolnischen Traditionen der polnischen Küche ist etwas gelüftet worden, denn sie sind schön und verdienen es, in Erinnerung gebracht zu werden. Die späteren, aus der Magnatenküche stammenden Überbleibsel sind schon ein anderes Kapitel in der Geschichte der polnischen kulinarischen Kunst.

Nun aber einige Rezepte aus der jahrhundertealten Tradition — Suppen aus Bier und Wein und einige Zubereitungsarten von Grütze. Heisse Bier- und Weinsuppen, nahrhaft und stärkend, wurden zum Frühstück, seltener zum Abendessen gereicht.

Biersuppe „Gramatka" oder „Farmuszka"

Eine altpolnische, sehr bekannte Fastensuppe, da in früheren Zeiten oft und sehr streng gefastet wurde.

In einem Emaillekochtopf 1 l helles, leichtes Bier, 120 g eingeweichtes helles Roggenbrot, einen Löffel Butter, 1/3 Teelöffel Kümmel, eine Prise Salz und 50—80 g Zucker zusammen aufkochen. Danach die Suppe durch ein Sieb streichen und mit 1/2 l kochendem Wasser verdünnen.

Biersuppe mit Eigelb

Diese Biersuppe findet gewiss zahlreichere Anhänger als die im Geschmack herbe „Gramatka", da sie milder ist und ausserdem das an der altpolnischen Küche so geschätzte angenehme Gewürzaroma besitzt.

3/4 l helles, leichtes Bier mit 1/2 l Wasser, 2—3 Nelken und einem Stückchen Zimt aufkochen. Die heisse Suppe anschliessend mit 4 rohen, mit 80—100 g Zucker schaumig gerührten Eigelb legieren.

Zu dieser Suppe in Butter geröstete Weissbrotwürfel reichen.

Biersuppe mit Sahne und Weisskäse

Auch diese Suppe war auf dem polnischen Frühstückstisch anzutreffen, bevor sie dem Kaffee weichen musste.

In einem Emaillekochtopf 3/4 l helles Bier zum Kochen bringen. Einmal kurz aufwallen lassen und 1/4 l dicke, nicht zu saure Sahne zufügen. Die heisse Suppe sofort mit 3 rohen, mit 80—100 g Zucker schaumig gerührten Eigelb legieren. Auf jeden Teller etwas zerbröckelten (oder in Würfel geschnittenen), nicht sauren Weisskäse geben und mit der heissen Suppe übergiessen. Dazu leicht in Butter geröstete Weissbrotwürfel reichen.

Weinsuppe mit Gewürzen

Diese Suppe, die bedeutend jünger ist als die Biersuppen, gehörte jahrhundertelang zu den erlesensten Frühstückssuppen und war besonders bei Damen geschätzt.

In einem Emailletopf 1/2 l herben Rotwein (wird Süsswein verwendet, weniger Zucker zugeben) mit 1/2 l Wasser, 3 Nelken, einem Stückchen Zimt, einem Stückchen dünner Zitronen- oder Apfelsinenschale und 100 g Zucker kurz aufkochen. Unmittelbar vor dem Anrichten die Suppe mit 1/8 l süsser Sahne verfeinern.

Weinsuppe mit Eigelb

1/2 l herben Weisswein (es kann Fruchtwein, z.B. Apfelwein sein) mit 1/2 l Wasser aufkochen. Gesondert 4 Eigelb mit 100 g Zucker verrühren und der Suppe zufügen. Vom Feuer genommen, mit dem Schneebesen eine Weile schlagen, damit sie appetitlich schaumig wird.

Die beiden Weinsuppen kann man auch in Tassen servieren. Als Beigabe passen Löffelbisquits besonders gut.

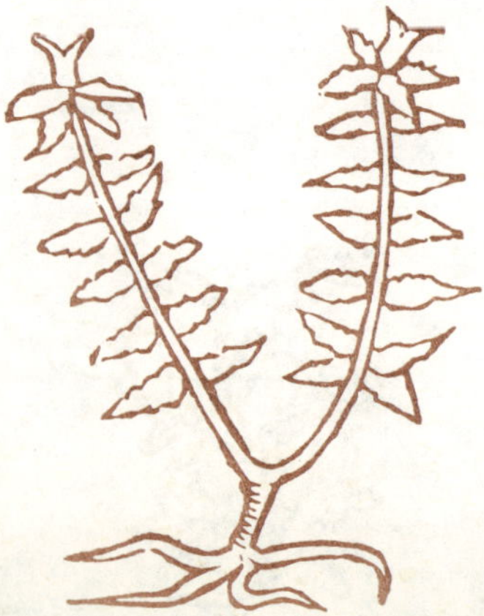

Buchweizengrütze

Sie wird unter den polnischen Grützen am meisten geschätzt und besitzt ein ausgeprägtes Aroma und einen charakteristischen Geschmack. Zu allen Arten von Rinder- und Schweinebraten sowie Bratensaucen bildet sie — anstelle von Kartoffeln — eine unersetzbare Beigabe. Vorzüglich schmeckt sie auch zu süsser, vor allem jedoch zu saurer Milch.

Besonders geschätzt ist die „gebrannte" Grütze, das heisst roh geröstete Grütze von dunkler Farbe und intensiverem Geschmack.

Viele Moden hat die polnische Küche im Laufe der Jahrhunderte durchgemacht, die Vorzugsstellung der Buchweizengrütze haben jedoch weder der bedeutend weniger nahrhafte Reis noch die Kartoffel ins Wanken bringen können.

Geröstete Buchweizengrütze

1 Glas (1/4 l) „gebrannte" Buchweizengrütze nach sorgfältigem Verlesen (in der Grütze können sich kleine Steinchen und andere Verunreinigungen befinden) in eine Pfanne tun, in der zuvor 50 g Schmalz erhitzt wurden. Mit Schmalz ist sie erheblich schmackhafter als mit Butter. Unter Rühren so lange rösten, bis die Körner mit Fett gesättigt und leicht gebräunt sind. Dann mit 1 1/2 Glas gesalzenem siedendem Wasser übergiessen und auf kleiner Flamme, am besten auf einer Asbestplatte, ziehen lassen. Hat die Grütze das Wasser aufgesaugt, die Pfanne für 45 Minuten in die mässig heisse Backröhre stellen. Die so zubereitete Grütze ist herrlich locker. Anstatt mit Wasser kann die Grütze auch mit einem leichten Sud aus (getrockneten) Pilzen übergossen werden. Ein ausgezeichneter Effekt!

Gebratene Buchweizengrütze

2 Gläser ungebrannte Buchweizengrütze mit 1 1/2 l kochendem Salzwasser auf kleiner Flamme so lange kochen, bis die Grütze das Wasser aufgesaugt hat. Dann den zugedeckten Topf für 45—50 Minuten bei mittlerer Hitze in die Backröhre stellen. Die noch heisse Grütze anschliessend auf ein sauberes, mit kaltem Wasser angefeuchtetes Backbrett geben und mit dem Messer gleichmässig fingerdick auseinanderstreichen. Damit die Grütze gut abkühlt, muss das Backbrett kaltgestellt werden. Am nächsten Tag in Würfel schneiden und in Schmalz oder Butter braten. Das ist eine echt altpolnische Beigabe zu Braten mit Sauce, denn die Grütze liebt Saucen aller Art, besonders aber die würzigen Bratensaucen und Pilzsauce.

Graupensuppe (Krupnik)

1/2 kg Rindfleisch und 1/2 kg in kleine Stücke zerhackte Rindsknochen in 2 l Wasser auf kleiner Flamme kochen. Nach einer Stunde Suppengrün (Möhren, Petersilienwurzeln, Porree, Sellerie und eine Zwiebel) sowie 4 kleine getrocknete Pilze zugeben. Ist das Fleisch weich, wird die Brühe durch ein Sieb gegossen, das Fleisch in Würfel und Gemüse und Pilze in feine Streifen geschnitten.

1/2 l des mit Salz abgeschmeckten Suds abgiessen und darin 120—150 g Weizengrütze kochen. Ist die Grütze gar, einen Löffel frische Butter zugeben und die Masse kurz mit einer Holzkelle umrühren, bis sie weiss wird.

Die fertige Grütze mit der restlichen Brühe auffüllen und — nachdem 3 in Würfel geschnittene Kartoffeln zugefügt wurden — erneut aufs Feuer stellen. Nach 15—20 Minuten sind die Kartoffeln gar. Zum Schluss das geschnittene Fleisch, die Pilze und das Gemüse zugeben, die Suppe mit Salz abschmekken und vor dem Anrichten mit feingehackter Petersilie überstreuen.

Krupnik kann auch mit Schweinsknochen gekocht werden, dann muss aber das Rindfleisch durch Schweinefleisch oder 250 g mageren geräucherten Speck (der nach dem Kochen in kleine Stückchen geschnitten und wieder zur Suppe gegeben wird) ersetzt werden.

Der polnische Krupnik ist eine nicht nur sehr schmackhafte Suppe, er ist auch ausserordentlich nahrhaft. Werden die Kartoffeln gesondert mit in Butter gebräunten Zwiebeln oder nur mit Fett und Petersilie gereicht, bildet Krupnik ein vollständiges Gericht, da ja unser Appetit nicht mehr so gross ist wie in alten Zeiten.

Krakauer Grütze

Eine sehr zarte, feinkörnige, geradezu erlesene Grütze, die aus entsprechend gemahlenem Buchweizen gewonnen wird. Sie war die Lieblingsgrütze der Königin Anna Jagiellonka (1523—1596), die regelmässig aus Kraków an den Warschauer Königshof geliefert wurde, denn die Königin zog die Krakauer Grütze dem als Luxus geltenden Reis vor.

Krakauer Grütze kann auf vielerlei Art zubereitet werden, sowohl salzig als auch süss. Ob nun so oder so — sie ist gleichermassen vorzüglich.

Gebackene Krakauer Grütze

Vor dem Backen muss die Grütze mit einem Ei „verrieben" werden, und zwar so: 2 Gläser Grütze sorgfältig mit einem rohen Ei verrühren, anschliessend auf dem Backbrett auseinanderstreichen und trocknen, aber darauf achten, dass die Körner nicht zusammenkleben (zusammengeklebte in der Hand zerreiben).

3 Gläser gesalzenes Wasser mit 80—100 g Butter aufkochen, die beiden Gläser „verriebene" und gut getrocknete Grütze hinzutun, einmal gut umrühren und 45 Minuten lang in der Backröhre in zugedecktem Topf backen.

Werden im kochenden Wasser unmittelbar vor Zugabe der Grütze 2 Esslöffel feingehackter Dill mitgekocht, nimmt die Grütze ein zartes Dillaroma an.

Die Krakauer Grütze kann man auch mit einem leichten Sud aus getrockneten Pilzen übergiessen und ihr zugleich 2—3 gekochte, feingehackte Pilze zufügen.

Auf diese drei Arten zubereitet, ersetzt die Krakauer Grütze den Reis und ist ihm — nach Ansicht von Feinschmeckern — sogar überlegen. Sie passt zum Beispiel zu Hühner- und Kalbsfrikasse, zu Pilzen mit Sahne usw.

Krakauer Grütze mit Rosinen oder „Königsgrütze"

1/4 l Krakauer Grütze mit einem Ei vermischen und gut trocknen, mit 1/2 l kochender Milch, die mit 60 g Butter und 1/2 Stange längs aufgeschnittener Vanille verfeinert wurde, übergiessen. Auf kleiner Flamme ein Weilchen kochen (auf einer Asbestplatte), jedoch nicht umrühren. Fängt sie an dick zu werden, kommt sie zugedeckt für 45 Minuten bei mittlerer Hitze in die Backröhre, denn die Grütze darf während des Backens nicht bräunen.

Nach dem Backen abkühlen, die Vanille herausnehmen.

Nun 4 Eigelb mit 150 g Zucker schaumig rühren und eventuell unterdessen etwas geriebene Zitronenschale zugeben. Das verrührte Eigelb sorgfältig unter die abgekühlte Grütze heben. 100—150 g Rosinen und anschliessend die 4 zu Schnee geschlagenen Eiweiss zugeben.

Die so zubereitete Grütze in eine mit Butter gut ausgefettete Form geben und erneut bei mittlerer Hitze ungefähr 40 Minuten lang überbacken.

Dann die Grütze in eine runde Schüssel füllen, mit reichlich Puderzucker überstreuen und, mit Sauerkirschenkonfitüre verziert, als Nachtisch reichen. Der Kirschsaft kann gesondert auf den Tisch kommen. Heiss und kalt schmeckt die Krakauer Grütze vorzüglich. Auf diese Weise wurde sie angeblich in der Hofküche der Königin Anna Jagiellonka im Warschauer Schloss zubereitet, und bis auf den heutigen Tag hat diese typisch polnische Nachspeise nichts von ihrem Reiz eingebüsst.

Zu Tisch bei König und Bürgersmann

Das Krakauer „Gipfeltreffen" im Jahre 1364

Genaue Kochanleitungen

waren in der polnischen Küche des Mittelalters kaum bekannt. Zahlreiche, wenn auch recht allgemeine Überlieferungen besagen jedoch, dass die Polen fette Fleischgerichte bevorzugten und bei ihrer Zubereitung nicht an teuren Gewürzen gespart haben. Es wurde auch immer mehr Gemüse verwendet, und das polnische Brot war im Mittelalter recht abwechslungsreich; in Kraków wurden gar neun Brotsorten gebacken. Mehlspeisen, so mancherlei Nudeln und Piroggen, waren weiterhin beliebt, und es wurden viel Milch, Eier und Käse verbraucht. Auch das Angebot an Fleischwaren hatte sich vergrössert. Ausser Schinken und Würsten wurden schmackhafte kleine, „circinelae" genannte Würstchen beliebt, vermutlich die Vorläufer unserer heutigen Bockwürstchen. Häufig kam auch Fisch auf den Tisch — dazu verpflichteten die zahlreichen und streng eingehaltenen Fastentage. Getrunken wurden Bier und Met, denn Wein war noch ein teures und seltenes Getränk.

Am stärksten änderten sich die königliche Küche und die Küche des wohlhabenden Bürgertums. Durch die zahlreichen verwandtschaftlichen Bindungen der Könige, die lebhaften Kontakte mit dem Ausland, aber auch durch die Kriege übernahm die mittelalterliche polnische Küche viele ausländische Speisen, die sie dem polnischen Geschmack anpasste und oft bis zur Unkenntlichkeit veränderte.

Die meisten kulinarischen Neuerwerbungen gab es in der damaligen Hauptstadt Polens, in Kraków. In Europa war die Stadt für ihren grossen Reichtum, das prächtige Königsschloss, die vielen Kirchen, die schönen Patrizierhäuser, die ausgiebig mit kostbaren und mannigfaltigen Waren versorgten Läden und die hervorragenden Handwerker aller Art bekannt. Nach der Gründung der Krakauer Akademie — nach Prag der ältesten Universität Mitteleuropas — 1364 durch Kazimierz den Grossen wurde Kraków dann auch als eines der bedeutendsten Zentren der Wissenschaft und der Schönen Künste berühmt, besonders nach der

Reorganisation der Hochschule im Jahre 1400 durch Königin Jadwiga und König Władysław Jagiełło.

Unter Kazimierz dem Grossen (1333—1370), dem letzten Piasten auf dem polnischen Thron, erlebte Kraków seine höchste Blüte als Hauptstadt Polens, eines Landes, das unter der Regierung dieses klugen Königs zu einem hervorragend organisierten, mächtigen und politisch einflussreichen Staat in Europa geworden war.

Privat war König Kazimierz der Grosse — so haben es die Chronisten verzeichnet — ein bezaubernder Mann. In den Chroniken wird er auch wegen seiner zahlreichen Liebschaften und seiner „sündhaften" Liebe zu den Freuden der Tafel gerügt. Tatsächlich besass König Kazimierz sowohl viel Temperament als auch einen ausgezeichneten Appetit. Er liebte ausserdem den Überfluss, und da die königliche Schatzkammer wohlgefüllt war, konnte er sich das mit gutem Gewissen leisten.

Eines der grossen Ereignisse im mittelalterlichen Kraków war das „Treffen der Könige und Fürsten" von 1364. Es war im wahrsten Sinne des Wortes ein „Gipfeltreffen", das einer Erwähnung wert ist, denn es endete mit einem rauschenden Beweis für die polnische Gastlichkeit und die damit untrennbar verbundene Kochkunst in Polen.

Es begann so: Der böhmische König und römische Kaiser Karl hatte sich abfällig über die Mutter des ungarischen Königs Ludwig geäussert und sie als „schamlos" bezeichnet. Eine so schändliche Schmähung konnte nicht ungeahndet bleiben. Der Kaiser war jedoch ein Dickschädel und dachte gar nicht daran, die Beleidigung zurückzunehmen. Daraufhin begann König Ludwig ein grosses Heer zusammenzustellen, um sich für die Kränkung zu rächen. Der polnische König Kazimierz der Grosse, Ludwigs Onkel, versprach diesem, sich persönlich an die Spitze seines Heeres zu stellen und ihm zu Hilfe zu eilen; ausserdem gelang es Ludwig, sich der bewaffneten Hilfe des Königs von Dänemark, Waldemar, zu versichern, der mit dem polnischen Herzog von Słupsk, Bogusław, einem Schwiegersohn von König Kazimierz, verwandt war.

Der durch die Entwicklung der Lage und das Ausmass der Aktion in Schrecken versetzte Kaiser ersuchte die Elektoren des Kaiserreichs und die Fürsten von Österreich und Deutschland um Waffenbeistand. Ein grosses Unwetter zog sich zusammen.

Papst Urban V. war ebenfalls beunruhigt, denn ein einmal entfesselter Krieg konnte ein schwer abzusehendes Ausmass annehmen. Er gab sich also die grösste Mühe, die Zerstrittenen miteinander zu versöhnen und erreichte sein Ziel.

Kaiser Karl nahm nicht nur die Schmähung zurück, er war auch bereit, freundschaftliche, friedliche Beziehungen zu seinen Widersachern anzuknüpfen, und hielt um die Hand der Tochter des Herzogs von Słupsk, einer Enkelin von Kazimierz dem Grossen und zugleich Nichte von König Ludwig, an.

Der Heiratsantrag wurde „mit Befriedigung" angenommen und zum Trauungsort die Hauptstadt Polens, Kraków, bestimmt.

König Kazimierz lud zu dieser ausgesprochen politischen Hochzeit feierlich ein: den ungarischen König Ludwig, den Herzog von Słupsk Bogusław, den König von Dänemark Waldemar, den König von Zypern Peter, den Markgrafen von Brandenburg Otto, den Herzog von Mazowsze Siemowit, den Herzog von Opole Władysław und die übrigen polnischen Herzöge. Alle Geladenen, voran Kaiser Karl, erschienen zum festgesetzten Tag in Kraków.

Eine genaue Beschreibung der Hochzeitsfeierlichkeiten verdanken wir dem hervorragenden polnischen Geschichtsschreiber Jan Długosz. Er schreibt u.a.:

„Für die Könige waren besondere Wohnungen und Schlafräume im Königsschloss bestimmt, ausgelegt mit Teppichen und herrlich geschmückt mit Purpur, Gold, Scharlach und teuren Steinen. Den übrigen Herzögen, den Herren und ihren Bediensteten wurden vorzügliche Herbergen angewiesen, die im Überfluss mit allem versorgt waren, was dem Bedarf und der Bequemlichkeit diente."

Den Ablauf der gesamten Festlichkeiten überwachte auf königliche Anweisung der Krakauer Ratsherr Wierzynek, ein vom König geadelter Bürger, der das Schloss und die Einkünfte aus den königlichen Besitzungen verwaltete.

Dieser bezeigte, dem Befehl des Königs folgend, sowohl den geladenen Gästen als auch jenen, die „aus eigenem Antrieb" erschienen waren, eine derartige Freigebigkeit, dass nicht nur allen Essen in Hülle und Fülle gereicht und ihre Ausgaben beglichen wurden, sondern sie auch ohne Einschränkung alles erhielten, was jeder von ihnen für seinen eigenen Bedarf und Nutzen erbat. Und, um wieder den ehrenwerten Canonicus Długosz zu Worte kommen zu lassen, „damit sich keiner von ihnen über irgendwelche Mängel beklagen konnte..., liess der polnische König Kazimierz auf dem Marktplatz der Stadt Kraków allerorten Tonnen und Fässer ungewöhnlicher Grösse voll des bestens Weins und einige voller Hafer aufstellen, und liess sie beständig neu füllen. Aus ihnen schöpften alle Gäste und Geladenen nicht nur im Bedarfsfall, sondern auch, wenn sie Verlangen danach verspürten."

Die Trauung fand am dritten Tag im Waweldom statt. Die Braut erhielt eine für damalige Zeiten gewaltige Mitgift von 100 000 Gulden. Nach der Trauung wurden viele Tage lang Ritterturniere — am Krakauer Hof eine Neuheit — und grossartige Festgelage abgehalten. Und wieder Długosz:

„König Kazimierz, der den Reichtum und Wohlstand seines Königreichs zeigen wollte, bewirtete die eingeladenen Könige, Herzöge und Herren die ganze Zeit hindurch mit auserlesenen Speisen. Damit jedoch nicht genug. Nach jedem Mahl, Tag für Tag, überreichte er allen Königen und Gästen kostbare Gaben."

Aber auch der Ratsherr Mikołaj Wierzynek, der sein riesiges Vermögen der Gnade des Königs verdankte, hielt es für schicklich, würdig aufzutreten. Er lud also die fünf Könige, alle Herzöge, Herren und Gäste zu einem Festmahl in sein Haus am Krakauer Marktplatz ein (in dem sich heute das berühmte Restaurant „U Wierzynka" — Bei Wierzynek — befindet). Es muss ein Gelage auf Kosten der Stadt gewesen sein, da Wierzynek die hochgestellten Gäste im Namen des Stadtrats empfing.

Długosz berichtete, Wierzynek habe „mit Einverständnis der Monarchen den ersten Platz seinem König, den zweiten dem Kaiser, den dritten dem ungarischen König, den vierten dem König von Zypern und den fünften dem König von Dänemark zugewiesen". Der Krakauer Patrizier bewirtete seine Gäste „mit ausgesuchten Gerichten, dazu wurden jedem während des Festmahls herrliche Geschenke überreicht". Das grossartigste erhielt König Kazimierz, denn der Wert des Geschenks (Długosz beschreibt es nicht näher) entsprach dem Wert der Mitgift, die die Słupsker Prinzessin Elżbieta von ihrem Grossvater erhalten hatte.

Die politischen Ziele des Krakauer „Gipfeltreffens" wurden voll und ganz erreicht, denn „die Könige und Herzöge festigten untereinander die freundschaftlichen Beziehungen, und nachdem sie unter feierlichem Eid ein Bündnis des ewigen Friedens abgeschlossen, einander Geschenke überreicht, dem König Kazimierz herzlich gedankt und einander im Lob über die ihnen erwiesene Ehre und die Geschenke übertroffen hatten, fuhren sie zurück in ihre Königreiche, Herzogtümer und Besitzungen".

Der Frieden in Europa war — leider für nur kurze Zeit — gerettet, und Papst Urban V. machte aus seiner Befriedigung kein Hehl. Długosz schliesst seine Beschreibung des Krakauer Treffens mit dem bemerkenswerten Satz:

„Zu jener Zeit war der Name des polnischen Königs Kazimierz bekannt und berühmt, von da an jedoch verbreitete sich sein Ruhm unter allen Völkern — und in allen katholischen und barbarischen Königreichen rühmte das Volk die Herrlichkeit seiner Taten."

Das Krakauer Königstreffen fand in ganz Europa und im

Nahen Osten starken Widerhall. Ein Bericht über die Krakauer Festlichkeiten ist u.a. in der Verschronik „La prise d'Alexandrie ou chronique du roi Pierre" von Guillaume de Machault (1300—1377), einem hervorragenden französischen Komponisten und Dichter, zu finden. Długosz hat in seiner Beschreibung nicht übertrieben, da sogar ein Franzose — oft zu Gast an vielen Höfen und selbst bedeutender Künstler — folgende Worte niederschrieb:

„Wie sie aber empfangen, geehrt, bedient und bewirtet wurden mit Brot, Wein, allen Arten von Speise und Trank, jeglichem Geflügel, Fisch und anderen Fleischarten — wahnwitzig wäre, wer danach fragen wollte, denn danach sollte nicht gefragt werden, da es unmöglich ist, es hier zu erzählen, so grossartig sind sie bewirtet worden."

Die polnische Gastfreundschaft — international wurde sie vom Königshof repräsentiert — war berühmt seit dem denkwürdigen Besuch Kaiser Ottos III. in Gniezno im Jahre 1000. Die Ausländer bewunderten sie, für die Polen aber war sie etwas ganz Natürliches, durchaus Selbstverständliches.

Einer der grössten polnischen Historienmaler, der Krakauer Jan Matejko (1838—1893), schuf mit dem Gemälde „Festmahl bei Wierzynek" ein anschauliches Bild vom Empfang bei dem Krakauer Patrizier.

Zur Herrschaftszeit der Jagiellonen

13 Jahre nach dem Tod

von Kazimierz dem Grossen bestieg Ludwigs I. Tochter Jadwiga 1384 den polnischen Thron. Auch in ihren Adern floss, allerdings schon „verdünnt", Piastenblut. Als sie Königin wurde, war sie erst 12 Jahre alt. Zwei Jahre später heiratete sie auf Wunsch der polnischen Magnaten den erheblich älteren Grossfürsten von Litauen, Jagiełło. Diese politische Ehe schien auf den ersten Blick nicht gelungen. Jagiełło war Heide und ging erst zum Christentum über, als er den polnischen Thron bestieg. Er nahm den Namen Władysław an. Die Welt, die er vertrat, unterschied sich grundlegend von der Gepflegtheit des ungarischen Hofs, an dem Königin Jadwiga aufgewachsen war. Und doch ist dieses Königspaar, mit dem die polnische Dynastie der Jagiellonen ihren Anfang nahm, rühmlich in die Geschichte eingegangen. Der König trug den ersten grossen Sieg über den Hauptfeind Polens, den Kreuzritterorden, davon (Grunwald 1410), und die Königin opferte alle ihre Kleinodien für die Reorganisation und den Ausbau der von Kazimierz dem Grossen gegründeten Krakauer Universität, die bald zu einer der berühmtesten Hochschulen Europas werden sollte und als Jagiellonen-Universität bis heute besteht.

Erhaltene Aufzeichnungen und Rechnungen über die königliche Hofhaltung lassen vermuten, dass Jadwiga und Jagiełło getrennte Küche geführt, also nicht täglich gemeinsam gespeist haben.

Am Königshof wurde alltags bescheiden gegessen, nicht viel besser als in den reichen Patrizierfamilien von Kraków. Dieser Umstand zeugt mehr von der Wohlhabenheit des Bürgertums als von einer „Armut" der königlichen Küche, die ihre Vorzüglichkeit bei grösseren Festlichkeiten unter Beweis gestellt hat. Manche kulinarischen Sitten verbreiteten sich, sie basierten auf den Traditionen der altpolnischen Küche und unterlagen wie alles einer allmählichen Wandlung.

Königin Jadwiga speiste gewiss vornehmer und „modischer" als ihr litauischer Gemahl. Auf ihrer Tafel erschienen teurer importierter Zucker und Reis. Auch Gewürze wie Safran, Pfeffer, Muskatnuss, Ingwer, Nelken, Rosinen, Feigen und Mandeln sagten ihr zu. Diese teuren Spezereien bewahrte sie in einem verschlossenen Kästchen auf. Importierte Gewürze waren damals in der polnischen Küche keine Neuheit, sie fanden — in für unseren Geschmack oft übermässigen Mengen — schon seit dem frühen Mittelalter Verwendung.

Einiges ist auch über die Art der Zubereitung von Gerichten bekannt. Als Delikatesse galten u.a. Fisch in Safransauce, Gans mit Mandeln (ob die Mandeln allerdings zur Füllung verwendet oder zur Sauce gegeben wurden, ist nicht bekannt), Hühner mit üppiger Rosinenfüllung und Reis mit ungarischem Paprika. Auch mangelte es nicht an Fleisch und Wildbret aller Art, gebraten, geschmort und gekocht, stets aber mit Gewürzsauce. Es wurde auch kalt in würzig-säuerlichem Gelee angerichtet. An Südfrüchten wurden in der Küche der Königin die sehr teuren Zitronen verwendet.

König Jagiełło fand grossen Gefallen an litauischen Speisen und an den sehr kräftigen altpolnischen Gerichten. Beide assen gerne Flaki, d.h. Flecke, und ein anderes typisch polnisches Gericht — aus Rindfleisch verschiedenartig zubereitete Zrazy. An der königlichen Tafel wurde Wein gereicht, gewiss ungarischer aus der Heimat der Königin. Auch das billige und allgemein übliche Bier wurde nicht verschmäht. In Kraków stellte man viele Arten von Bier her, und Brauereien gab es in fast jeder Strasse. Die Krakauer jener Zeit waren hervorragende Kenner dieses Getränks und liessen es nicht bei den örtlichen Sorten bewenden, sondern führten auch besonders geschätztes Bier aus Świdnica und anderen Städten ein.

Der Krakauer Markt war sehr gut versorgt, wie das der Hauptstadt eines mächtigen Landes anstand. Sieht man das Verzeichnis der Lebensmittel durch, die in den Läden und Ständen des damaligen Kraków angeboten wurden, kommt man zum Schluss, dass auch die Hausfrau von heute schmackhafte und durchaus abwechslungsreiche Gerichte daraus zubereiten könnte.

Eine besonders reiche Auswahl gab es an Backwaren bester Qualität. Ausser verschiedenen Sorten Brot wurde mit gesüsstem Quark gefülltes und mit Honig, Mohn und Gewürzen verfeinertes „Dessertgebäck" verkauft. Bei der Zubereitung erlesenen Gebäcks waren die zahlreichen Klöster führend, in denen es zum Namenstag des Klosterpatrons in Mengen gebacken wurde. Es war das sogenannte „Klosterbrot".

Die Preise waren verschieden, im allgemeinen jedoch bedeutend niedriger als in den Nachbarländern. Sogar der in Mengen eingeführte Hering, eine unerlässliche Abwechslung an den zahlreichen Fastentagen, gehörte zu den sehr billigen Fischen und war sogar für die ärmere Bevölkerung erschwinglich.

Grosse „kulinarische Feste", die dem bereits erwähnten „Königstreffen" in nichts nachstanden, gab es auf dem Krakauer Schloss jedoch erst zur Herrschaftszeit der beiden letzten Jagiellonen, Zygmunt I. des Alten (1506—1548) und seines Sohnes Zygmunt II. August (1548—1572). Diese beiden Könige waren im wahrsten Sinne des Wortes Herrscher der Renaissance, grosse Liebhaber der Wissenschaft und der schönen Künste, die unter ihrer Schirmherrschaft höchstes europäisches Niveau erreichten. Es war die Zeit der herrlichsten Blüte der polnischen Renaissance, die sich auf dem kulturell fruchtbaren Boden des Mittelalters in Polen entwickelte.

Jedoch zurück zur Zeit des Begründers der Jagiellonendynastie, als die altpolnische Küche nach Litauen und die litauische Küche nach Polen vorzudringen begannen. In polnischen Kochbüchern ist noch heute der Begriff „auf litauische Art" anzutreffen. Das in der schönsten polnischen epischen Dichtung, dem „Pan Tadeusz" von Adam Mickiewicz, farbig geschilderte „letzte altpolnische Festmahl" fand 1812 in Litauen statt.

Nach den „auf litauische Art" zubereiteten Speisen zu urteilen, muss die litauische Küche hervorragend gewesen sein. Der berühmte, sehr kräftig geräucherte rohe Schinken, in hauchdünne Scheiben geschnitten, ist eine Fleischware von ausserordentlich edlem Aroma. Zusammen mit Schwarzbrot und frischer Butter bildet er einen Imbiss von aussergewöhnlichem geschmacklichem Reiz. Von den zahlreichen Speisen litauischer Herkunft haben sich in der polnischen Küche die vielgerühmten Kaldaunen (fleischgefüllte Piroggen) und die kalt angerichtete, herrlich erfrischende, appetitanregende Suppe Chłodnik litewski (kalte litauische Suppe) eingebürgert. Lediglich die Herkunft der von König Jagiełło und seiner Gemahlin Jadwiga gleichermassen geschätzten Flaki ist umstritten. Sie waren wohl seit langem sowohl in Litauen als auch in Polen bekannt, nur wurden sie unterschiedlich gewürzt. Flaki können auf vielerlei Art zubereitet werden, so dass schwer festzustellen ist, welche von ihnen den „jagiellonischen" am nächsten kommt. Sie sind auch heute noch ausserordentlich beliebt.

Flecke auf polnische Art (Flaki)

Die Zubereitung von Flaki ist sehr zeitraubend, und darum geht man meist ins Restaurant, wenn man sie essen will, oder kauft sie als Konserve bzw. Tieffrostware im Geschäft. Sorgfältig zu Hause zubereitete Flaki sind jedoch eine Delikatesse, die man sich wenigstens ein paar Mal im Jahr leisten sollte.

1 1/2 kg überbrühte und gereinigte Kaldaunen vom Rind beim Fleischer kaufen. Zu Hause nochmals säubern, d.h. gründlich mit dem Messer abschaben, mit Salz einreiben, mit einer scharfen Bürste scheuern und die schwärzlichen Enden entfernen. Nach mehrfachem Waschen in kaltem Wasser mit kochendem Wasser übergiessen und 15 Minuten lang kochen, danach das Wasser abgiessen. Die Kaldaunen erneut in kochendes Wasser oder in vorher gekochte Brühe geben (dadurch gewinnen sie erheblich) und auf kleiner Flamme 4 Stunden lang kochen. Die verdampfte Brühe (2 l) ständig durch heisses

Wasser ergänzen. Nach vierstündigem Kochen sollen die Kaldaunen so weich sein, dass sie sich zwischen den Fingern zerreiben lassen. Erfahrene Hausfrauen raten, sie einen Tag vor dem Anrichten zu kochen. Anschliessend in nudeldicke Streifen schneiden und wieder in die Brühe (mindestens 1 1/2 l) geben.

In einer Pfanne in wenig Wasser und einem reichlichen Löffel Butter in kleine Stäbchen geschnittenes Gemüse dünsten: 2 Möhren, 2 Petersilienwurzeln, 1/2 Sellerie mittlerer Grösse und 2 in Scheiben geschnittene Porrees. Ist das Wasser verdampft und das Gemüse weich, zu den Flecken geben. Jetzt ist eine helle Mehlschwitze aus 50 g Butter und 40 g Mehl sowie einer feingehackten Zwiebel herzustellen. Zuerst die Zwiebel in der Butter dünsten, und wenn sie leicht zu bräunen beginnt, das Mehl dazugeben. Die Schwitze gründlich mit Kaldaunenbrühe verrühren, damit keine Klümpchen entstehen, und dann zu den Flecken geben. Jetzt kommt das Würzen, und darin besteht die ganze Kochkunst der Hausfrau. Erforderlich sind: 1/4 Teelöffel gemahlener Ingwer, etwas geriebene Muskatnuss, gemahlener weisser Pfeffer und Piment nach Geschmack, ein Teelöffel süsser Paprika, ein kleines Lorbeerblatt und 2—3 gehäufte Teelöffel zu Pulver zerriebener Majoran. Erst jetzt dürfen die Flecke gesalzen werden (mässig!). Damit sich das Aroma so recht entfaltet, die Flecke nun noch 20 Minuten auf kleiner Flamme kochen lassen. Die fertigen Flaki sollen eine sämige Konsistenz besitzen.

Am häufigsten werden zu Flaki Klösschen gereicht. Aber ebenso gut schmecken sie auch mit Grützwurstscheiben und mit Kartoffelklössen. Zu Flaki mit Klösschen Brot oder Brötchen reichen. Für Liebhaber scharfer Gewürze kommen noch Parmesan, Paprika, Ingwer, Pfeffer und Majoran auf den Tisch.

Flaki mit Klösschen gelten als erlesenes Gericht und können zu einem „polnischen" Frühstück gebetenen Gästen vorgesetzt werden. Die Klösschen werden nach folgendem Rezept bereitet:

Zu Flaki gereichte Klösschen

250 g Kalbs- oder Schweineleber mit 2 Löffeln Rindertalg oder Knochenmark vom Rind fein zerhacken. Ein rohes Ei und soviel Semmelmehl hinzufügen, dass aus dieser Masse Klösschen geformt werden können. Mit Salz abschmecken und mit einem Löffel feingehackter Petersilie abrunden. Die walnussgrossen Klösschen mit den Flaki zusammen 30 Minuten kochen lassen.

Flaki können durch Zugabe von einem Glas herbem Weisswein (1/2 Stunde vor dem Anrichten) veredelt werden. Aber auch ohne ihn sind sie vorzüglich — vorausgesetzt, dass sie richtig zubereitet wurden.

Kołduny auf litauische Art

Ein weiterer kulinarischer Zeuge der jahrhundertelangen polnisch-litauischen Bindungen sind die wohlschmeckenden, Kołduny genannten Fleischpiroggen.

Zuerst die Zubereitung der Füllung. 250 g Rindslendchen werden auf einem mit kaltem Wasser befeuchteten Holzbrett zusammen mit 250 g Nierenfett vom Rind fein gehackt (Sehnen und Häute vorher entfernen). Rationeller ist es jedoch, wenn man das Fett und die Lendchen gesondert hackt und anschliessend gut vermischt. Diese Masse mit Salz, Pfeffer und Majoran abschmecken und zum Schluss eine vorher kurz in Brühe gekochte, zerquetschte Zwiebel zugeben.

Nun aus 250 g Mehl, 1—2 Eiern, 1/4 Glas lauwarmem Wasser und einer Prise Salz den Teig für die Piroggen herstellen. Er ist gründlich durchzukneten, damit er elastisch und nicht zu hart wird.

Aus dem dünn ausgerollten Teig mit einem Weinglas Scheiben ausstechen, etwas Füllung daraufgeben und die Ränder fest zusammendrücken, denn die Füllung quillt beim Kochen und sondert Saft ab.

Die Kołduny nun in kochende Rindfleischbrühe legen. Nach zehnminutigem Kochen steigen sie an die Oberfläche und sind fertig. Angerichtet werden sie in der Brühe.

Die kleinen Kołduny werden ganz gegessen, damit auch nicht ein Tröpfchen des köstlichen aromatischen Safts verlorengeht.

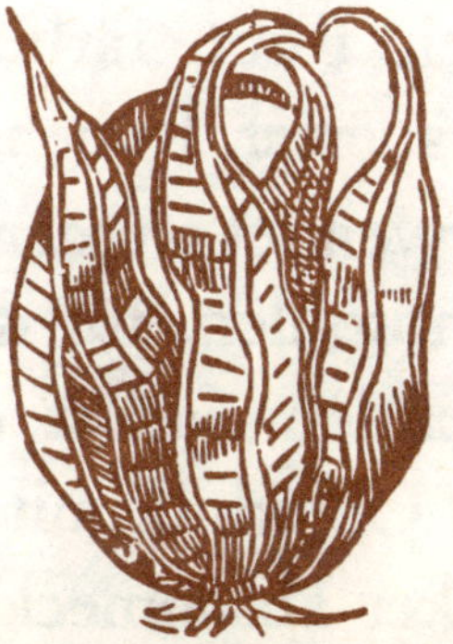

Kalte litauische Suppe (Chłodnik litewski)

Eine kalte, nicht gekochte Suppe — vitaminreich, angenehm säuerlich und erfrischend.

Es gibt mehrere Arten von Chłodnik, denn die Zutaten können nach Belieben verwendet und dosiert werden. Hier sei ein erprobtes und allgemein verbreitetes, einfaches Rezept angeführt.

1/4 l gesäuerten Saft von roten Rüben oder frische Gurkenlake mit 1/4 l saurer Sahne und 1/2 l saurer Vollmilch (eventuell Buttermilch oder Joghurt) verquirlen. Wurde lediglich Gurkenlake verwendet, die Suppe mit dem Saft einer geriebenen und ausgepressten roten Rübe färben. Es können auch 1/8 l gesäuerter Rübensaft und 1/8 l Gurkenlake verwendet werden. In älteren Rezepten wird empfohlen, für die Suppe kalte Brühe zu verwenden, das ist jedoch nicht erforderlich. Den Chłodnik mit Salz und einer Prise Puderzucker abschmecken, er soll milde, jedoch entschieden säuerlich schmecken. Nun ein Bund feingehackten Dill und ein kleines Bund feingehackten Schnittlauch zugeben. Auch ein Teelöffel zerriebene Zwiebel ist angebracht. Vergessen werden darf aber auf keinen Fall eine in kleine Würfel geschnittene, geschälte Gurke. Empfehlenswert ist auch ein Bund in dünne Scheiben geschnittener Radieschen. Ist die Suppe jedoch ausschliesslich mit Gurkenlake gesäuert, kann der Schnittlauch fortgelassen werden, die Dillmenge dagegen ist zu erhöhen.

Der Chłodnik muss zwei Stunden lang an einem kühlen Ort „reifen". Eine Stunde vor dem Anrichten sollte er ins unterste Kühlschrankfach gestellt werden.

Auf tiefe Teller werden geviertteilte hartgekochte Eier gegeben und mit der sehr kalten Suppe übergossen.

Verfeinert wird der Chłodnik durch die Zugabe von kaltem, in kleine Würfel geschnittenem Kalbsbraten. Die erlesenste, aber auch am schwierigsten aufzutreibende und dazu noch sehr teure Zugabe ist gekochtes Krebsfleisch. Man hat versucht, es durch Krevettenfleisch zu ersetzen, jedoch ohne Erfolg, denn Chłodnik litewski und Krevetten sind zwei verschiedene und (zumindest im Kochtopf) unvereinbare Dinge.

Für den letzten geschmacklichen Schliff ist — wie bei den meisten „mehrteiligen" Gerichten — der individuelle Geschmack entscheidend. Die einen mögen den Chłodnik stärker gesäuert, die anderen lieben ihn milde. Eines jedoch ist Gesetz: Chłodnik litewski muss wirklich kalt serviert werden.

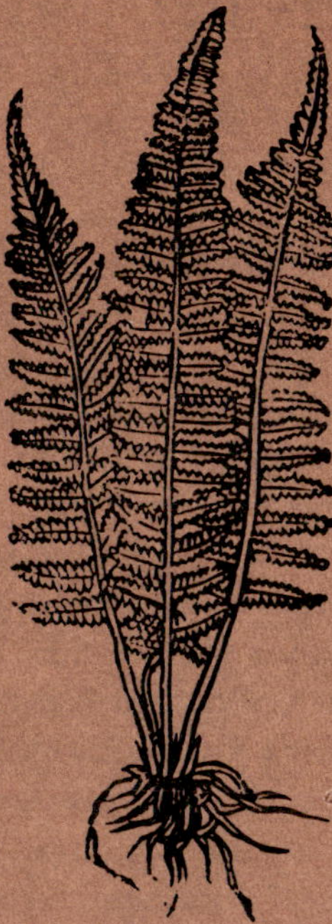

Von Jagden und Wildbret in der polnischen Küche

Von alters her war das Jagen in Polen ein Vergnügen der Könige, der Magnaten und des Adels. Es war ein wahrhaft ritterlicher Sport, da vorwiegend zu Pferde gejagt wurde und die Polen als ausgezeichnete Reiter bekannt waren — sowohl in den für eine einzige Nation zu zahlreichen Kriegen als auch in den kurzwährenden Zeiten des Friedens. Die Jagd auf Grosswild (Bären, Wildschweine, Wisente) war keineswegs ungefährlich. Das verwundete Wild griff den Jäger häufig an und verletzte oder tötete das Pferd, das ihn trug. Der Kampf mit der rasenden Bestie musste also Auge in Auge ausgetragen werden, und das erforderte ausserordentliche Wendigkeit, Kraft und Mut. Zahlreiche erhaltengebliebene Beschreibungen berichten vom manchmal dramatischen Verlauf der altpolnischen Jagden. Gerade diese Gefahr verlieh dem Jagen Reiz und stählte den Mut, denn es erforderte Geschicklichkeit und Geistesgegenwart — Vorzüge, die in hohem Masse gerade dem polnischen Rittertum eigen waren, das in Europa mit Recht als „Bollwerk des Christentums" bezeichnet wurde. An den Jagden beteiligten sich auch hochgeborene Damen, die den Männern an Mut und Geschicklichkeit nicht nachstanden.

Die polnischen Wälder waren in früheren Jahrhunderten ausgesprochen wildreich. Wisent, Elch, Bär und Wildschwein galten als edelstes Wild, obwohl auch Hirsch und Reh fast gleich geschätzt waren — besonders auf dem Tisch. Sehr aufregend war die Jagd auf Wölfe und Luchse, weniger interessant das Jagen von Hasen und Wildgeflügel, wie Auer- und Birkhahn, Enten, Schnepfen, Haselhühner, Wachteln und Rebhühner.

Anfänglich wurden keine Feuerwaffen verwendet, man jagte sehr lange mit Pfeil und Bogen, Speer, Axt und Hirschfänger. Der Vorläufer des modernen Präzisionsgewehrs und des Stutzers, die primitive altpolnische kleine Hakenbüchse, war unzuverlässig, da sie nach einem Schuss im Grunde genommen unbrauchbar war. Das erneute Laden erforderte viel Zeit, das verwundete Tier jedoch, ob nun Wildschwein, Bär oder Wisent, griff den Jäger blitzschnell an und zwang ihn zum Kampf oder — zu unrühmlicher Flucht auf den nächsten Baum.

Veranstaltet wurden auch Hetzjagden, vor allem mit Spürhunden, Treibjagden mit Fangnetzen (für Bären) und — allerdings viel seltener — Falkenjagden. Die Falkenbeize galt als vornehmste Art des Jagens, jedoch auch als kostspieligste. Für einen gut dressierten Falken gab König Stefan Batory zwei Pferde oder drei gemästete Ochsen. Sehr teuer waren auch dressierte Jagdhunde, um so mehr, als bei Grosswildjagden viele von ihnen von den sich wehrenden Tieren zerrissen wurden.

Derartige Jagden waren für die Jugend eine ausgezeichnete Vorbereitung auf das Kriegshandwerk, und den Älteren boten sie die Möglichkeit, ihre vorzügliche Form bis ins hohe Alter zu bewahren. Als dann die — nun schon zuverlässigen — Feuerwaffen in Gebrauch kamen, begann der unermessliche Tierbestand in den polnischen Wäldern zusehends zu schwinden, und auch die Waldfläche nahm ab. Der Wildbestand litt ausserdem unter den zahlreichen Wilderern, denen trotz strenger, ja oft grausamer Strafen schwer beizukommen war.

Die Jagden der Könige und Magnaten gehören schon lange der unwiederbringlichen Vergangenheit an, doch Polen ist immer noch eines der wildreichsten Länder Europas und zieht viele Jäger aus anderen Ländern und sogar Kontinenten an. Der französische Dichter Jean François Regnard (1655—1709), der Polen zur Herrschaftszeit von Jan III. Sobieski (1674—1696) besuchte, schrieb damals: „Ganz Polen ist für die Jagd das schönste Land, das ich je gesehen habe."

Im Export Polens nimmt Wild einen bedeutenden Platz ein. Auch lebende Hasen werden ausgeführt, um sie in jenen Ländern auszusetzen, in denen sie fast völlig ausgerottet worden sind.

Wildfleisch hat in der altpolnischen Küche eine grosse Rolle gespielt und bei keinem grösseren Festmahl gefehlt. Auch heute noch ist Wildbret ein Leckerbissen für polnische Feinschmecker, kommt aber erheblich seltener auf den Tisch, es sei denn, in der Familie gibt es einen Jäger (Mitglied eines der zahlreichen Jagdklubs) oder einen Förster.

Spezialgerichte der altpolnischen Küche, wie als Ganzes gebratene Wildschweine, Wisente und Elche, wie Bärentatzen und Windfänge vom Elch, sind nur noch in der altpolnischen Literatur zu finden. Rehe, Hasen, Fasane, Rebhühner, Wachteln und Wildenten dagegen werden in der Jagdsaison verkauft und sind stets sehr gefragt.

Um den Appetit des Lesers etwas anzuregen, sollen einige Rezepte für die Zubereitung von heute erhältlichem Wildbret angeführt werden, die der traditionellen altpolnischen Küche entstammen.

In der polnischen Küche wird die Bratensosse von Wildfleisch gerne mit erstklassiger dicker Sahne verfeinert, die das charakteristische Aroma des Wildfleischs und seinen Geschmack diskret unterstreicht und hebt. Nach Ansicht von Feinschmeckern tut sie dies mit oft besserem Erfolg als der erheblich aggressivere Wein, vor allem, wenn er in zu grossen Mengen zugegeben wird. Sahne und Wein, in richtigen Proportionen verwendet, ergänzen sich übrigens vorzüglich.

Zu den Gewürzen, die in der polnischen Küche bei der Zubereitung von Wildbret bevorzugt werden, gehören in erster Linie getrocknete Wacholderbeeren. Sie werden jedoch mit äusserster Sparsamkeit verwendet, damit sie das natürliche Aroma und den typischen Geschmack der Gerichte nicht überlagern.

Für die Marinaden, die bei Zubereitung des noch ungenügend „reifen" und mürben Fleisches unerlässlich sind, wird in der erleseneren Küche der Essig möglichst gemieden. Meist bilden Zitronensaft und Wein sowie eine passende Komposition von Gewürzen und Gemüse die Grundlage.

Bevorzugte Beigaben zu Wildfleisch und Wildbraten sind in Polen Preiselbeerkonfitüre, Roterübengemüse sowie mässig mit Rotwein oder erstklassigem, selbstbereitetem Weinessig gesäuerter Rotkohl. Klassische Saucen zu Wildfleisch sind Wacholder- und Hagebuttensauce.

Hase in Sahne auf polnische Art

Einen abgehangenen Hasen, nachdem er abgezogen und gesäubert worden ist, für zwei Tage in täglich gewechselter Buttermilch marinieren. Anschliessend mit einem scharfen Messer die das Fleisch überziehenden Häute entfernen. Verwendet werden Rücken und Keulen. Aus dem Vorderteil, Leber, Herz, Lungen und eventuell dem Magen kann eine Pastete bereitet werden.

Den ausgenommenen Hasen mit fein zerkleinerten Wacholderbeeren und etwas gemahlenem Pfeffer (1/3 Teelöffel) einreiben und dann mit in dünne Scheiben geschnittenem Gemüse (1 grosse Zwiebel, Sellerie, Möhre, Petersilienwurzel) belegen. Den so vorbereiteten Hasen einige Stunden lang an einem kühlen Ort lagern. Danach das Gemüse wegnehmen, das Fleisch mässig salzen, in einen Schmortopf geben und mit frischen Butterstückchen belegen (insgesamt 100—150 g je nach Grösse des Hasen). Es darf noch ein getrockneter Steinpilz (nicht mehr!) hinzukommen. Den zugedeckten Schmortopf in die heisse Backröhre schieben. Während des Bratens den Hasen des öfteren mit dem Bratensaft übergiessen.

Ist das Fleisch gebraten, mit 1 1/2 Glas leicht saurer und dicker Sahne übergiessen, die mit einem gehäuften Teelöffel Mehl gut verrührt wurde. Den Hasen 10—15 Minuten in der Sahne schmoren lassen, damit die Sauce Geschmack erhält und entsprechend sämig wird. In Portionsstücke geteilt, wird der Hase auf eine vorgewärmte Aufschnittplatte gelegt und mit der Sauce übergossen. Dieses scheinbar einfache Gericht zeichnet sich, wenn es mit Liebe zubereitet wird, durch einen vorzüglichen, zarten Geschmack aus.

Wildschweinrücken in Hagebuttensauce

Als edelster und zartester Wildschweinbraten gilt richtig zubereiteter Wildschweinrücken. Auch die Keule lässt sich saftig und schmackhaft zubereiten; dann muss allerdings das Fleisch mindestens 2 kg wiegen. Daran muss man stets denken, will man bei Tisch keine unangenehme Überraschung erleben.

Das Fleisch (Rücken oder Keule) in einen irdenen Topf legen und mit einer Marinade aus 1/2 l Rotwein, dem Saft einer Zitrone, einem Stückchen dünner Zitronenschale, 2 in Scheiben geschnittenen Zwiebeln, je 10 Körnern Pfeffer und Piment, 3 Nelken, 20 getrockneten Wacholderbeeren, einer kleinen Knoblauchzehe, einem kleinen Lorbeerblatt, einem Stückchen Ingwer (oder 1/3 Teelöffel gemahlenem Ingwer) und 10—12 getrockneten Pflaumen übergiessen. Es können noch in Scheiben geschnittene Möhren, Petersilienwurzeln und Sellerie hinzugegeben werden.

Das Fleisch muss 2—3 Tage in dieser Marinade liegen; der Rücken etwas kürzer, die Keule länger.

In einem Schmortopf 60 g Schmalz erhitzen und das abgetropfte, gesalzene Fleisch in dem heissen Fett von allen Seiten bräunen. Dann eine grosse, in Scheiben geschnittene Zwiebel und die Pflaumen aus der Marinade dazugeben. Den Schmortopf zudecken und in die heisse Backröhre schieben. Während des Bratens wird das Fleisch von Zeit zu Zeit mit einem Löffel Marinade übergossen. Nach ungefähr zwei Stunden ist der Braten gar. Dann mit einem Löffel Mehl überstäuben und in der Backröhre im offenen Schmortopf schön braunbraten.

Die kräftige Bratensauce im Schmortopf — es sollte nicht mehr als 1/4 l sein — mit einem Löffel Hagebuttenmarmelade, einer Prise gemahlenem Zimt, eventuell auch mit etwas Zucker und Salz abschmecken. Die dicke Sauce mit 2—4 Löffeln Marinade verdünnen und nach dem Aufkochen durchs Sieb streichen. Sie soll süsslichsauer und würzig sein, jedoch mit charakteristischem Bratengeschmack. Das geschnittene, auf einer Platte angerichtete Fleisch damit übergiessen.

Diese Art Wildschweinbraten ist im Geschmack dem altpolnischen Braten am ähnlichsten.

Rehrücken auf litauische Art

Die 1569 in Lublin geschlossene polnisch-litauische Union, in deren Ergebnis die beiden Völker unter dem Zepter eines Monarchen, der zugleich polnischer König und litauischer Grossfürst war, einen Staat bildeten, hat Polen und Litauen nicht nur für mehr als zwei Jahrhunderte politisch vereint, sondern auch in kulinarischer Hinsicht zu einer Verschmelzung geführt.

Zahlreiche litauische Gerichte wurden in Polen heimisch, und einige haben ihre Daseinsberechtigung bis heute behauptet.

Jedoch zur Sache. Den abgehangenen, enthäuteten, nicht marinierten Rehrücken salzen, leicht pfeffern und mit fünf zerstossenen Wacholderbeeren einreiben. So soll er mindestens eine Stunde an einem kühlen Ort liegen. Unmittelbar vor dem Braten den Rücken mit dünnen Speckscheiben umwickeln. Das ist besser als das Spicken, denn das „verletzte" Fleisch verliert viel Saft. Den Rücken in einen Schmortopf legen, mit 60 g zerlassener Butter übergiessen und bei mittlerer Hitze braten. Ist der den Rücken umhüllende Speck gebräunt, wird er beiseitegeschoben und das Fleisch mehrfach mit etwas Puderzucker (insgesamt 30 g) überstäubt. Der in der Hitze schmelzende Zucker bildet auf dem Fleisch eine bräunliche, appetitliche, knusprige Schicht. Aber nicht nur um den sichtbaren Effekt geht es hier. Unter dem Einfluss des Zuckers wird das Fleisch mürbe.

Ist der Rehrücken gar, in einem Gefäss

1 1/2 Glas dicke süsse Sahne mit einem gehäuften Teelöffel Mehl und dem Saft von zwei kleinen Zitronen verquirlen. Die Sauce mit Salz abschmecken und kurz aufkochen, bevor sie in den Schmortopf gegossen wird, aus dem zuvor der Speck entfernt wurde. Beginnt die Sauce erneut zu kochen, den Rehrücken herausnehmen. Zur Sauce 80 g Butter in kleinen Flöckchen hinzugeben. Sie wird im Schmortopf mit dem Schneebesen geschlagen und heiss über das in Scheiben geschnittene Fleisch auf der Platte gegossen.

Der so zubereitete Rehrücken lässt den zarten Geschmack des Rehfleischs voll zur Geltung kommen.

Gebratener Fasan

Der Fasan (weibliche Tiere haben schmackhafteres und zarteres Fleisch) muss gut abgehangen sein, nach der Jagd sollte er also im Federkleid 5—6 Tage an einem kühlen Ort aufgehängt werden. Dann den Vogel rupfen, ausnehmen, schnell innen und aussen abspülen und mit einem sauberen Leinentuch abtrocknen.

Herz und Leber fein hacken und mit 50 g Butter zu einer Creme verrühren, mit Salz und einem Teelöffel Zitrone abschmecken. Empfehlenswert ist es, der Creme 5 feinzerstossene Wacholderbeeren zuzufügen. Damit das Innere des Fasans gleichmässig einreiben.

Den leicht gesalzenen Fasan mit dünnen Speckscheiben umwickeln, in einen Schmortopf legen und in einem Löffel frischer zerlassener Butter in der Backröhre braten. 10 Minuten vor Ende des Bratens den Speck abnehmen, damit die Haut des Fasans schön, jedoch nicht zu stark bräunen kann.

Die Bratensauce im Schmortopf mit 2 Löffeln Brühe oder zu gleichen Teilen mit Brühe und Weisswein verdünnen, ein Weilchen kochen und heiss über den gevierteilten Fasan giessen.

Zu einem solchen Fasan passt ausgezeichnet Preiselbeerkonfitüre, die eventuell noch mit etwas Zitronensaft angesäuert wurde.

Gebratene Rebhühner oder Wachteln

Junge gebratene Rebhühner gehören zu den zarten und erlesenen, allerdings leider seltenen Gerichten. Sie werden auf mancherlei Art zubereitet, hier soll jedoch ein sehr einfaches Rezept angeführt werden, das ihren natürlichen Geschmack und das ihnen eigene Aroma aber keineswegs unterdrückt.

Die sauber gerupften, ausgenommenen, schnell unter fliessendem Wasser gewaschenen und gut abgetrockneten Rebhühner (Wachteln) innen und aussen mässig salzen und jeden Vogel gesondert mit dünnen

Speckscheiben umwickeln, die von überbrühten Baumwollfäden gehalten werden. In die Bauchhöhle jedes ausgenommenen Rebhuhns können 2—3 Salbeiblätter gegeben werden, die den Geschmack des Fleisches vorteilhaft unterstreichen.

Die derart vorbereiteten Rebhühner auf dem Rost oder in der Backröhre braten und dabei ab und zu mit einem Löffel zerlassener Butter übergiessen.

Die gebratenen Rebhühner nach Entfernung der Fäden auf heisse, in Butter leicht angebräunte Toastscheiben legen. Die Sauce, die sich beim Braten gesammelt hat, mit 2 Löffeln Brühe verdünnen und über die Vögel und Toastscheiben giessen. Ihren „Schlafrock" aus appetitlich gebräuntem Speck können die Rebhühner behalten, denn er schmeckt vorzüglich.

Wacholderbeersauce

Die feingehackten Wildfleischreste (2 Esslöffel), 50 g Räucherspeck, 1 feingehackte Zwiebel, 1 Esslöffel getrocknete Wacholderbeeren, 1/2 feingeraspelte Möhre und 1/2 Sellerie eine Weile im Tiegel schmoren. Beginnt das Gemüse leicht zu bräunen, ein Glas Brühe zugeben und das Ganze auf kleiner Flamme eine Stunde lang kochen. Falls notwendig, etwas Brühe nachfüllen.

Dann aus 30 g Mehl und 30 g Butter eine helle Mehlschwitze bereiten, das Gemüse mit dem Wacholder dazugeben, aufkochen und durch ein Sieb streichen. Der so entstandenen Sauce nach Geschmack 1/2 Glas Weisswein zufügen, sie salzen und, falls sie zu wenig würzig erscheint, noch mit Zitrone abschmecken.

Der Geschmack der Sauce wird auch durch einen Teelöffel Tomatenmark gehoben.

Wacholderbeersauce findet in der polnischen Küche recht vielseitig Verwendung. Sie wird zu Wildbraten, zu Schweine- und

zu Hammelbraten (eine vorzügliche Zusammenstellung!) sowie zu heiss servierten Pasteten gereicht.

Wenn Wildbret fehlt...

Wildbret ist heute schon selten und wird gewiss immer seltener und auch teurer. Es gibt jedoch, und zwar schon recht lange, ein Mittel, nicht vom Wild stammendem Fleisch ein Aroma zu geben, das dem Wildfleisch täuschend ähnlich ist. Erreicht wird das durch eine entsprechende Zusammenstellung von Marinaden und Gewürzen, unter denen getrocknete Wacholderbeeren eine Hauptrolle spielen.

Nachstehend einige Rezepte für ganz hervorragende Fleischgerichte mit dem so geschätzten Geschmack und Aroma von Wildbret.

Schweinebraten auf Wildbretart

Sorgfältig und genau nach Vorschrift zubereiteter Schweinebraten kann Wildschweinbraten täuschend nachahmen, ja er kann sogar besser, weil mürber und saftiger sein als jener.

1 1/2 kg mageres Schweinefleisch in einem Steinguttopf mit kochendheisser Marinade aus 1/2 Glas Weisswein, dem Saft einer grossen Zitrone, 20 leicht zerdrückten getrockneten Wacholderbeeren, 10 Pfefferkörnern, 10 Pimentkörnern, 2 Gewürznelken und einem Lorbeerblatt übergiessen. Das Fleisch muss 4 Tage lang an einem kühlen Ort in der Marinade liegen. Da das Fleisch in sehr wenig Flüssigkeit liegt, muss es zweimal am Tage gewendet werden. Bevor es mit der Marinade übergossen wird, mit zwei in Scheiben geschnittenen Zwiebeln belegen.

Ist das Fleisch genügend lange gebeizt, mit Salz einreiben und so an einem kühlen Ort eine Stunde lang stehen lassen. Danach in 60 g stark erhitztem Schmalz bräunen und dann in die Backröhre stellen, wo es bei mittlerer Hitze weiterbrät. Dabei von Zeit zu Zeit mit dem eigenen Bratensaft beschöpfen. Nach halbstündigem Braten eine grosse, in Scheiben geschnittene Zwiebel hinzufügen. Ist das Fleisch weich, die Sauce im Schmortopf mit einem Teelöffel Mehl bestäuben und Marinade nachfüllen, die vorher durch ein Sieb gegossen wurde. Etwas später gibt man einen Löffel Hagebuttenmarmelade (sie ist am „stilechtesten", aber an ihrer Stelle kann auch Pflaumenmus oder notfalls Kirschmarmelade verwendet werden) und 1 1/2 Glas Brühe hinzu. Die Sauce soll noch 10 Minuten lang leise vor sich hin kochen. Dann ist der Braten fertig. Das Fleisch wird in Scheiben geschnitten und mit der Sauce übergossen.

Zu einem solchen Schweinebraten schmekken Buchweizengrütze und „klassisches" polnisches Roterübengemüse, das mit Sahne angemacht werden kann, am besten.

Rinderbraten auf Wildbretart

Sowohl heiss als auch kalt ganz ausgezeichnet! Zum Aufschnitt können Tatarensauce oder Ketchup gereicht werden.

Ein Stück Schmorfleisch (1—1 1/2 kg) mit einer Marinade aus feingeschnittenem Gemüse (1/2 Möhre, 1/2 Petersilienwurzel, 1/2 mittlerer Sellerie), einem kleinen Lorbeerblatt, je 10 Körnern Pfeffer und Piment, einer Prise getrocknetem Thymian, 10 leicht zerdrückten getrockneten Wacholderbeeren, 2 in Scheiben geschnittenen Zwiebeln, dem Saft von 1 1/2 Zitronen und 4 Esslöffeln Wasser übergiessen. Empfehlenswert, jedoch nicht unbedingt erforderlich, ist die Zugabe von einem Glas Rotwein. Diese Bestandteile kurz aufkochen und kochendheiss über das in einem Porzellan- oder Steingutgefäss befindliche Fleisch giessen. Zwei Tage später (das Fleisch muss an einem kühlen Ort marinieren und von Zeit zu Zeit gewendet werden, damit es gleichmässig mürbe wird) aus der Flüssigkeit nehmen und (eine Stunde vor der Zubereitung) mit Salz einreiben, mit Speck spikken und leicht mit 1/2 Teelöffel Paprika bestäuben. Dann in einen Schmortopf mit stark erhitztem Fett (ca. 60 g Schmalz) legen. Ist es auf allen Seiten angebraten, die Gewürze und das Gemüse aus der Marinade dazugeben, den Schmortopf zudecken, in die Backröhre schieben und den Braten ab und an abwechselnd mit einem Löffel Wasser und einem Löffel Marinade übergiessen und später mit dem Bratensaft beschöpfen.

Den schon weichen Braten mit 3/4 Glas dicker Sahne übergiessen, die mit einem gehäuften Teelöffel Weizenmehl gut verrührt wurde. Die Sauce soll nur einmal kurz aufkochen und dann auf kleiner Flamme 2—3 Minuten lang leise vor sich hinkochen.

Den Braten in nicht zu dünne Scheiben schneiden (ist er als kalter Aufschnitt gedacht, allerdings in sehr dünne!), und mit der durch das Sieb gestrichenen Sauce übergiessen, die sorgsam abgeschmeckt werden muss (mit Salz, Zucker und etwas Zitronensaft).

Als Gemüse wird das übliche Roterübengemüse, diesmal jedoch ohne Sahne, gereicht.

Soll der Braten kalt serviert werden, kommt zur Sauce keine Sahne dazu.

Ähnlich wird Kalbsbraten zubereitet, es wird jedoch anstatt Schmalz Butter zum Braten verwendet, das Fleisch mit Speck umwikkelt oder gespickt, und der Marinade wird kein Wein zugesetzt.

Ente auf Wildbretart

Vom Hausgeflügel eignet sich nur die Ente dazu, wie Wildgeflügel zubereitet zu werden. Da die Ente vor dem Braten gebeizt wird, können ältere Tiere verwendet werden, denn das Fleisch wird in der Beize sowieso mürbe. Die Ente muss fleischig sein, da fette und gemästete Tiere sich für diese Art der Zubereitung nicht eignen.

Die Beize wird aus 1/2 Glas Rotwein, dem Saft einer grossen Zitrone und etwas Zitronenschale, je 5 Körnern Pfeffer und Piment, 10 leicht zerdrückten getrockneten Wacholderbeeren, 3 Gewürznelken, einem Stückchen ganzem oder 1/2 Löffel gemahlenem Ingwer, feingeschnittenem Gemüse (1/2 Möhre, 1/2 Petersilienwurzel, 1/4 Sellerie), einer in Scheiben geschnittenen Zwiebel, einem Lorbeerblatt und einem Glas Wasser hergestellt. Gemüse und Zwiebel mit kochendem Wasser übergiessen, 30 Minuten lang kochen, dann die Gewürze, den Wein, den Zitronensaft und das kleine Stückchen dünner Zitronenschale hinzugeben. Alles zusammen nochmals kurz aufkochen, abkühlen lassen und über die gesäuberte Ente giessen. Ältere Enten müssen 3 Tage in der Marinade liegen, jüngere nur zwei Tage. Während des Marinierens ist der Vogel ab und an umzuwenden, damit er gleichmässig mürbe wird.

Eine Stunde vor dem Braten die Ente salzen und dann langsam in 60 g Butter braten. Von Zeit zu Zeit muss sie mit dem Bratensaft beschöpft werden. Ist die Ente gar, aus dem Schmortopf nehmen und in Portionsstücke teilen.

Von der Sauce vorsichtig 2—3 Esslöffel Fett abschöpfen, einen knappen Teelöffel Zucker dazugeben und das Fett so lange rühren, bis der Zucker leicht bräunlich wird. Dann einen gestrichenen Esslöffel Mehl dazugeben, die Mehlschwitze nach kurzem Bräunen mit 1/2 Glas Brühe löschen, zu der Sauce im Schmortopf giessen und mit Beize, Gewürzen und Gemüse abschmecken. Die Sauce soll pikant sein und deutlich würzig nach Wild schmecken. Nach zweiminutigem Kochen die Sauce durchseihen, über die Ente giessen, das ganze Gericht bis zum Kochen erhitzen und auf den Tisch bringen. Dazu werden Klösse oder Reis gereicht.

Diese drei „Wildrezepte" sind für all jene bestimmt, die eine Schwäche für Wildbret haben, jedoch selbst nicht jagen und auch keine Jäger in der Familie haben. Die angeführten Gerichte sind in der polnischen Küche beliebt und verbreitet und ersetzen, wenn sie richtig zubereitet sind, das heute so schwer erhältliche Wildbret. Da Wild im Herbst und Winter am besten schmeckt, raten wir, die „wildbretartigen" Gerichte zu diesen Jahreszeiten zuzubereiten.

Einiges über Pilze

In den Wäldern,

den Gehölzen und auf den Wiesen Polens wachsen zahlreiche essbare Pilzarten. Erfahrene Pilzsammler kommen also in der langen „Pilzsaison" voll auf ihre Kosten, denn auf der vom Minister für Gesundheit und Sozialfürsorge herausgegebenen Pilzliste figurieren 31 Arten, die offiziell als essbar gelten. Inoffiziell sind es allerdings noch mehr, dabei handelt es sich aber um Arten, die nur hin und wieder in manchen Gegenden zu finden sind, infolgedessen also nur lokales Ansehen geniessen, vor allem in der Küche des einfachen Volkes.

Sieht man die Pilze nicht ausschliesslich in Verbindung mit Pfanne und Kochtopf, sind sie eine wahre Augenweide. Schon alleine das Sammeln, auch wenn der Ertrag äusserst bescheiden ausfällt, ist für einen Grossstadtbewohner eine unschätzbare Gelegenheit zu so vollkommener Entspannung, wie sie sonst nur der edle Angelsport an stillen Seen bietet. Der ungewöhnliche Formen- und Farbenreichtum lässt die Pilze, wenn sie aus dem smaragdenen Grün des Mooses oder aus dem gedämpften Rotbraun gefallenen Laubes hervorlugen, zu oft phantastischen und malerischen Konstellationen werden, die wie Blüten aussehen. Das ist auch den polnischen Dichtern nicht entgangen, die der Schönheit der Pilze die gebührende Ehre erwiesen, dabei jedoch beileibe nicht ihre unvergleichlichen kulinarischen Vorzüge vergassen.

Die schönste und berühmteste Beschreibung des Pilzesammelns in der polnischen Literatur ist im „Pan Tadeusz" von Adam Mickiewicz zu finden:

Pilze gab es im Überfluss: Pfifferling sammeln die Jungen,
der ob des schönen Anblicks in litauischen Liedern besungen
Als das Inbild der Jungfrau, denn es benagt sie der Warum nicht,
Seltsam auch: kein Insekt setzt sich je auf diese Pilze.
Nach den schlanken Steinpilzen jagen mit Eifer die Mädchen,
Den das litauische Lied den Obersten nennt aller Pilze.
Alle lugen nach Reizgern; dieser, dem Wuchs nach bescheiden
Und in Liedern minder gerühmt, aber ungemein schmackhaft,

Ob nun frisch, ob gesalzen, ob in der farbfrohen Herbstzeit
oder im Winter. Fliegenpilze sammelt der Wojski .
Andere aber, der Pöbel der Pilze, sind allen verächtlich
Wegen der Schädlichkeit, wegen des schlechten Geschmackes,
Aber sie sind doch nicht nutzlos: sie füttern die Tiere,
Sie sind auch ein Nest für Insekten und ein Schmuck für die Wälder.
Auf dem grünen Tischtuch der Wiesen stehn sie in Reihen
Aufrecht gleichwie Gedecke auf Tischen: mit rundlichen Rändern
Blätterpilze in vielerlei Farben, silberne, goldgelbe, rote,
Gleichwie Schalen, gefüllt mit verschiedenfarbigen Weinen;
Röhrlinge wie die gewölbten Böden von umgeworfenen Bechern;
Trichterpilze, so schlank wie Kelche für Champagner;
Weisspilze stehn da, runde, weisse, breite und flache,
Gleich den mit Milch gefüllten sächsischen Tassen von Meissen...
(Nachdichtung von Hermann Buddensieg)

Den Pilzen hat die polnische Küche viele ihrer Reize zu verdanken. Von alters her bilden sie die Grundlage zahlreicher typisch polnischer Gerichte. Heute gibt es, da die Wälder sehr gelichtet sind, auch weniger Pilze. Um so mehr, als sie ausserordentlich empfindlich gegen Umwelteinflüsse, wie etwa Verunreinigung der Luft, und ungemein launisch sind. Die gesegneten Jahre des Pilzüberflusses sind ebenso schwer vorauszusehen wie die trüben Jahre der Missernte. Der edelste und gesuchteste der Pilze in Polen, der Steinpilz (Boletus edulis), lässt sich aber nicht züchten wie etwa der Champignon. Die Pilzliebhaber dagegen werden immer zahlreicher. Darum auch sind Pilze, vor allem getrocknete Steinpilze, zu einem teuren und doch gefragten Leckerbissen auf dem Weltmarkt geworden.

Polen ist im Vergleich zu den meisten anderen Ländern Europas immer noch ein Pilzparadies, und Pilze aus Polen sind weltberühmt.

In der altpolnischen Küche wurden Pilze unterschiedlich zubereitet — als Hauptgericht, als Beigabe und als unerlässlicher aromatisch-geschmacklicher Bestandteil vieler Saucen und Suppen. So wurde zu Brühe in der Regel nur ein einziger Pilz gegeben, zu Erbsen- und Sauerkrautsuppe 2—3 Pilze, zum Weihnachtsbarschtsch dagegen nicht weniger als eine Handvoll. Auch bei vielen Braten, bei Wildbret, Geflügel und manchen Fischgerichten, bei Kohl, Bigos und so manchem anderen altpolnischen Gericht waren sie eine unersetzliche Zutat. Oft „rettete" ein einziger getrockneter Pilz eine fade Suppe oder Sosse, denn nicht die Menge der Pilze gab den Ausschlag für den kulinarischen Erfolg, sondern ihre treffende Dosierung. Ohne Übertreibung kann gesagt werden, dass das edle, manchmal nur angedeutete Pilzaroma sich wie ein roter Faden durch hunderte Gerichte zog und ihnen jenen einzigartigen, polnischen Charakter verlieh. Im 18. Jh. erschienen mit dem wachsenden Einfluss der französischen Küche die anfangs sehr teuren Champignons auf der Tafel der Magnaten und zu den exquisiten Mittagsmählern bei König Stanisław August. Mit der Zeit erlernte man ihre nicht besonders schwierige Zucht, und sie wurden in der polnischen Küche heimisch. Heute sind Champignons verhältnismässig preiswert und das ganze Jahr über erhältlich, so dass sie das Angebot an einheimischen Pilzen durchaus vervollständigen, vor allem, da es pilzarme Jahre leider nur zu oft gibt.

Warmer Imbiss aus getrockneten Pilzen

Schöne, nicht zu grosse Hüte von getrockneten Steinpilzen (3 Hüte je Person) über Nacht in kalte Milch legen, die die Pilze gerade bedecken soll. Am folgenden Tag etwas Wasser zur Milch giessen und die Pilze darin weichkochen. Die abgetropften und abgekühlten Hüte leicht salzen und pfeffern, in Mehl, geschlagenem Ei und zum Schluss in feinem Semmelmehl wälzen.

Die panierten Pilze beidseitig in Butter goldgelb braten. Serviert werden sie in der Pfanne, in der sie gebraten wurden, garniert mit in Butter gebratenem Petersilienkraut.

Dieser altpolnische Winterimbiss wird zu klarem polnischem Wodka gereicht.

Suppe aus frischen Pilzen

1/2 kg frische Steinpilze (oder eine Mischung aus anderen essbaren Pilzen) von Sand reinigen, in kaltem Wasser abspülen und in dünne Scheiben schneiden. Die gesäuberten, gesunden Stengel fein hacken. In der Pfanne einen gehäuften Löffel Butter zerlassen, die Pilze und eine sehr fein gehackte Zwiebel dazugeben und so lange auf nicht zu starker Flamme braten, bis Zwiebel und Pilze goldgelb werden.

Dann die Pilze mit Gemüsebrühe oder dünner Fleischbrühe (1 1/4 l) übergiessen, kochen und entweder mit einer hellen Mehlschwitze aus einem Löffel Butter und einem Löffel Mehl oder — zur Abwechslung — mit 1/8 l saurer Sahne abschmecken. Wird Mehlschwitze zur Suppe gegeben, muss sie noch kurz aufkochen, wird Sahne zugegeben, muss sie nur erhitzt, jedoch nicht gekocht werden. Zum Schluss schmeckt man sie mit Salz ab und würzt eventuell mit etwas Zitronensaft. In der altpolnischen Küche wurde zu dieser Suppe gutgeröstete Perlgrütze gereicht, heute wird die Grütze durch Nudeln oder in dünne Streifen geschnittene Eierkuchen (3 Stück) ersetzt.

Ente auf Krakauer Art mit Pilzen

Eine nicht zu fette Ente gründlich reinigen, salzen und in einem Bratentopf in Butter zusammen mit einer mittelgrossen, in Scheiben geschnittenen Zwiebel braten und ab und an mit einem Sud aus getrockneten Pilzen übergiessen.

Um einen sehr aromatischen Sud zu erhalten, werden 50 g getrocknete Pilze mit 1/2 l Wasser übergossen und auf kleiner Flamme zugedeckt gekocht, bis sie weich sind.

Anfangs die Ente in wenig Fett (eventuell auch in Öl oder Schmalz) auf starker Flamme anbraten, damit sie braun wird, danach die Flamme kleiner stellen, die Ente hin und wieder mit der Pilzbrühe begiessen und zugedeckt schmoren. Ist die Ente weich, wird sie aus dem Topf genommen und — nachdem sie etwas abgekühlt ist — in 4—6 Teile geteilt.

Den Bratensatz mit 1/4 l saurer Sahne und einem Teelöffel Mehl binden. Dann die feingehackten Pilze dazugeben und die in

Portionsstücke geteilte Ente damit übergiessen. Alles zusammen soll noch 10 Minuten leicht kochen.

In der Zwischenzeit 300 g Perlgrütze mit 1/2 l gut gesalzener Brühe übergiessen. Nach 10 Minuten Kochzeit auf starker Flamme einen Löffel Butter zur Grütze geben, umrühren und den zugedeckten Kochtopf in die Backröhre schieben, damit die Grütze recht körnig ausgebacken wird. Anstelle der Grütze kann auch Reis auf gleiche Weise zubereitet werden. Grütze schmeckt jedoch besser.

Aus der gebackenen Grütze auf einer möglichst runden Platte einen Ring formen, die in Portionsstücke geteilte Ente hineinlegen und alles mit der heissen Sauce übergiessen.

Ähnlich wurden in der altpolnischen Küche auch junge Gänse zubereitet.

Pilzkoteletts (ein Fastengericht)

50 g getrocknete Pilze in wenig Wasser weichkochen und nach dem Erkalten zusammen mit zwei in Milch eingeweichten und gut ausgedrückten Brötchen durch den Fleischwolf drehen. Vor dem Einweichen sollen die Brötchen 120 g wiegen. Danach eine feingehackte, in Butter gebratene Zwiebel, 2 ganze, kleine Eier, Salz und Pfeffer nach Geschmack hinzugeben, aus allen Zutaten eine gleichmässige Masse kneten und kleine, flache Koteletts daraus formen. Nacheinander mit Mehl, Ei und Semmelmehl panieren, in Butter oder gutem Speiseöl braten und mit Kartoffelsauce servieren.

Kartoffelsauce

Kartoffelsauce ist eine in der polnischen Küche ausserordentlich geschätzte milde Sauce von erlesenem Geschmack. Sie wird nicht nur zu Pilzkoteletts gereicht, sondern auch zu Brühfleisch und gebratener Wurst.

Aus 40 g Butter und 30 g Mehl eine helle Schwitze herstellen, der während des Bräunens eine feingehackte mittlere Zwiebel zugesetzt wird. Die Zwiebel darf nicht bräunen, sondern nur garen. Die Schwitze nach und nach mit 1/2 l dünner Brühe verrühren (es kann entsprechend verdünnter Brühextrakt verwendet werden) und mit 4 Körnern Piment und einem kleinen Stückchen Lorbeerblatt würzen. Nachdem die Sauce 10 Minuten auf kleinster Flamme gekocht hat, durchs Sieb streichen. In die heisse Sauce 250 g kleingewürfelte Kartoffeln geben. Sind sie gar (nicht zerkochen lassen), die Sauce mit dem Saft einer halben Zitrone, Salz und eventuell 1/2 Teelöffel Zucker abschmecken.

Die heissen Pilzkoteletts auf einer Platte anrichten und mit der kochenden Sauce übergiessen, die unmittelbar vor dem Servieren mit feingehackter Petersilie verfeinert werden kann.

Getrocknete Pilze wie frisch

Die altpolnische Küche war ausserordentlich einfallsreich, und da die Speisekammern voller getrockneter prächtiger Pilze hingen, fand man auch ein Mittel, aus getrockneten Pilzen ein Gericht zu bereiten, das wie aus frischen Pilzen gemacht schien und an kalten Wintertagen grossen Zuspruch fand. Es ist ein etwas kostspieliges Gericht, doch lohnt es, sich einmal damit zu beschäftigen.

200 g nicht zu grosse Hüte von getrockneten Steinpilzen schnell unter fliessendem kaltem Wasser waschen und anschliessend mit kalter Milch übergiessen, in der sie vollkommen bedeckt über Nacht verbleiben. Am folgenden Tag etwas Wasser dazugeben und die Pilze auf kleiner Flamme weichkochen. Danach abtropfen lassen und in dünne Streifen schneiden.

In 50 g Butter eine feingehackte mittelgrosse Zwiebel leicht bräunen, dann 20 g Mehl hinzugeben und zusammen mit der

Zwiebel goldgelb werden lassen. Diese Schwitze mit der Milch, in der die Pilze gekocht wurden, und mit 1/8 l saurer Sahne aufkochen. Die geschnittenen Pilze zusetzen, mit Salz und Pfeffer abschmecken und das Gericht unter ständigem Rühren 10 Minuten lang auf kleiner Flamme kochen lassen. Unmittelbar vor dem Anrichten zu den Pilzen den Saft einer halben Zitrone und einen Löffel feingehackter Petersilie zugeben. Dann noch einmal probieren, ob die Pilze auch genügend gesalzen sind.

So zubereitete Pilze können als Fastengericht oder als sehr schmackhafte Zugabe zu gebratenem Fleisch gereicht werden, sie können aber auch als Omelettfülle dienen.

Altpolnische Zrazy mit Pilzen und Sahne

Abgehangenes Rindfleisch, am besten Filet, in kleine Scheiben schneiden (quer zur Faser), leicht klopfen, mit frisch gemahlenem Pfeffer bestreuen und schnell in Butter anbraten.

In 3/4 l Wasser 60 g getrocknete Pilze kochen, bis sie weich sind, dann in Streifen schneiden, kleine Hüte dagegen ganz lassen. Die Zrazy in den Schmortopf geben, mit den Pilzen übergiessen. Dann bedeckt 20 Minuten lang dünsten lassen.

Anschliessend 1 kg geschälte und in Scheiben geschnittene Kartoffeln dazugeben. Den Schmortopf wieder zudecken, vorsichtig schütteln und erneut auf kleine Flamme stellen. Sind die Kartoffeln fast gar, 1/4 l saure Sahne hinzufügen, die zuvor mit einem gehäuften Teelöffel Weizenmehl gut verrührt wurde. Alles zusammen muss zugedeckt noch 10—12 Minuten auf kleiner Flamme weiterkochen, dann sind die Filets fertig.

Serviert wird das Gericht in dem Topf, in dem es zubereitet wurde (ausgezeichnet eignen sich dazu Gefässe aus feuerfestem Glas). Ein erlesenes Gericht, besonders empfehlenswert als „Herrenfrühstück".

Rindsroulade mit Pilzen

Ein Gericht mit ausgesprochen polnischer Note, das Geschmack und Aroma von Fleisch und Pilzen harmonisch in sich vereinigt. Die Füllung (Füllungen haben sich schon Ende des 17. Jh. in der polnischen Küche eingebürgert) verleiht dem Braten einen erlesenen Charakter, er kann also auch zu sehr festlichen Anlässen serviert werden und bereichert dann das Mittag- oder Abendessen um ein typisch polnisches Gericht.

1 kg entsprechend geschnittenes Rouladenfleisch auf einem feuchten Brett so lange klopfen, bis es die Dicke eines kleinen Fingers erreicht hat, und reichlich mit dem Saft einer Zitrone beträufeln.

Füllung: 40 g getrocknete Steinpilze in 2

Glas Wasser weichkochen; danach sollte 1 Glas Pilzsud übrigbleiben. Ist es weniger, muss die fehlende Menge mit kochendem Wasser aufgefüllt werden.

Nach dem Abkühlen die Pilze zusammen mit 50 g fettem, durchwachsenem Räucherspeck durch den Fleischwolf drehen. Dieser Masse zwei kleingehackte, in einem Esslöffel Butter gebräunte Zwiebeln, einen Esslöffel Semmelmehl, 1 rohes Ei, einen Esslöffel saure Sahne, einen Esslöffel feingehackte Petersilie und eine reichliche Prise gemahlenen Pfeffer zusetzen. Die Füllung zu einer geschmeidigen Masse verarbeiten und mit Salz abschmecken.

Das Fleisch gleichmässig mit dieser Füllung belegen, eng zusammenrollen (die Ränder müssen eingeschlagen werden, damit die Masse während des Bratens nicht ausläuft), mit überbrühtem weissem Baumwollgarn umwickeln, leicht salzen und von allen Seiten in heisser Butter bräunen. Dann das Fleisch vorübergehend aus dem Topf nehmen, in den feingeschnittenes Gemüse gegeben wird (1 Möhre, 1 Petersilienwurzel, 1/3 Sellerie, 1

Zwiebel und, wenn erhältlich, 1 Kohlrabi). Das angebratene Fleisch darauflegen und alles mit dem Pilzsud übergiessen. Zuerst das Gericht zugedeckt auf kleiner Flamme 30 Minuten lang dünsten lassen und danach ohne Deckel in der Backröhre überbacken. Ist zuviel Sauce verdampft, von Zeit zu Zeit kochendes Wasser zugiessen.

Den Faden abnehmen, die Roulade in nicht zu dünne Scheiben schneiden und mit der durch ein Metallsieb gestrichenen Sauce übergiessen.

Dazu körnige Krakauer Grütze (mit Dill) und je nach Jahreszeit Salat oder Roterübengemüse reichen.

„Omelettorte" mit Pilzen

Die Kunst der Omelettzubereitung ist zur Herrschaftszeit des Königs Jan III. Sobieski von der polnischen Küche übernommen worden. Die Königin, eine gebürtige Französin, ass leidenschaftlich gerne leichte, zarte Omeletts, die für die verschiedensten Füllungen, sowohl süsse aus Beeren und Obst als auch würzige aus Fleisch und Pilzen, geeignet waren. Die Vorliebe der Königin Maria für dieses Gericht der französischen Küche war allgemein bekannt; sobald also das Gefährt mit dem königlichen Paar — der König liebte es, durch sein Land zu fahren — vor einem Adelshof zu einer kurzen Rast halt machte, erklang aus der Küche das Geräusch des Eischlagens.

Ein richtig gebratenes Omelett ist trotz seiner bestechenden Einfachheit ein Gericht auch für den verwöhntesten Gaumen. Und da es in Polen nie an Eiern gemangelt hat — sie gehörten zu den billigsten Lebensmitteln — fand die von der Königin eingeführte kulinarische Neuheit sofort zahlreiche Anhänger, um so mehr, als sich diese Speise in wenigen Minuten zubereiten und servieren lässt.

Omeletts müssen in massiven Eisen- oder Aluminiumpfannen gebraten werden. In dünnen Blechpfannen brennen sie meist an, und das macht ihren zarten Geschmack zunichte. Erfahrenen Hausfrauen ist das wohlbekannt, die Mahnung ist also — vorsichtshalber — an die Anfängerinnen gerichtet.

Zuerst sei die Zubereitung der Pilzfüllung beschrieben. 1/2 — 2/3 kg junge, kernige, frische Steinpilze (im Winter können es auch Champignons sein, die jedoch bedeutend weniger aromatisch sind) in feine Streifen schneiden, die Stiele fein hacken und in Butter und feingehackter Zwiebel (eine grosse oder zwei kleine) dünsten. Sind sie weich, mit Pfeffer und eventuell mit 2—3 Esslöffeln dicker saurer Sahne abschmecken. Die Pilzfüllung muss recht fest sein!

In zwei bis drei Pfannen (je nach Anzahl der Personen) gleicher Grösse aus je 4 Eiern die Omeletts braten. Die Eier kurz mit der Gabel schlagen, mässig salzen und eventuell einen Teelöffel feingehackte Petersilie dazugeben. Die Eimasse sofort in die stark erhitzte Pfanne mit der leicht gebräunten Butter giessen.

Die gebratenen Omeletts flach auf eine vorgewärmte runde Platte schieben und mit der heissen Pilzfüllung belegen. Das zuoberst liegende Omelett anstatt mit Füllung dick mit geriebenem Käse (z.B. Emmentaler oder Parmesankäse) bestreuen und mit reichlich zerlassener Butter beträufeln. Die so entstandene „Omelettorte" für einige Minuten in die heisse Backröhre stellen, damit ihre Oberfläche leicht bräunt.

Dazu Salat reichen, der nur mit Zitrone, Öl, einer Prise Salz und etwas Zucker angemacht ist. Vorzüglich schmeckt er, wenn die Salatschüssel vorher mit einer zerquetschten Knoblauchzehe ausgerieben wurde. Wird zu dieser erlesenen Komposition guter Rotwein serviert, wird der Hausfrau gewiss ein — verdientes — Lob zuteil.

Rührei mit Pilzen

Rührei galt in der altpolnischen Küche, lange bevor das Omelett bekannt wurde, als so leichte Speise, dass für einen erwachsenen, mit gutem Appetit gesegneten Mann zum Frühstück oder Abendessen dazu mindestens 10 Eier verwendet wurden! Und nicht etwa nur aus Eiern, meist auch mit Wurst oder Speck wurde Rührei zubereitet. Zu den besonders beliebten Arten gehörte Rührei mit Pilzen, ein Fastengericht.

250 g junge Steinpilze oder Reizker in feine Streifen schneiden, in 30—40 g Butter und mit einer feingehackten Zwiebel dünsten. Wenn die Pilze weich sind, 3 Esslöffel Sahne zugeben, und wenn diese kocht, 4—5 Eier hineinschlagen. Man kann gehackte Petersilie mitbraten lassen oder über die schon fertige Speise streuen. Auch sehr fein geschnittener Schnittlauch eignet sich dazu.

Das Rührei auf kleiner Flamme unter ständigem Rühren braten. Hat es die gewünschte Festigkeit erreicht, in der Pfanne servieren

— zum Frühstück zu Brot und Butter, zum Abendessen zu Salzkartoffeln und Salat.

Ein Gericht Rührei aus der angegebenen Menge Zutaten kann den Appetit von 3 Personen stillen, zum Abendessen reicht es für 4 Personen mit mässigem Appetit.

Reizker „aus der Pfanne"

Reizker besitzen alle möglichen Vorzüge und nur einen einzigen, dafür aber gewaltigen Nachteil: in frischem Zustand lassen sie sich sehr schlecht transportieren. Darum auch sind sie so selten auf dem Tisch der Städter zu finden.

Ihr Geschmack ist etwas strenger als der der Steinpilze, mit denen sie — abgesehen von jenem erwähnten Fehler — durchaus konkurrieren können, jedoch ebenso vorzüglich wie ihr seltenes Aroma. Am besten schmecken sie gebraten, und zwar in viel Butter.

Nicht zu grosse, gesunde, gewaschene und auf einem Sieb abgetropfte Reizker nach

Entfernung der Stiele mit den Lamellen nach oben in eine Pfanne mit heisser Butter (nur nicht zu wenig!) legen. Nach einigen Minuten die Reizker mit einer Gabel wenden und auf grosser Flamme fertigbraten. Anfangs läuft Saft aus den Pilzen, wird die Butter aber wieder klar und färbt sich intensiv orangerot, die Reizker leicht mit Salz bestreuen und sofort servieren, am besten in der Pfanne, in der man sie gebraten hat.

Und noch eine Zubereitungsart für „Pfannenreizker", die, hat man genug Pilze, als Mittagsgericht gelten kann. Die nach obigem Rezept gebratenen Reizker in der Pfanne mit 1/2 Glas Sahne übergiessen und kurz aufkochen. Sie kommen mit körniger Buchweizengrütze, einer fabelhaften Ergänzung, oder eventuell mit Kartoffeln auf den Tisch.

Polnische Gastlichkeit

Gastlichkeit ist ein allgemein

bewunderter Charakterzug der Polen. Ihre Traditionen reichen bis weit in slawische und heidnische Zeiten zurück. Zwar sind zahlreiche alte Bräuche im Laufe der Jahrhunderte in Vergessenheit geraten, die Tugend der Gastlichkeit hat jedoch überdauert, und nichts deutet darauf hin, dass sie aussterben würde. Ganz im Gegenteil, in jeder Generation ersteht sie aufs Neue und nimmt immer neue Formen an, bleibt jedoch in ihrem Wesen stets gleich.

Mannigfaltig ist die Geschichte der polnischen Gastlichkeit. Gastfrei war der legendäre Piast, als er zwei Wanderer freundlich aufnahm, die vergeblich an die Tore des reichen Fürsten Popiel gepocht hatten. Es war eine fast dörfliche Gastlichkeit, uneigennützig und ergreifend in ihrer slawischen Spontaneität. Bis heute sind diese Traditionen im polnischen Dorf lebendig — das können zahlreiche Touristen bestätigen, vor allem junge Menschen, die oft mehr Begeisterung für Wanderungen durch das Land als Bargeld in ihrem Beutel haben.

Zu den verschiedensten Kirchen- und Familienfesten, besonders aber bei Hochzeiten, setzt die sonst bescheiden lebende Familie eines Bauern nicht nur durch die Üppigkeit des Festmahls in Erstaunen, sondern auch durch die würdevolle Gastlichkeit, mit der sie die zahlreich geladenen Gäste empfängt. In früheren Zeiten waren die Hochzeiten stärker an die uralten Bräuche gebunden, es wurden traditionelle Hochzeitsgerichte gereicht, wie zum Beispiel der zierlich geschmückte Hochzeitskuchen. Heute sind die Dorfhochzeiten und anderen Feste weniger farbig, was die Pflege der schönen Traditionen betrifft. Die Formen der Gastlichkeit haben sich oft geändert und sich immer mehr den städtischen Formen angeglichen, die jedoch nicht immer nachahmenswert sind. Schon in früheren Jahrhunderten hatte das polnische Dorf so manche Sitte vom Herrenhof übernommen, der leider in sehr vielen Fällen ein schlechtes Vorbild gab und die Bauern häufig an den Alkoholgenuss gewöhnte — brachten doch die Herstellung von Branntwein und Bier und der Verkauf dieser Getränke an die Bauern auf Kredit den Herren grossen Gewinn.

Über die Gastlichkeit auf dem Dorf ist in der altpolnischen Literatur nicht viel geschrieben worden. Sie war bekannt, und im allgemeinen wurde diese für das einfache polnische Volk charakteristische Eigenschaft hoch geachtet.

Viel dagegen ist von der berühmten, wenn auch nicht immer ruhmvollen Gastlichkeit des Adels und der Magnaten geschrieben worden. Der polnische Edelmann — er musste nicht unbedingt höchsten Ranges sein — war gesellig. Er war mutig, schlug sich mit Bravour, jagte leidenschaftlich gerne, verliebte sich leicht und war Frauen gegenüber von ausgesuchter Höflichkeit. Er schätzte reichliches und gutes Essen, liebte starke Getränke und genoss beides meist im Übermass. Sein Begriff von der Adelsehre war leicht übertrieben, so dass er sich oft duellierte. Mit der Bildung war es unterschiedlich bestellt, des Lateinischen, manchmal sogar des vornehmen, bediente er sich jedoch fliessend. Er war ein ausgezeichneter Kumpan und ein treuer Freund, jedoch auch ein sehr gefährlicher Gegner, besonders, wenn er sich in seiner Ehre getroffen fühlte. Auf merkwürdige Art verband er religiösen Fanatismus und Patriotismus mit der Forderung nach einer an Draufgängertum grenzenden, fast uneingeschränkten „Adelsfreiheit" für sich selbst. So regierten die polnischen Wahlkönige nach dem Erlöschen der Jagiellonen-Dynastie zwar über Polen, wurden jedoch selbst von dem nach immer neuen Privilegien gierenden Adel mit den Magnaten an der Spitze regiert.

Viel könnte man schreiben über die Vorzüge und Fehler des polnischen Edelmanns des 16. bis 18. Jh. Diese Eigenschaften — die guten und die schlechten — traten individuell verschieden auf, mal überwogen die positiven, mal die negativen, wie das auch heute noch ist. Die positiven waren und sind seltener, also von höherem Wert.

Erinnert sei an die prophetischen Worte des ersten Chronisten der polnischen Geschichte, Gallus Anonymus, die vor fast zehn Jahrhunderten niedergeschrieben wurden. Gallus äusserte über Polen: „In dieser Hinsicht vor allem verdient es, über andere erhoben zu werden, da es — obwohl von so vielen christlichen und heidnischen Völkern umgeben und oftmals überfallen von allen zusammen und jedem einzeln — doch von keinem vollkommen unterworfen worden ist."

Polen wurde als Bollwerk des Christentums bezeichnet. Heute kann man sich schwerlich vorstellen, wie das Schicksal Europas — nicht nur Polens — ausgesehen hätte ohne den Mut der polnischen Ritterschaft, die die Überfälle der Tatarenhorden und die Feldzüge der Türken wirksam aufgehalten hat, auch wenn sie dafür mit ihrem Blut zahlen musste. Der junge polnische König Władysław IV. fiel 1444 bei Varna in einer blutigen Schlacht gegen die Türken, König Jan III. Sobieski rettete 1683 an der Spitze seines Heeres das von den Türken eingeschlossene Wien. Die polnische Ritterschaft war ausserdem ein Bollwerk des Slawentums, sie schlug die Überfälle der Deutschen auf die slawischen Länder zurück und bändigte den Landhunger des auf polnischem Boden angesiedelten Deutschen Ordens. Der Norden Polens war den zerstörerischen Einfällen schwedischer Kriege ausgesetzt. Polen war also ständig und von allen Seiten bedroht, aber auch die grössten Niederlagen, wie die tragischen Teilungen und die Besetzung durch Hitlerdeutschland, haben Polen als Staat und als Volk nicht auslöschen und von der politischen Landkarte Europas, die von der Geschichte stets aufs neue gestaltet wird, streichen können.

Der polnische Adlige war stets bereit, in den geschlossenen Reihen der polnischen Ritterschaft die Grenze des Vaterlandes zu verteidigen. Es kam vor, dass ganze Generationen mehr Zeit auf Kriegszügen verbrachten als am häuslichen Herd. Eben diese Umstände waren von entscheidendem Einfluss auf die Herausbildung der Sitten des Edelmanns und Ritters.

Da er ständig dem Tod ins Auge sehen musste, suchte er in der Liebe zum oft kurzen Leben und seinen Freuden, die er ausgiebig und gründlich genoss, wenn ruhigere Zeiten eintraten, einen Ausgleich.

Dass der polnische Adlige die Einsamkeit nicht liebte, war bekannt. Adelshöfe und Güter lagen weit auseinander, die Wege konnten kaum als solche bezeichnet werden und waren mit Karosse und Pferdewagen nur schwer befahrbar, einfacher dagegen waren die Entfernungen zu Pferde zu bewältigen. Einkäufe in der nächstgelegenen Stadt oder Reisen zu Landtagen und in amtlichen Sachen wurden zu wahren Expeditionen. Im allgemeinen waren also die grösseren und kleinen Adelssitze jeder eine Welt für sich.

Erschien ein Gast — ob er nun geladen und dem Hausherrn teuer war oder zufällig kam — war das für das ganze Haus ein Freudentag und eine Abwechslung im eintönig dahinfliessenden Leben. Freundschaften unter gleichrangigen Adligen wurden schnell und leicht geschlossen, oft schon bei den ersten Gläsern zur Begrüssung — einer Einleitung zu den Freuden der Tafel, die in Eile unter Aufsicht der Hausfrau hergerichtet wurde. Köche gab es erst später und auch nur an besonders reichen Adelshöfen und bei den Magnaten. Es besteht übrigens die begründete Vermutung, dass „hausgemachte Gerichte" besser schmeckten als die Bankettspeisen, die in grossem Masse auf äussere Wirkung berechnet waren. Bestätigt wird dies von Mikołaj Rej (1505—1569) und von anderen Verfassern der zahlreichen altpolnischen Scherzgedichte. Auch die Atmosphäre solcher Festmähler im kleinen Kreis unterschied sich vorteilhaft von den lauten, man könnte fast sagen Massengelagen der Magnaten, die veranstaltet wurden, um politische Anhänger zu gewinnen. Ein vom Adel geprägtes altes Sprichwort besagt: „Sieben — Speis und Trank, Neun — Streit und Zank", und ein anderes: „In grosser Zahl sich schlagen, in kleiner essen."

Es gab auch erlesene, vielleicht sogar übertriebene Magnatenbankette, aber davon soll später die Rede sein.

So ein bescheidenes Essen, wie es auf einem kleinen Adelshof gereicht wurde, findet auch heute noch unsere Zustimmung — und weckt unseren Appetit.

Ein guter Kapaun vor dem Fest oder Fasten,
Ein fettes Schnitzel vom gemästeten Schwein.
Auch ein Braten vom Rind ist nicht zu verachten
Oder im Herbst vom fetten Schwein,
Oder Kalbfleisch mit Salat, und zum anderen Mal
Zum Salat dann auch noch Gurken.

Dieses Lob stammt aus der Feder des empfindsamen Dichters Wespazjan Kochowski (1633—1700).

Gern zu Tisch gebeten wurde der örtliche Pfarrer, der es oft als seine Pflicht ansah, alle nacheinander gereichten Gerichte zu segnen und sich nicht nur zu bekreuzigen, bevor er zum Löffel griff. Über die kulinarische Andächtigkeit machte sich ein polnischer Versdichter des siebzehnten Jahrhunderts, der Arianer Olbrycht Karamanowski, in dem Scherzgedicht „Paternoster für die Hoftafel" lustig, in dem er bei Gelegenheit mehrere beliebte Gerichte des Adels erwähnte:

Der du uns gnädig an diesem Tisch versammelt,
Segne, was aus Gewürz und was für die Brühe;
Der du aus dem Nichts die unerreichbaren Himmelsgefilde geschaffen,
Segne uns heute diese Stückchen Brot.
Heiliger Petrus, der du das Himmelstor öffnest,
Segne uns'ren Braten und dies Fleisch mit Rüben.
Liebreiche heilige Helene und liebreiche heilige Anna,
Segnet uns diese Würste und die Pfanne gleich mit...

Natürlich ist das keine anspruchsvolle Dichtung. In den altpolnischen Scherzgedichten haben sich jedoch viele lebendige, uns unmittelbar ansprechende altpolnische Wendungen erhalten, und wenn wir sie lesen, fühlen wir uns gleichsam zurückversetzt in jene so fernen und farbigen Zeiten. Der Adel liebte Scherzgedichte über alles; mit besonderem Vergnügen wurden — vor allem in ausgelassener Gesellschaft bei Tisch — mutwillige Scherzgedichte vorgelesen, die gar zutreffend waren und die Dinge beim rechten Namen nannten. Das polnische Temperament aber ist bis auf den heutigen Tag allgemein und wohl mit Recht berühmt. Seine Ursachen sind vielleicht unter anderem in dem überreichlichen, fleischreichen und fetten Essen und dem ebenso übermässigen Trinken zu suchen. Niemand an den Tafeln des Adels gedachte der Warnung des heiligen Hieronymus, der in seinen berühmten „Briefen" schrieb, dass weder die Feuer des Ätna, noch des Vulcanus, noch des Vesuvs oder Olymps mit solcher Glut brennen wie das innere Feuer des verdauenden Jünglings, der vom Wein berauscht und vom Essen angeregt ist.

Wie Jünglinge verpflegt wurden, die gerade erst das Mannesalter erreicht hatten, ist einem glücklich erhalten gebliebenen Abkommen zu entnehmen, das 1638 zwischen dem Adligen Drohojowski und dem Bürgermeister von Bełżec, Nemorecki, geschlossen wurde und vom Victus handelte, den der Bürgermeister den beiden Söhnen des Adligen, die bei ihm wohnten, und dem die beiden Jünglinge betreuenden „Pädagogen" zukommen lassen sollte.

Es ist ein langes Dokument und kann nur gekürzt angeführt werden. Das Mittagessen sollte aus vier Gängen bestehen, zwei davon sollten Fleischspeisen sein („Kapaun für sechs Personen, ein gutes Stück Kalbfleisch, kräftiges und nicht mageres Brühfleisch") und zwei Gemüsegerichte („Möhren oder Rüben mit frischem Fleisch, saurer oder frischer Kohl oder Erbsen, alles mit frischem Speck"); Käse zum Mittag oder zum Abendessen „soviel sie wollen"; sonntags und an Feiertagen ein fünfter Gang (Fleisch) — Gans, Kapaun, Kalbfleisch oder Schweinefleisch; zu besonderen Festtagen „noch etwas dazu". Zur Vesper drei Gänge: Fleisch, Gemüse (mit ansehnlichem Suppenfleisch) und Grütze mit Fleisch, gut durchgemischt. Mittwochs, freitags und sonnabends zum Mittag „je zwei Stücke Fisch, Gemüse mit Butter, Gemüse mit Rahm oder Käse. Zur Vesper gebratene oder gekochte Eier, Kuchen für sechs Personen." Zum Abendessen: „Entweder Brot mit Butter, oder Wurst braten oder Bigos kochen." Frühstück: „Je nach Bedarf". Bier zum Mittagessen, zur Vesper und zwischen dem einen und dem anderen „je nach Durst".

Das ist also eine authentische Speisekarte des Adels, durchaus nicht der Magnaten, denn die Söhne des höheren Adels gingen nicht in Bełżec zur Schule, sondern fuhren ins Ausland, um „Wissen und Schliff" zu erwerben. Bei einer solchen Ernährung mussten die „Feuer des Ätna und Vesuv" die jungen Drohojowskis schon recht bald plagen.

Was auf einem durchschnittlichen, gastfreundlichen Adelshof gegessen wurde, ist also bekannt. Wenn nun ein Gast kam, wurde er vom Hausherrn so herzlich begrüsst, als wäre diesem eine ausserordentliche Ehre widerfahren, sogar, wenn es ein zufälliger Gast war, der eine Unterkunft für die Nacht suchte, weil keine Herberge in der Nähe war. Wie herzlich aber war erst der Empfang, wenn die Gäste erwartet wurden! Dann kamen die besten Sachen aus Küche und Keller auf den Tisch. Leider ist diese altpolnische Gastlichkeit zu oft missbraucht worden. Ein Adliger machte sich nicht ohne Diener auf den Weg, also mussten auch sie bewirtet werden. Es gab gar nicht so wenige, die sich diese Gastfreundschaft zunutze machten, den Besuch ins Unendliche ausdehnten und erst zur nächsten „Visite" aufbrachen, wenn Keller und Speisekammer des Gastgebers leer waren. Trotz der sprichwörtlichen polnischen Gastlichkeit, die von den durch Polen reisenden Ausländern so sehr gerühmt wurde, waren bittere Sprichwörter über lästige Gäste im Umlauf. Die bekanntesten von ihnen: „Ein Gast zur unrechten Zeit ist schlimmer als ein Tatare", „Schlagt den tot, der den Gastgeber erfunden hat; es ist immer besser, Gast zu sein", und das derbste von allen, das übrigens nicht nur in Polen bekannt ist: „Gäste und Fisch stinken nach drei Tagen."

Es war auch Sitte, die Gäste zu beschenken. Wenn der Gast auch nur sein Gefallen an einem Wandbehang, einem Möbelstück, einer Waffe oder gar einem Pferd zum Ausdruck brachte, wurden sie ihm sofort zum Geschenk gemacht. Ein Lob wurde als indirekte Bitte angesehen. So hatte die Gastlichkeit auch ihre Schattenseiten, die mit der Zeit Überhand nahmen, und das alte Sprichwort „Ein Gast im Hause, Gott im Hause" begann allmählich seinen ursprünglichen Sinn zu verlieren.

Der Essraum auf dem Adelshof, in der Regel ein Holzgebäude, war gross und hell und hatte manchmal sogar acht Fenster. Er war spärlich möbliert, Tisch, Bänke und häufig eine gewaltige Anrichte bildeten sein Hauptmobiliar. Selten waren die Möbel von grösserem Wert, wie etwa geschnitzte Danziger Stühle, und wurden im allgemeinen vom Hofzimmermann angefertigt. Trotz des bescheidenen Mobiliars machte der Raum durchaus keinen ärmlichen Eindruck. Im Gegenteil. Tisch, Bänke, Anrichte, Wände und zu besonderen Feierlichkeiten auch der Fussboden waren mit zahlreichen, oft sehr wertvollen Teppichen bedeckt — entweder Beutestücke oder von armenischen Kaufleuten erworben. Die Teppiche, Wandbehänge und kunstvoll bemalten Stoffe, mit denen die Wände mit Vorliebe behängt wurden, verliehen selbst den Räumen eines mittelmässig begüterten Adelshofs ein Aussehen von Wohlhabenheit, ja sogar Reichtum. Auch Waffen und Familienporträts schmückten die Wände. Auf der Anrichte standen silberne und vergoldete Schüsseln, Krüge und Pokale und später wertvolles Glas und Porzellan. Die Hauptdekoration bestand jedoch aus Teppichen, denen die besondere Vorliebe des Adels galt.

Im Winter brannte im Essraum ein Kaminfeuer, der Kamin war häufig mit Marmor und dem Wappen des Hausherrn verziert. Der Adel vertrat die Ansicht: „Ein Ofen verleiht nur Wärme und ist taub und stumm, ein Kamin gibt Wärme und Licht und spricht zum Menschen."

Zum Essen wurde der Teppich auf dem Tisch mit einem schneeweissen Tischtuch bedeckt, auf das die Teller und die Platten mit den Gerichten gestellt wurden.

So war es auf tausenden kleinen, mittelmässig begüterten Adelshöfen. Auf den reichen Höfen, in den Schlössern und Palästen wurden mit jeder Generation neue, geradezu unvorstellbar wertvolle Schätze angehäuft, die die Ausländer in Erstaunen setzten. Von den Kloster- und Kirchenschätzen und von den herrlichen Sitzen des Patriziats ganz zu schweigen.

In den unzähligen Kriegen, die Polen verwüsteten, fiel dieser ganze Reichtum den Flammen und dem Raub anheim. Hätte Polen im Laufe der Jahrhunderte nicht so ausserordentlich viele Kulturgüter verloren, könnte es sich heute mit den reichsten Ländern Europas messen, mit denen die Geschichte gnädiger umgegangen ist.

Bereits 1596 notierte der Sekretär und Zeremonienmeister des päpstlichen Legaten Kardinal Enrico Gaetano — Paulo Mucante — in seinem Tagebuch unter anderem, dass der Krakauer Markt grösser sei als die berühmten italienischen Märkte und man auf ihm alles erwerben könne, „vom Glas bis zur Zitrone", vorzügliches Fleisch aller Art, Wildbret und Geflügel, dass in den Krämerbuden mustergültige Sauberkeit herrsche und die Preise „unerhört niedrig" seien, dass in den Läden der Krakauer Kaufleute die luxuriösesten Erzeugnisse aus ganz Europa zu finden seien. Zum Schluss stellte er mit ungeheuchelter Bewunderung fest:

„Ich kann mir nicht vorstellen, dass es eine zweite Stadt geben könnte, die so reichlich mit allem versorgt ist wie Kraków, und gerechtfertigt ist hier das alte Sprichwort, dass, gäbe es nicht Rom, Kraków Rom wäre."

Dieses Urteil eines Ausländers, der viele europäische Städte kannte und an vielen Höfen weilte, gibt zu denken. Niedergeschrieben wurde es in jenem Jahr, als die Entscheidung fiel, die Hauptstadt Polens von Kraków nach Warszawa zu verlegen, also zu einer Zeit, als Bedeutung und Glanz der Stadt allmählich zu verlöschen begannen.

Paulo Mucante hatte keinen Grund zu Komplimenten, um so mehr, als die „delikate" Mission seines Herrn, des Kardinals Gaetano, Polen in den Krieg gegen die Türken hineinzuziehen, gescheitert war. Er notierte also wahrheitsgetreu, was er mit eigenen Augen gesehen hatte.

Dass manche Besuche den Hausherrn an den Rand des Ruins bringen konnten, ist aus zahlreichen alten Aufzeichnungen, Scherzgedichten und Tagebüchern bekannt. So zum Beispiel geschah es dem Verfasser eines berühmten Tagebuchs, Jan Chryzostom Pasek (1636—1701), dass er in seinem Adelssitz den Minsker Wojewoden Zawisza zu Gast hatte. Pasek war keineswegs vermögend, er hatte sogar erhebliche finanzielle Schwierigkeiten. Und doch nahm er den Gast grossartig und weit über seine bescheidenen Möglichkeiten hinaus auf. Der Wojewode beschrieb diesen Besuch so: „Ich war in Cisów bei dem hochwohlgeborenen Herrn Pasek, einem rechtschaffenen Mann, der mich so gut aufgenommen hat, dass es sich kaum beschreiben lässt. Drei Tage lang wussten wir nicht mehr, ob Tag oder Nacht war, so haben wir getrunken und geprasst. Damen hatte er viele dort und auch hübsche. Er hat mir eine mit Messing beschlagene, sehr schöne Kielcer Schatulle geschenkt, auch hat er mir einen Kielcer Frisiertisch geschenkt, auch eine geschliffene Schatulle et cetera, et cetera."

Man kann sich wohl denken, mit welch ungewöhnlich kostbaren und herrlichen Geschenken die Magnaten und Könige ihre Gäste, vor allem hervorragende Ausländer, Abgesandte und päpstliche Nuntien, bedacht haben.

Angeblich waren die alten Polen keine Meister der Konversation. Erzählen konnten sie allerdings ausgezeichnet, fesselnd und anschaulich. Hauptthema dieser Plaudereien bei Tisch waren Kriegsabenteuer, Jagderinnerungen und genealogische Dispute über die Wappen der Gäste und des Hausherrn. Und da sowohl die Zuhörer als auch die Erzähler tüchtig tranken, beflügelte der Alkohol ihre Phantasie, so dass sie den Tatsachen mindestens ebensoviel Erdichtetes hinzufügten. Das störte jedoch niemanden, wenn nur die Erzählung für die Zuhörer interessant war.

Mit der Zeit jedoch eigneten sie sich die Kunst der geistreichen Konversation glänzend an. Oft war sie mit beissendem Humor gewürzt. Guillaume de Beauplan, der zur Herrschaftszeit Zygmunts III. Wasa (1587—1632) und seines Sohnes Władysław IV. (1632—1648) in Polen weilte, war geradezu bezaubert von der Geselligkeit der Polen und verglich sie hierin mit den Franzosen. Auch lobte er die polnische Küche, besonders die polnischen Fischgerichte. In seinen Memoiren notierte er, die Polen wären, was die Zubereitung von Fisch beträfe, „Meister und anderen Völkern überlegen". Ein solches Kompliment aus dem Mund eines Franzosen hat viel Gewicht.

Das Gespräch ist am angeregtesten am reich gedeckten Tisch, in erlesener und nicht zu zahlreicher Gesellschaft, es ist das gemeinsame Ergebnis geistiger, geselliger und kulinarischer Kultur.

Selbst lange und schwülstige Ansprachen, wie sie die Polen früher liebten und bei jeder sich bietenden Gelegenheit hielten, enthielten immer häufiger eine Dosis ausgezeichneten situationsbedingten Witz.

Bei den Hochzeitsfeierlichkeiten des Krongrosskanzlers Jan Wielopolski mit der Schwester der Gemahlin von Jan III. Sobieski, Louise-Marianne d'Arquien (1678), hielt zum Beispiel der Wojewode Jabłonowski, der dem Auserwählten die Braut zuführte, eine angeblich sehr lange Rede. Ausführlich kommentierte er die Symbolik ihres Wappens, dessen Schild drei Hämmer, drei Hirsche und drei Lilien schmückten, und hob dabei hervor, dass die Braut „von sechzehn französischen Königen abstamme".

Im Namen der Braut antwortete Hetman Sieniawski mit einem einzigen, aber kernigen Satz:

„Wappen leite ich nicht ab, ich räume nur ein, dass das Wappenpferd Seiner Wohlgeboren Bräutigam auf diesen Lilien wird weiden können."

Man wird sich das dröhnende Gelächter der erlesenen Gesellschaft und die fröhliche Stimmung vorstellen können, mit der sich die Gäste an der reichbesetzten Tafel niederliessen.

Nicht umsonst hiess es im alten Polen: „Ein guter Scherz ist einen Timp* wert."

Anders sahen die Festmähler der Magnaten aus, die für den weniger angesehenen Adel gegeben wurden. Es herrschte dort Lärm und Gedränge. Trotz der zahlreichen Gänge wurden die besten Gerichte nur an der Haupttafel gereicht. Die Anzahl der Gerichte wirkte sich negativ auf ihre Qualität aus. Es wurde über die Massen viel getrunken, unzählige Toaste wurden ausgebracht, der erste auf den König oder den Hausherrn. Das Ende solcher Gelage war oft traurig, und der Spei-

*Timp (Tynf oder Tymf) — auch Sechsböhmer, eine alte polnische Silbermünze im Wert von 6 Silbergroschen oder 18 Kreuzern

sesaal bot danach einen jammervollen Anblick. Nahmen Frauen an solch einem Festmahl teil, verliessen sie meist die Tafel, wenn das Essen in ein chaotisches Saufgelage ausartete. Es kam dabei zu Raufereien, die manchmal ein blutiges Ende nahmen, denn die Säbel wurden nicht abgelegt, wenn man sich bei einem Adligen zu Tisch setzte.

> Nach dem gestrigen Bankett komme ich aus dem Zimmer,
> Der Raum ist voller Blut, Glas, Exkremente;
> Zum einen ruft man den Priester, zum anderen den Barbier.
> Die einen versöhnen sich, andere beginnen erst zu streiten...

berichtet ein Augenzeuge und Teilnehmer solcher Gelage, der Dichter Wacław Potocki (1621—1696).

Selbstverständlich nahmen Damen immer mit am Tisch Platz, wenn nette oder angesehene Gäste bewirtet wurden und die nicht zu zahlreiche Gesellschaft die guten Tischsitten achtete. Wurde ihnen zu Ehren ein Toast ausgebracht, tranken sie aus ihrem Glas einige Schlucke Wein, was bedeutete, dass der meist galante Trinkspruch geneigt aufgenommen wurde. Im engen Familienkreis waren die polnischen Frauen nicht so zurückhaltend. Frauen beteiligten sich auch an erlesenen Banketten der Magnaten und Könige. Ohne die Teilnahme vor allem junger und hübscher Damen verlor das Fest an Reiz. Das Festmahl fand, wie das oft üblich war, mit Tanz und Musik seinen Abschluss.

Zu den prächtigsten Familienfesten gehörte die Hochzeit. Die Angehörigen der beiden frisch miteinander verschwägerten Familien, sowohl Frauen als auch Männer, und ebenso die Gäste erschienen in ihren besten Kleidern. Und da die polnische Adelstracht von Edelsteinen funkelte und die kostbaren Stoffe in lebhaften, intensiven Farben schillerten, war der Anblick eines Hochzeitszuges und des hochzeitlichen Festsaals gewiss faszinierend.

Da schon von der Hochzeit die Rede ist, seien zwei Suppen erwähnt, die der Schrecken verliebter Jünglinge waren. Erschien ein junger Mann mit der Absicht, sich zu erklären, wurde er — auch wenn ihm das Mädchen und ihre Familie nicht wohlgesonnen waren — zuerst einmal zu Mittag gebeten. Eine Absage musste nicht unbedingt in Worte gekleidet sein. Kam zum Beispiel „Schwarze Suppe" auf den Tisch, dann bedeutete das eine Abfuhr. Eine ähnliche Rolle spielte dicke Erbsensuppe mit Schweineschwänzchen. Lagen sie in der Suppe, hiess das Absage, standen sie lustig im dicken Brei, war der Antrag angenommen. Hatte der unglückliche Freier eine „Abfuhrsuppe" erhalten, verabschiedete er sich gewöhnlich und reiste wieder ab.

Ende des 16. Jh. wurde das alte leichte Bier vom Branntwein verdrängt, der im allgemeinen im Destillierkolben zu Hause hergestellt wurde. Angeblich waren 200 verschiedene Branntweinsorten in Polen bekannt. Er war nicht ausschliesslich ein „Plebejergetränk". Auch die Magnaten genossen ihn, und der Kurfürst von Sachsen und König von Polen, August II., der Starke (1697—1706 und 1709—1733), trank über die Massen viel, sogar die Damen verwahrten in ihren „Hausapotheken" unterschiedlich gewürzten Branntwein, dessen Wirksamkeit sie erprobten, selbstverständlich in strenger Verschwiegenheit vor den Männern.

Auf die Branntweinwelle folgte Ende des 18. Jh. die Weinwelle. Bekannt war er schon viel früher, aber erst zu dieser Zeit wurde er zum Getränk Nr. 1 ernannt. Seine Heimatländer waren Italien, Frankreich, Spanien, Kreta und Ungarn, und oft wurden ganze Vermögen vertrunken. Auch in anderen Ländern Europas war man starken Getränken nicht abgeneigt. In England etwa war der Alkoholverbrauch (Gin) im 18. Jh. bedeutend höher als in Polen. Aus neuesten Untersuchungen geht auch hervor, dass die verbreitete Ansicht von der Trunksucht der Bauern und der ärmeren Bevölkerung im früheren Polen ziemlich übertrieben ist. Stimmen, die zum Masshalten aufriefen, wurden kaum beachtet.

Gott hat den Menschen aus Lehm geschaffen, steht in den Büchern geschrieben:

Wie ist es aber möglich, dass er nicht aufweicht, wenn er unablässig trinkt? — wunderte sich angesichts der adligen Saufgelage ein Dichter.

Zur Zeit der sächsischen Könige ging der Hof mit schlechtestem Beispiel voran.

In die Geschichte der traurigen Sitten der Sachsenzeit ist der Kastellan Borejko eingegangen, eine tragikomische Gestalt und jämmerliche Karikatur der alten Adelstugenden Gastlichkeit, Freigebigkeit und Frömmigkeit. Herr Borejko trank am liebsten in Gesellschaft Geistlicher. So wandte er sich oft an die benachbarten Klöster mit der Bitte, ihm zwei Mönche zur Gesellschaft zu schicken. Selbstverständlich kamen die trinkfestesten. In die Zimmer wurden ansehnliche Mengen Essen und Trinken gebracht, dann wurden die Mönche und Burschen zur Bedienung dorthin gebeten, die Zimmer verschlossen und erklärt, sie seien von da an ein Kloster, zu dem Unbefugten der Zutritt untersagt sei. Am Morgen wurde zur Messe geläutet, dann zum Essen und schliesslich, wenn der Alkohol schon bei allen seine Wirkung getan hatte, zum Silentium. Lediglich der Priester, der frühmorgens die Messe lesen musste, trank nur bis 11 Uhr nachts. Das Gelage begann gleich nach der Frühmesse beim Frühstück. Allerdings wurden nie die Pflichtgebete vergessen, an denen sich der fromme Borejko selbstverständlich beteiligte.

Eine solche sonderbare Klausur dauerte drei bis fünf Tage, dann wurden die Mönche, vom Hausherrn reich beschenkt, in ihre Klöster entlassen.

Aber auch in den Klöstern war zur Sachsenzeit Askese, ja sogar Mässigkeit selten anzutreffen. Was sich innerhalb der Klostermauern der Bettelmönche abspielte, beschrieb 1778 in dem Spottgedicht „Monachomachia" der Bischof von Warmia, einer der grössten Dichter der polnischen Aufklärung — Ignacy Krasicki (1735—1801).

Viele Trunkenbolde in Mönchskutte sind bekannt, am berühmtesten jedoch sind die bettelnden Bernhardinermönche, die sich durch eine geradezu übernatürliche Trinkfestigkeit auszeichneten.

Bis Ende des 17. Jh. galt der polnische Königshof noch als einer der vornehmsten in Europa. Gäste wurden grossartig und mit umständlicher, komplizierter Zeremonie empfangen.

Hier sei nur kurz beschrieben, wie König Zygmunt III. 1596 den päpstlichen Legaten Caetani und den ihn begleitenden Nuntius bewirtete. Da sich der König nach dem Tod seiner ersten Gemahlin noch in der Trauerzeit befand, war der Empfang sowohl glänzend als auch ernst. Für den König, den Kardinal und den Nuntius wurden getrennte Tische aufgestellt. Den königlichen Tisch bedeckte ein schwarzes Tuch, Teller und Brotkorb waren aus purem Gold. Der Eintritt des Königs und der Gäste erfolgte ungewöhnlich feierlich. Die Tafel wurde nicht etwa von einem Priester, sondern vom Kardinal selbst gesegnet. Und danach:

„Vor diesen drei Personen wurden reich bestickte Handtücher ausgebreitet, es wurden Tabletts mit Karaffen aus Bergkristall gebracht, nach endlosen Verbeugungen wurde dem König, dem Kardinal und dem Nuntius Wasser zum Händewaschen gereicht. Jedem von ihnen wurden Schüsseln vorgesetzt, danach erfolgten Verneigungen und Verbeugungen ohne Ende: durch diejenigen, die die Speisen hereintrugen, zerteilten und vorlegten, zuerst der königliche Küchenmeister dem, der zerteilte, mit Verbeugungen und dieser dem königlichen Erztafeldecker, der ein Stück Brot in das Gericht tauchte, es an den Mund führte und in den in der Nähe stehenden grossen silbernen Korb warf. Der König und der Kardinal mussten infolge dieser Zeremonien lange warten, bis sie speisen konnten... Die Prälaten und Herren nahmen Platz, sobald der König sich gesetzt hatte, und begannen zu essen. Sooft der König trank, erhob sich der Nuntius, nahm die Kopfbedeckung ab und blieb stehen, der Kardinal wollte sich erheben, der König liess es jedoch nicht zu."

Für polnisches Temperament war dieses Bankett etwas zu steif, jedoch hervorragend den Umständen, der Hoftrauer und den Gästen, die die oberste Kirchenhierarchie vertraten, angepasst. Ebenso prächtig und glänzend wurde die Prinzessin Louise-Marie de Gonzague empfangen, die 1646 zur Hochzeit mit dem Sohn von Zygmunt III. Wasa, König Władysław IV., nach Polen gekommen war. Die Begrüssung fand in Gdańsk statt (der König erwartete seine Verlobte in

Warszawa). Auf der Festtafel standen kostbare Gefässe, sie war mit vier Tischtüchern bedeckt, und jeder der aus vielen Gerichten bestehenden Gänge wurde auf einem frischen gereicht. Das erste Tischtuch war weiss, das zweite aus karmesinrotem Atlas, das dritte bestand aus einem Gewirk aus Gold, Silber und Seide, das mit Blüten bestickt war, und das letzte war wieder weiss. Das Hochzeitsmahl im Schloss zu Warszawa war noch glänzender.

Da gerade von Tafelgeschirr die Rede ist, soll etwas näher darauf eingegangen werden. Schon beim Festmahl, das Bolesław der Tapfere gab, bog sich die Festtafel unter dem Gewicht der goldenen und silbernen Gefässe. Die Tradition reichte also weit zurück, selbstverständlich bei den Reichsten. Die Ärmeren assen von Zinntellern, die ganz Armen von Holztellern, die aber bald von Zinn- und Tongeschirr abgelöst wurden, das oft schön bemalt und glasiert war.

Schliesslich tauchten Fayence und Porzellan sowie Glas auf. Es waren ausserordentlich kostbare Gefässe aus Italien, die manchmal teurer waren als Silber und oft von hohem künstlerischem Wert. In der ersten Hälfte des 18. Jh. jedoch wurde Fayencegeschirr gebräuchlicher und billiger, und auf den Festtafeln erschienen Meissner, Wiener und Sèvresporzellan, ja sogar das kostspieligere chinesische und japanische Porzellan. Soviel zum Tafelgeschirr. Die Polen hielten nicht nur mit anderen Ländern Schritt, sie überflügelten sie sogar an Prunk und schufen ihren eigenen Stil. Eine Besonderheit der polnischen, auch der Adelstafel war der Tafelaufsatz, von einem der Chronisten der altpolnischen Kultur als Glas-, Silber- oder Holztablett mit einer Galerie aus Silber beschrieben. Darauf standen silberne oder vergoldete Lauben, Gärten, Körbe mit Obst u.dgl. Das ganze war von einer Kuppel mit dem polnischen Adler mit ausgebreiteten Schwingen oder einer allegorischen Figur gekrönt. Für den täglichen Gebrauch gab es kleine und bescheidene Tafelaufsätze.

Den kostbaren Tafelaufsatz, der während des „letzten altpolnischen Festmahls" die Tafel schmückte, hat

Adam Mickiewicz im 12. Buch von „Pan Tadeusz" beschrieben:

Während die Gäste im Saale der neuen Speisen schon harrten,
Schauten sie alle mit Staunen jetzt auf den Aufsatz der Tafel,
Auf dessen teures Metall wie auch auf die kostbare Arbeit.
Die Überliefrung berichtet, dass Fürst Radziwiłł-Sierota
Einst dieses kostbare Stück für sich in Venedig bestellte,
Nach seinen eigenen Wünschen in polnischem Stile gefertigt.
Dieser kostbare Aufsatz, verschleppt einst im Krieg mit den Schweden,
Kam, wer weiss es noch wie, in das Landgut eines Szlachcicen.
Heute dem Schatzschrank entnommen, nahm er die Hälfte des Tischs ein,
Er umspannt' einen Kreis, einem Wagenrad fast an Gestalt gleich.
Dieser Aufsatz war nun am Boden bis hin zu den Rändern
Ganz übergossen mit Schäumen und Zuckerwerk, weiss, wie der Schnee ist.
Völlig glich er der Pracht der verzauberten Landschaft im Winter;
Schwarz hob sich ab in der Mitte ein riesiger Wald Konfitüren,
Häuser auch rings an den Seiten, Dörfer und kleine Gehöfte,
Wie vom Reif überdeckt, aus Zuckerschaum kunstreich gefertigt;
Rund um die Ränder des Aufsatzes standen als schmucke Verzierung
Aus Porzellan gebrannte, nicht sehr grosse Gestalten
Wie auf der Bühne die Schauspieler, alle in polnischen Trachten...

(Nachdichtung von Hermann Buddensieg)

Nicht alle konnten sich jedoch einen auch nur bescheidenen Tafelaufsatz leisten, einen immerhin kostspieligen und überflüssigen Gegenstand. Das bedeutet aber nicht, dass der Tisch auf den kleinen Adelsgütern lieblos gedeckt war. Er wurde mit Blumen, oft Feldblumen, geschmückt. Hohe Sträusse waren nicht üblich, oft aber wurde in der Tischmitte ein schmales, oft kunstvolles Ornament aus verschiedenfarbigen Blütenblättern angeordnet. Das war vor allem die Aufgabe der Töchter des Hauses und der jungen Mädchen, die meist ausgezeichnete Stickerinnen waren, in der Kunst des Verzierens also nicht geringe Erfahrung besassen.

Viel könnte man über die altpolnischen Löffel schreiben.

Oft waren sie wahre Meisterwerke der Silber- und Goldschmiedekunst. Auf dem Griff waren scherzhafte Sentenzen eingraviert, und auf der Aussenseite des Teils zum Schöpfen das Wappen des Eigentümers. Gabeln gab es an der polnischen Tafel früher als in Frankreich, und im 17. Jh. waren sie bereits allgemein in Gebrauch. Auch sie waren reich verziert. So ist zum Beispiel bekannt, dass sich der bereits zitierte Dichter Wacław Potocki in Kraków Messer und Gabel mit Elfenbeinstiel und für seine Frau mit Korallengriff gekauft hat.

Zu erlesenen Banketten wurden schon Ende des 16. Jh. Servietten neben das Gedeck gelegt. Im 18. Jh. benutzte man in Polen kostbare Damastservietten aus Köln und Holland.

Aus dem Osten, vor allem aus der Türkei, stammt die Vorliebe für die bereits früher bekannten „Bakkalien" — Nüsse, Rosinen, getrocknete Datteln, Feigen u.dgl., die im 18. Jh. in Mengen importiert wurden. Orientalische Einflüsse sind auch einigen süssen polnischen Kuchen und Getränken anzumerken, wie Rosenwasser, Mandelmilch oder Erfrischungsgetränke. Der bedeutende Dichter der polnischen Aufklärung Ignacy Krasicki bevorzugte entschieden die altpolnischen Backwaren. Nachdem er echten türkischen Kuchen gekostet hatte, den sein Neffe ihm mitgebracht hatte, schrieb er in einem Brief: „...hat mir Kuchen vom Grossen Türken mitgebracht, wenn aber jener Grosse Türke soviel wert ist wie diese Kuchen, dann — fürwahr — ist jener Grosse Türke nicht viel wert."

Da aber eine Reise von der Türkei zur Residenz des Bischofs in jener Zeit mehrere Wochen dauerte, war wohl auch der Kuchen recht alt, Krasicki dagegen war ein grosser Feinschmecker.

Die Herrschaft von August II. (1697—1706 und 1709—1733) und August III. (1733—1763) von Sachsen führte zu einer inneren Desorganisation des Staates und zum Verfall des noch kurz zuvor grossen Prestiges Polens unter den führenden Ländern Europas. Es war zweifellos eines der traurigsten Kapitel in der Geschichte Polens. Auch in der polnischen Küche tat sich nichts Gutes, denn die allgemeine Sauferei war ein Gegner des wahren, massvollen Feinschmeckers.

Es müssen jedoch aus dieser Zeit einige Neuheiten notiert werden, die für die altpolnische Küche zu tatsächlich wertvollen und dauerhaften Errungenschaften wurden. Zu ihnen gehören Kartoffeln, Kaffee, Tee und Schokolade. Absolute Neuheiten auf dem polnischen Tisch waren das zwar nicht, man könnte wohl eher von ihrer Einbürgerung in der polnischen Küche und von ihrer allgemeinen Verbreitung sprechen.

Kartoffeln kamen unter Jan III. Sobieski (1674—1696) zum erstenmal nach Polen, und zwar nach seinem berühmten Sieg über die Wien belagernden Türken. Der König schickte einige Kartoffelknollen (gezüchtet wurden sie als Rarität in den Wiener kaiserlichen Gärten) in seine Residenz in Wilanów mit der Anordnung, sie zu pflanzen. Die Kartoffeln gediehen im fruchtbaren polnischen Boden. Als sie den vom König geladenen Gästen vorgesetzt wurden, riefen sie keine sonderliche Begeisterung hervor, denn man war an Grütze gewöhnt. Es wurde jedoch Mode, Kartoffeln zu essen, und der Schwiegersohn des königlichen Hofgärtners begann sie anzubauen und machte sein Glück damit, denn als Kunden hatte er die Warschauer Magnaten, die für das „modische" Gemüse gut zahlten. Unter August III. wurde die Kartoffel auf den Feldern Polens heimisch. Dieser Monarch siedelte in den polnischen Krongütern Deutsche an, die massenhaft Kartoffeln anbauten und sie so bei den polnischen Bauern verbreiteten. Aber ohne Widerstand ging das nicht vor sich. Manche Priester redeten den Bauern ein, die Kartoffeln seien gesundheitsschädlich, obwohl sie selbst sie mit Appetit verspeisten. Es ging dem Klerus darum, dass sich Oblaten, die aus Weizenmehl und Kartoffelmehl gebacken waren, nicht für liturgische Zwecke eigneten, da sie als Gotteslästerung angesehen wurden. Die Befürchtungen der Priester erwiesen sich jedoch als stark übertrieben. So gelangten also die Kartoffeln sowohl „von oben" zur Zeit Jan III. Sobieskis, als auch „von unten" unter seinen Nachfolgern in die polnische Küche, so dass „gegen Ende der Herrschaft von August III. die Kartoffeln überall in Polen, in Litauen und in der Rus bekannt waren" (Kitowicz). Hinzugefügt sei noch, dass man in Polen nie versucht hat, aus Kartoffelmehl Oblaten zu backen, jedoch schon zu Zeiten von Stanisław August (1764—1795) wurde aus ihnen Branntwein gemacht.

Als Kazimierz Pułaski (1747—1779), der sowohl in Polen als auch in den USA als Nationalheld verehrt wird, im Lager in Berditschew einen Sack Kartoffeln als „besonderes Geschenk" erhielt, wusste sein Koch anfangs nichts damit anzufangen. Er kam jedoch auf einen ausgezeichneten Gedanken: Die geschälten Kartoffeln kochte er in Salzwasser, übergoss sie reichlich mit Fett und gab sie mit Rührei zu Tisch — „und alle Anwesenden konnten dieses neue Gericht nicht genug loben".

Auch auf dem Land werden Kartoffeln manchmal sehr einfallsreich und schmackhaft zubereitet. Eines dieser Bauernrezepte stammt von den Hirten, die den ganzen Tag fern vom Dorf zubringen. Bis heute ist es sehr beliebt, besonders bei jugendlichen Touristen.

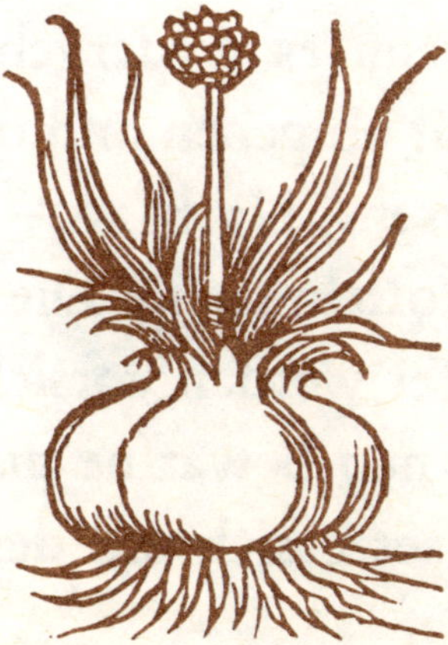

Kartoffeln auf Hirtenart

Erforderlich ist ein tiefer, innen verzinkter Eisentopf. Den Boden dieses Topfes mit dünnen Speckscheiben bedecken, darauf je eine Schicht rohe, in Scheiben geschnittene Kartoffeln, Zwiebelscheiben, Speck oder fetten, durchwachsenen Räucherspeck legen. Jede Schicht mit Salz und etwas Pfeffer bestreuen. Kartoffeln bilden die letzte Schicht, sie werden mit 2—3 Kohlblättern bedeckt. Den Topf mit einer rund ausgestochenen Grassode schliessen, die man auf die Kohlblätter legt. Inzwischen ein Lagerfeuer entfachen, und wenn es niedergebrannt ist, den Topf mit Glut umgeben und das Feuer nicht ausgehen lassen. Nach 40—45 Minuten sind die Kartoffeln fertig. Die Grassode und die Kohlblätter werden vorsichtig abgenommen — und nun bewaffne man sich mit einem Löffel, setze sich um den Topf herum und esse.

Die Hirtenkartoffeln können mit 1—2

Schichten dünngeschnittener Wurst „veredelt" werden. Es ist ein echtes Volksgericht und schmeckt vorzüglich. Mit sauren Gurken mundet dieses an sich schon bemerkenswerte, weil im Freien zubereitete und verspeiste Gericht noch besser.

Als Johann Sebastian Bach — nach vielen Bemühungen 1736 von August III. zum „Königlich Polnischen und Kurfürstlich Sächsischen Hofcompositeur" ernannt — seine berühmte Kaffee-Kantate schrieb, war dieses Getränk auch schon in Polen bekannt und geschätzt, allerdings nur bei den herrschenden Kreisen. Dazu hatte der Sieg von König Jan III. Sobieski über die Türken bei Wien im Jahre 1683 beigetragen. Die gewaltigen Kaffeevorräte, die im Lager der Türken erbeutet worden waren, erhielt der tapfere Pole Kulczycki zum Geschenk. Bald darauf eröffnete er in Wien das erste Kaffeehaus. Nicht sofort jedoch fanden die Polen Geschmack am Kaffee. 13 Jahre vor dem Sieg bei Wien schrieb der Dichter Andrzej Morsztyn (1620—1693) noch ohne Begeisterung:

> In Malta haben wir, erinnere ich mich, Kaffee gekostet,
> Ein Getränk für Paschas, Murata, Mustafa
> Und was es noch für Türken gibt, aber ein so abscheuliches
> Getränk, wie garstiges Gift und Galle,
> Da fliesst einem kein Wasser im Mund zusammen,
> Ein christliches Maul sollt' es nicht besudeln.

1724 eröffnete einer der Höflinge Augusts II. in Warszawa das erste Kaffeehaus, und 1759 gab der polnische Jesuit Krusiński ein Traktat mit dem hochtrabenden Titel „Pragmatographia de legitimo uso des türkischen Ambrosa, das ist die Beschreibung der gehörigen Art der Verwendung türkischen Kaffees" heraus. Anfangs sehr teuer, wurde der Kaffee schnell billiger und zu einem ausserordentlich beliebten und verbreiteten Getränk. Vor allem die Damen fanden grossen Geschmack daran. Der ehrwürdige Priester Kitowicz schrieb mit leichtem Missfallen: „Wenn so eine Kaffeetante auch zehn Häuser täglich besuchen würde (wie das in Städten ein Leichtes ist), würde sie doch in keinem ein Tässchen Kaffee ausschlagen, wenn man es ihr nur anböte; überall jedoch war es Sitte, Damen dieses Getränk vorzusetzten."

Der Kaffee hat erheblich zur Einschränkung des übermässigen Trinkens beigetragen. „Morgens wurde er mit Sahne getrunken, an Fastentagen nur mit Wasser oder mit Milch, nach dem Mittagessen schwarz oder mit Sahne, ganz nach Geschmack, wer von den Männern aber nach dem Mittag Kaffee trank, war für zwei Stunden frei vom Trinken, er wurde von den Frauen unter die Fittiche genommen, er gehörte zu ihrer Gesellschaft, auf ihr Bitten und unter dem Vorwand, es schade ihm, befreite er sich vollkommen vom Zwang, zu trinken", schrieb Łukasz Gołębiowski (1773—1849), ein vorzüglicher Kenner jener Zeiten.

Wie das nun einmal in ihrer Art lag, verwendeten die Polinnen die besten Sorten, wenn sie den Kaffee unmittelbar vor seiner Zubereitung selbst brannten. Darum ist es auch kaum verwunderlich, dass Ausländer vom „polnischen Kaffee" begeistert waren. Adam Mickiewicz jedoch schrieb im „Pan Tadeusz" vom altpolnischen Kaffee:

So guten Kaffee, wie man in Polen braut, gibt es sonst nirgends.
Jeder feinere Haushalt hat nach altpolnischer Sitte
Eigens eine Mamsell, die vorzüglich den Kaffee bereitet,
Kaffeebrauerin wird sie genannt; von der Stadt her bezieht sie
Oder von Kähnen nur Bohnen der allererlesensten Sorte.
All die geheimen Künste der Kaffeebereitung versteht sie,
Schwarz ist der Kaffee wie Kohle und durchsichtig auch wie der Bernstein,
Duftend wie Mokka ist er und dick wie der flüssige Honig.
(Nachdichtung von Hermann Buddensieg)

Tee genoss in der früheren polnischen Küche unvergleichlich weniger Ansehen als Kaffee. Anfangs galt er als wirksames Heilmittel bei Magenverstimmung. Später reichte man ihn als erlesenes Getränk in den Modesalons, jedoch mehr aus Snobismus denn aus Überzeugung. Am beliebtesten wurde er in jenen Gebieten Polens, die nach den Teilungen unter russischer Herrschaft standen. Gereicht wurde Tee als reiner Aufguss, mit Sahne, mit Zitrone, mit Himbeersaft oder Kirschsaft oder auch mit Rotwein.

Ehe der Tee seine Anhänger fand, wurde recht abfällig oder gar ablehnend über ihn geschrieben. Tomasz Ormiński, Professor der Akademie von Zamość, gestand ihm 1703 objektiv folgende Eigenschaften zu:

„Was verursachen die Tee-Blätter? Sie vertreiben den Schlaf ohne zu schaden, darum trinken Kaufleute, die in der Nacht viel zu schreiben haben, Tee; sehr nützlich ist er für den Magen, auch ich habe ein wenig von diesem Kräutlein verwendet, aber meiner Complexion ist Kaffee angemessener."

Ein entschiedener, ja geradezu fanatischer Teefeind war der Priester Jan Krzysztof Kluk, der in seinem 1786—1788 herausgegebenen Pflanzenwörterbuch unter anderem schrieb:

„Würde China alle seine Gifte schicken, es könnte uns nicht so viel schaden wie mit seinem Tee." Der Priester hat stark übertrieben, doch obwohl er nicht mit verdammenden Worten gespart hat, konnte er die wachsende Beliebtheit des Tees im Polen des 18. Jh. nicht aufhalten.

Heisse, duftende Schokolade, zum ersten Frühstück nach dem Erwachen im Bett getrunken, war ein herrschaftliches Getränk, das zu Zeiten der sächsichen Könige und unter dem letzten polnischen König Stanisław August in Mode war. Im allgemeinen wurde allerdings dem Kaffee der Vorzug gegeben, so dass die Glanzzeit der Schokolade nur kurz dauerte und sie bald zum Nachmittagsgetränk für Kinder „degradiert" wurde.

Jerzy Ossoliński (1595—1650), königlicher Krongrosskanzler, bedeutender Diplomat und Politiker mit grossem Weitblick, engster Berater von König Władysław IV., hat sich auch in der Geschichte der polnischen kulinarischen Kultur einen Namen gemacht. Er rief die Magnaten und den reichen Adel auf, nicht so unsinnig viel Geld für teure, aus fremden Ländern importierte Spezereien auszugeben, da das, was Polen besitze, sich selbst für das grossartigste Festmahl eigne. Polnisches Gold aber floss damals in breitem Strom ins Ausland zum Kauf von Gewürzen, Wein, Zucker, Zitronen usw.

Um alle von der Richtigkeit seiner Worte zu überzeugen, gab er ein Bankett, zu dem ausschliesslich polnische Produkte verwendet worden waren, und lud „beträchtlich viele Herren" und alle damals in Warszawa anwesenden ausländischen Gesandten ein. Das Bankett, „auf dem er alle so reichlich bewirtete und traktierte, dass die erwähnten Gäste nicht nur des Vergnügens, sondern auch der Bewunderung voll waren", fiel in jeder Hinsicht grossartig aus.

Zu den Saucen wurde anstatt Wein Kirschsaft verwendet, anstatt Mandeln vielerlei einheimische Nüsse, Rosinen wurden durch getrocknete Kirschen und andere, nicht etwa in sehr teurem Zucker, sondern in Honig gekochte Früchte ersetzt. Angesäuert wurden die Gerichte nicht mit Zitrone, sondern mit säuerlichen Äpfeln, anstelle von Pfeffer und Ingwer wurden Meerrettich, Senf und Mostrich verwendet, Oliven und Kapern hatten getrockneten und frischen Pilzen den Platz räumen müssen. Sogar der in den herrschaftlichen Küchen im allgemeinen aus Wein gewonnene Essig war hier aus Honig bereitet.

Auch der Durst wurde, wie der Chronist versicherte, zu allgemeiner Zufriedenheit mit polnischen Getränken gelöscht: „Es gab so manches Bier aus verschiedenen Orten, köstlich, abgelagert und wohlschmeckend, wie es jeder nach seinem Geschmack wünschte: aus Warka, Łowicz, Końskowola, Drzewica, Brzeziny, Odrzywół und Gielniów. Auch der Met war vorzüglich. Polnische Weine gab es ebenfalls — weisse und rote aus dem Sandomierzer Land."

Das polnische Bankett Ossolińskis war zwar ein ausführlich in der Gesellschaft kommentiertes Ereignis, wurde jedoch als exzentrischer Scherz eines grossen Herrn angesehen.

Die altpolnische Küche stand fremden Einflüssen nicht ablehnend gegenüber, verstand es jedoch, sie dem typisch polnischen Geschmack anzupassen. Die Mehrzahl der Schlachta war — entgegen allem Anschein — in kulinarischen Dingen konservativ, vor allem, was das tägliche, in der eigenen Küche zubereitete Essen betraf.

Nach der 1569 geschlossenen polnisch-litauischen Union verbreiteten sich in Polen viele, dem polnischen Gaumen zusagende litauische Gerichte, die Litauer dagegen nahmen zahlreiche polnische Rezepte in ihre Küche auf. Zu Zeiten Zygmunts I. des Alten (1506—1548) war — vor allem am Königshof und bei etlichen Magnaten — die italienische Küche vorherrschend. Zur Vielseitigkeit der polnischen kulinarischen Rezepte trug in gewissem Grade das städtische Patriziat bei, das in erheblicher Zahl fremder, vor allem deutscher Herkunft war. Orientalische Einflüsse machten sich deutlich unter Jan III. Sobieski (1674—1696) bemerkbar. Zur Herrschaftszeit der Könige sächsischer Herkunft, August II. und August III. (zwischen 1697 und 1763) wurde die Kartoffel zu einem festen Bestandteil der polnischen Küche. Der letzte polnische König dagegen, Stanisław August Poniatowski (1764—1795), war ein Freund der französischen Küche, verschmähte jedoch auch keinesfalls die echt polnischen Gerichte. Während der Teilungen zeichnete sich in den von den fremden Mächten besetzten Gebieten der Einfluss der russischen und der österreichischen Küche ab. Preussische Gerichte allerdings, die in Europa keinen guten Ruf genossen, wurden von den Polen entschieden abgelehnt.

Diese zahlreichen kulinarischen Einflüsse konnten der altpolnischen Küche nichts anhaben, sie hat stets ihren eigenen, nationalen Charakter bewahrt.

Kulinarische Neuheiten wurden von den immer zahlreicheren, grosszügig bezahlten Köchen fremder Herkunft in Polen verbreitet.

Vor allem die Magnatenküche verlor ihren nationalen Charakter, da sie am leichtesten den Einflüssen von Mode und Snobismus erlag. Das märchenhafte Vermögen vieler polnischer Magnaten gestattete ihnen ein geradezu unbegrenztes Wohlleben und die Verwirklichung jeder Laune.

Oft stellten Magnatenbankette bescheidenere Festmähler am Königshof in den Schatten. Das stellt jenen polnischen Herrschern ein gutes Zeugnis aus, denen nicht an „königlichem" Gepränge lag, die es jedoch zur Schau stellen konnten, wenn es erforderlich war.

Erst 1628, ziemlich spät also, erschien das erste erhalten gebliebene echt polnische Kochbuch, das „Compendium ferculorum oder Sammlung von Gerichten durch den Küchenmeister, den geborenen Stanisław Czerniecki, ... ad usum publicum geschrieben". Dieses Büchlein, das heute zu den grössten bibliophilen Raritäten gehört, ist ein schriftlichs Denkmal der erlesenen altpolnischen Küche. Es enthält selbstverständlich nicht nur polnische Rezepte. Den polnischen Speisen hat der Verfasser jedoch den Vorrang gegeben. In seinem Vorwort heisst es: „Man soll nicht verärgert sein, dass ich dieses mein erstes Buch mit polnischen Gerichten beginne... Es schien mir nämlich, dass man zuerst die altpolnischen Speisen kosten müsse; sollten sie den Appetit nicht befriedigen, verweise ich auf weitere und besondere."

Das „Compendium ferculorum" war bis ins 19. Jh. ausserordentlich beliebt. Es wurde von Adam Mickiewicz herangezogen, als er im 12. Buch des „Pan Tadeusz" ein Bild vom letzten altpolnischen Festmahl entwarf.

Der Dichter hat übrigens nicht nur in das Werk von Czerniecki hineingeschaut, sondern auch in das vielfach neu aufgelegte (u.a. 1812) Buch von Wojciech Wielądko „Der vollkommene Koch".

Die Bücher von Czerniecki und Wielądko waren jedoch nicht die ersten polnisch geschriebenen Kochbücher. Das erste erschien bereits im 16. Jh., ist jedoch so ausführlich benutzt worden, dass nicht ein einziges Exemplar bis in unsere Zeit überdauert hat. Von seiner Existenz weiss man lediglich aus Bemerkungen anderer Autoren.

Die Liste der bis zum Ende des 19. Jh. erschienenen polnischen Kochbücher ist nicht lang. Offensichtlich wurde das geschriebene Wort durch die von Generation auf Generation überlieferte, sorgfältig gepflegte Tradition ersetzt.

Zu Zeiten von König Stanisław

Nach der düsteren Zeit

der „sächsischen Nacht" war die polnische Aufklärung bemüht, an die grossen europäischen Traditionen der polnischen Renaissance anzuknüpfen.

Im 16. Jh. jedoch war Polen noch eine Macht. An Feinden hat es ihm niemals gemangelt, doch die Stärke des Staates an der Weichsel flösste ihnen Respekt ein. Das 16. Jh. wird als „goldenes Zeitalter" der polnischen Kultur bezeichnet, die auch auf andere Länder ausstrahlte. Zu den Professoren der Krakauer Universität gehörte so manche europäische Koriphäe.

Es war die Zeit von Nicolaus Copernicus (1473—1543), dessen Werk „De revolutionibus orbium coelestium" die Wissenschaft revolutioniert hat, von Jan Kochanowski (1530—1584), dem Begründer der bezaubernd schönen polnischen Dichtersprache, von Andrzej Frycz-Modrzewski (1503—1572) mit seinem in ganz Europa gelesenen und kommentierten Werk „Commentariorum de Republica emendanda", von dem Dichter Klemens Janicki (1516—1542), einem Bauernsohn, der in Padua dichterischen Lorbeer errang, und von vielen anderen bedeutenden Gelehrten und Künstlern.

Ganz anders war die politische und kulturelle Lage Polens, als 1764 der letzte polnische König, Stanisław August Poniatowski, den Thron bestieg. Das Land befand sich in einem entsetzlichen Chaos und tiefer Anarchie, in die es die demoralisierten, jeglichen Patriotismus baren, jedoch märchenhaft reichen, grossen Magnatengeschlechter gestürzt hatten. Diese Familien bekämpften einander und standen, um sich noch grösseren Einfluss zu verschaffen, oft im Dienst fremder, Polen feindlich gesinnter Mächte. Der Kleinadel, der durch die Machenschaften der Magnaten desorientiert war und zum Schaden für Bauern und Bürger alle Privilegien für sich beanspruchte, war zu einem gefährlichen, trüben und schwer regierbaren Element geworden. Ein solches Erbe trat Stanisław August an, als er nach dem Willen von Katharina II. den

Thron bestieg; 1795 wurde er, ebenfalls nach ihrem Willen, wieder abgesetzt.

Unter diesen Umständen war es schwer zu herrschen, völlig unmöglich jedoch, zu regieren. Und doch versuchte Stanisław August Poniatowski — obwohl selbst schwankend und von Gegnern umgeben — dieser Aufgabe gerecht zu werden.

Die vom Vierjährigen Sejm am 3. Mai 1791 verabschiedete Verfassung, auf die der König vereidigt wurde, war das erste Regierungsgesetz dieser Art in Europa und ebnete tiefgreifenderen, fortschrittlichen Reformen den Weg. Leider wurde sie bereits im darauffolgenden Jahr von der Magnaten-Konföderation von Targowica, die durch eine Intervention des russischen Heeres unterstützt wurde, ausser Kraft gesetzt. Länger bestand die Kommission für Nationale Bildung, die erste staatliche Volksbildungsbehörde in Europa und Urform des Bildungsministeriums. Auf Anregung des Königs gegründet, vollzog sie eine bahnbrechende Wende in der Geschichte des polnischen Bildungswesens, demokratisierte und verweltlichte das Schulwesen und hob es auf ein höheres Niveau. Kurz vor der letzten Teilung Polens hörte sie auf zu bestehen.

Es steht ausser Zweifel, dass die polnische Aufklärung, deren führende Vertreter sich um den König scharten, Polen unter anderen politischen Voraussetzungen in eines der fortschrittlichsten Länder des damaligen Europa hätte umgestalten können. Zur Durchführung der beschlossenen Reformen war es jedoch schon zu spät. Was blieb, war die lebensfähige Saat des fortschrittlichen Denkens, die erst erheblich später aufging.

Der führende Vertreter radikaler gesellschaftlicher Reformen, Stanisław Staszic (1755—1826), äusserte nach der dritten Teilung Polens 1795 die denkwürdigen Worte:

„Fallen kann auch ein grosses Volk, untergehen nur ein nichtswürdiges." Tatsächlich breitete Polen eben unter der Herrschaft Stanisław Augusts die Schwingen zum Höhenflug aus, als sie ihm verräterisch beschnitten wurden.

In wenigen Zügen nur ist der Hintergrund gezeichnet worden, vor dem Stanisław August als Mäzen der Wissenschaft und der schönen Künste gezeigt werden soll. Die Beurteilung seiner politischen Tätigkeit muss den Historikern und der Geschichte selbst überlassen bleiben. Der letzte König Polens war — welch eine Ironie des Schicksals — einer der aufgeklärtesten und zugleich machtlosesten Herrscher jener Zeit. Zweifellos war er ein raffinierter Ästhet und Sybarit, jedoch nicht ausschliesslich.

Die donnerstägliche Mittagstafel

Um mit den Wissenschaftlern und Künstlern unmittelbarere, inoffizielle Kontakte anzuknüpfen, lud Stanisław August sie donnerstags zum Mittagessen ein. Es waren jeweils höchstens 10—12 Personen, so dass eine vertraute Atmosphäre herrschte, zumal es unter den Gästen auch „Statisten" gab, die den Gesprächen nur zuhörten, ohne sich reger daran zu beteiligen.

Diese donnerstägliche Mittagstafel fand in Polen als Neuheit lebhaften Widerhall, obwohl derartige „intellektuelle" Tafelrunden in Europa bereits ihre Tradition hatten. Sie wurden auch „gelehrte", „verständige" und „literarische" Essen genannt. Es waren stets andere Personen geladen, da der Hausherr seine Gäste sorgfältig auswählte.

Diese Mittagstafel fand zwischen 1771 und 1781, wenn auch nicht immer regelmässig, im Warschauer Schloss oder in der Sommerresidenz des Königs, dem zauberhaften Łazienki-Palais, statt.

Ausser den donnerstäglichen Mittagessen, zu denen der König Schriftsteller und Gelehrte einlud, fanden auch weniger berühmte Mittagstafeln am Mittwoch statt, an denen Maler und Architekten teilnahmen. Offensichtlich war der König der Ansicht, es sei ratsamer, Vertreter so unterschiedlicher Künste getrennt einzuladen, zumindest schon aufgrund der im Gespräch berührten Themen. Obwohl Stanisław August fliessend mehrere Sprachen sprach, unter anderem das damals in „besseren Kreisen" gebräuchliche Französisch, unterhielt er sich bei Tisch ausschliesslich polnisch. Der König hatte ein ausgeprägtes Gefühl für Humor und wusste Witz zu schätzen. Der Liebling des Königs, der Dichter und Kammerherr Kajetan Węgierski wusste wohl darum, als er sein bekanntes Scherzgedicht schrieb, in dem er gegen bedeutendere Gäste stichelte und zugleich ein geschicktes Kompliment für den Gastgeber anbrachte:

> Und die gelehrten Mittagessen? Kennst du vielleicht den Namen?
> Wo die Hälfte nicht redet und die Hälfte döst,
> Bei denen der König alles geben muss,
> Sowohl Witz als auch Wissen, sowohl Wein als auch Fleisch.

Im kleinen Saal für die Donnerstagstafel im Schloss hingen Porträts der vom König besonders geschätzten und geachteten Vertreter der polnischen Kultur. Es waren 20 an der Zahl, und alle von Louis Marteau gemalt. Der gebürtige Franzose, Hofmaler von August III. und Stanisław August, war 1743 nach Warszawa gekommen und blieb dort bis zu seinem Tod.

Ein anderer Hofmaler war der in Europa sehr geschätzte Marcello Bacciarelli (1731—1818), der Stanisław August im Krönungsornat gemalt hat. Von ihm stammen auch die Porträts von 22 polnischen Königen, die er im Auftrag des Königs anfertigte und die im Marmorsaal des Warschauer Schlosses ihren Platz fanden. Auch zahlreiche historische Gemälde, Deckengemälde usw. sind das Werk Bacciarellis. Als „Direktor des königlichen Malerateliers" hat er eine ganze Reihe polnischer Maler erzogen.

Von 1767 bis 1870 hielt sich ausserdem auf Einladung des Königs der in ganz Europa berühmte italienische Maler Bernardo Bellotto, gen. Canaletto, in Warszawa auf, dessen meisterhafte Ansichten der Stadt zur Zeit Stanisław Augusts beim Wiederaufbau der von den Hitlerfaschisten zerstörten Stadtteile, Paläste und Kirchen der Hauptstadt von unschätzbarem Wert waren.

Diese hervorragenden Maler werden nicht nur erwähnt, weil sie an der Mittwochstafel teilnahmen, sondern vor allem, weil ihre Tätigkeit die Entwicklung der polnischen Malerei angeregt hat.

Jedoch zurück zum Schloss und seinem Speisesaal. Der König und seine Gäste sassen an einem runden Tisch — zum Zeichen, dass alle Plätze gleichrangig waren.

Die Gerichte waren für den damaligen Magnatengeschmack ausgesprochen einfach, jedoch vorzüglich zubereitet und prächtig serviert. Ihr Schöpfer war Paul Tremo, der in Warszawa als „erster Küchenmeister Europas" galt.

Der König war ein wählerischer, jedoch was die Mengen betraf, sehr mässiger Feinschmecker. Die französische Küche sagte ihm am meisten zu, ihren Reiz und ihre Leichtigkeit hatte er in seinen Jugendjahren schätzen gelernt, als er eine Zeitlang in Paris weilte und ein häufiger Gast des bei den Intellektuellen und Feinschmeckern berühmten Salons von Madame Geoffrin war. Meister Tremo gelang es, die Vorzüge der französischen Küche mit den guten Traditionen der altpolnischen Küche zu verbinden und so den kulinarischen Ansprüchen seines Herrn gerecht zu werden.

Leider sind nur einige Gerichte bekannt, die zu den Donnerstags- und Mittwochs-Essen gereicht wurden. Es waren unter anderem eine altpolnische Suppe — Barschtsch mit „Öhrchen", etliche als Beigabe gereichte Wurstsorten, Pastetchen und pikante Marinaden sowie verschiedenste Braten mit einem Lieblingsgericht des Königs, dem Hammelbraten, an erster Stelle. Er wurde auf einer grossen silbernen Platte mit der Ankündigung „Der Hammel" hereingetragen. Auch Fisch und Gemüse wurden gereicht. Jegliche Kenntnis fehlt jedoch hinsichtlich der Desserts an jenen Donnerstagen. Vielleicht war Stanisław August kein Liebhaber süsser Speisen, obwohl bekannt ist, dass er gewöhnlich nach dem Erwachen eine Tasse heisse Schokolade oder eine würzige Brühe zu sich nahm.

Das Verzeichnis ist auch dann noch nicht vollständig, wenn man ihm eine der berühmten und bewunderten Schöpfungen Tremos hinzufügt — „Haselhühner, wundersam mit Speck gespickt". Vermutlich beruhte dieses „wundersam" nicht auf dem damals schon allgemein verbreiteten Spicken mit Speckstreifen, sondern auf der erlesenen, dem zarten Aroma der Haselhühner entsprechenden Füllung.

Den Gästen wurde ausgezeichneter, wahrscheinlich spanischer Wein gereicht, der auf die jeweiligen Gerichte abgestimmt war, der König dagegen löschte seinen Durst mit Quellwasser. Tischzeit war drei Uhr nachmittags, eine für uns etwas überraschende Zeit, zu spät für das Frühstück (erinnert sei an die französischen kulinarischen Sympathien Stanisław Augusts), zu früh jedoch für das Mittagsmahl. Vermutlich war diese ungewöhnliche Tageszeit den zahlreichen Pflichten des Gastgebers und der Gäste angepasst.

Das Mittagessen dauerte recht lange, oft bis sechs Uhr abends, vor allem, wenn die Gespräche interessant waren. Das Menü musste also aus vielen Gerichten bestehen und abwechslungsreich sein. Es würde heute allerdings schwerfallen, es zu rekonstruieren, denn die Teilnehmer der donnerstäglichen Mittagstafeln hatten andere und wichtigere Fragen und Probleme zu lösen, als der Nachwelt die Speisenfolge dieser intellektuellen Mahlzeiten zu übermitteln.

Seinen Abschluss fand jedes Mittagessen auf sehr diskrete Art. Den Speisesaal betraten zwei Pagen, der eine reichte dem König auf einem Porzellanteller — unabhängig von der Jahreszeit — drei frische Pflaumen, der zweite auf einem silbernen Tablett ein versiegeltes Briefchen mit der Aufschrift „Au Roi". Der Hofgärtner, dem die berühmte Orangerie unterstand, in der sogar Südfrüchte gezüchtet wurden, verstand es, Pflaumen das ganze Jahr über frisch zu halten. Was jenes Briefchen betraf, wurde es vom König niemals geöffnet, denn es enthielt nur ein leeres Blatt Papier.

Da die Gäste ständig wechselten, war Stanisław August stets ausgezeichnet auf dem Laufenden über alles, was sich in den Studierstuben der Gelehrten und den Ateliers der Künstler tat, und kannte auch alle Neuigkeiten, Gerüchte und Stimmungen in der Hauptstadt.

Die Namen einiger Personen, die häufiger zu den Mittagessen eingeladen waren, sind bekannt. Zu den am herzlichsten begrüssten gehörte der Bischof von Warmia Ignacy Krasicki, ein hervorragender Dichter, den sowohl grosse Kultur als auch scharfer Witz auszeichneten. Sehr häufig war auch der Kammerherr und königliche Sekretär Stanisław Trembecki anwesend, ein Dichter und Libertiner, der die besondere Gunst des Königs genoss. Der König half ihm oft aus der Verlegenheit, indem er die leichtfertig gemachten Schulden seines Günstlings bezahlte.

Zu den wahrhaft berühmten und vom Gastgeber sehr verehrten Gästen der donnerstäglichen Mittagstafel gehörten der hervorragende Historiker Adam Naruszewicz, der fortschrittliche politische Schriftsteller, Reformator des Schulwesens und Gründer des Collegium Nobilium Stanisław Konarski, der Komödienschriftsteller und Mitredakteur der ersten polnischen Zeitung „Monitor" Franciszek Bohomolec, der Sekretär der Kommission für Nationale Bildung und Mitglied des Departements für Grundschulbücher Grzegorz Piramowicz, der ehemalige Rhetorik-Lehrer des Königs Antoni Portalupi, der Astronom Stefan Łuskina, der Historiker, Numismatiker und Archivar Jan Albertrandy, der bedeutende Geograph Karol Wyrwicz, dessen Werk „Geographie der Gegenwart" auf Forderung des russischen Botschafters in Warszawa, Repnin, aus dem Handel gezogen wurde, und noch viele andere — kurz, die geistige Elite Warszawas und Polens.

Die sowohl erlesene als auch bescheidene Küche, der bei Tisch Wasser statt Wein trinkende König, die ihren Adel nicht mit Wappen, sondern mit dem Geist repräsentierenden Gäste — dies alles rief in Warszawa und ausserhalb der Hauptstadt Kommentare hervor; von seiten der Magnaten waren sie entschieden negativ.

Es fanden sich jedoch — und daran war dem König gelegen — zahlreiche Nachahmer, denn das Beispiel war nicht nur gut, es kam auch „von oben". Eine gewisse Rolle spielte dabei ohne Zweifel auch der Snobismus, sowohl bei Stanisław August als auch bei seinen Nachahmern.

Die Donnerstagstafeln trugen in nicht geringem Grade dazu bei, dass das kulturelle und gesellige Leben in Warszawa vom belebenden Hauch der Aufklärung berührt wurde, der auch über die Hauptstadt hinausdrang.

Der König, der die allgemeine Kultur Polens dem sächsischen Verfall entreissen wollte, sagte der weit verbreiteten Sauferei den Krieg an. Und es muss gesagt werden, dass dies eines der wenigen Vorhaben war, die nicht scheiterten. Łukasz Gołębiowski (1773—1849), ein verdienstvoller Kenner der Sitten der Epoche, deren unmittelbarer Beobachter er war, verzeichnete mit Anerkennung:

„Unter dem nüchternen Stanisław August hört infolge besserer Erziehung, edlerer Beispiele und erhabenerer Gefühle die Trinkerei auf."

Komisch und zugleich kennzeichnend ist der Fluch, den der Verfasser der „Monachomachia", Ignacy Krasicki, einem der Helden, dem trunksüchtigen Mönch Elizeusz, in den Mund legt:

> O du dort jetzt auf dem polnischen Thron,
> Du verachtest den Met und trinkst keinen Wein!
> Du duldest, dass das Trinken in den letzten Zügen liegt,
> Findest an den Büchern Geschmack und wünschst den Kellern den Ruin,
> Du hast das Volk der Humpen, Gläser, Fässer beraubt,
> Mögest Du im Leben nie betrunken sein!

Der ausgezeichnete Historiker und grosse Patriot Joachim Lelewel (1786—1861) charakterisierte die Verdienste Stanisław Augusts für die polnische Kultur bereits aus einer gewissen Distanz.

„Mit grossem Aufwand trug er eine Bibliothek, Antiquitäten, Stiche zusammen, umgab sich mit Männern der Wissenschaft, verteilte an Personen, die sich um die Wissenschaft verdient gemacht hatten, Medaillen und belohnte sie grosszügig, wenn er konnte. Jeden Donnerstag versammelten sich bei Tisch Gelehrte zu vertraulichem Gespräch..."

Zu diesen „offenen" Mittagessen wurde oft Hammel, das besagte Lieblingsgericht des Königs, in der hervorragenden Zubereitung von Küchenmeister Paul Tremo gereicht. So sollen auch die Plaudereien über die donnerstäglichen Essen um einige Rezepte für Hammelbraten, wie er in der polnischen Küche zubereitet wird, ergänzt werden.

Hammelrücken in Sahne

Eine ganz vorzügliche Art, Hammel zuzubereiten, so dass er einen dem Rehfleisch ähnlichen Geschmack erhält. Einen schönen Hammelrücken sorgfältig vom Fett reinigen, am Rand glatt schneiden, in eine Schüssel legen und mit kochendheisser Marinade aus einem Glas hellem Bier, einem Glas Essig, einem Glas Wasser, einer in Scheiben geschnittenen Zwiebel, 10 Pfefferkörnern, 10 Pimentkörnern, 1 Lorbeerblatt und 20 getrockneten Wacholderbeeren übergiessen. Darin 3—4 Tage liegen lassen.

Eine Stunde vor dem Braten aus der Beize nehmen, mit einem sauberen Tuch abtrocknen, mit Salz einreiben und sparsam mit grob gemahlenem Pfeffer bestreuen. Dann das Fleisch in den Schmortopf geben und in die heisse Backröhre schieben. Von Zeit zu Zeit mit zerlassener Butter beschöpfen. Ist es schön gebräunt, einen Teil des Fettes aus dem Schmortopf abgiessen, den Braten in Mehl wälzen und 1/2 l saure

Sahne darübergiessen. Der Hammelrücken soll insgesamt ungefähr 2 Stunden braten. Vor dem Anrichten die Sauce mit Salz abschmecken. Den Braten, in Portionsstücke geteilt, auf einer Platte anrichten und mit der Sauce übergiessen. Ausser Kartoffelpüree oder körnigem Reis kann leicht mit Knoblauch abgeschmecktes Roterübengemüse (Buraki, jedoch ohne Sahne!) oder gedünsteter Rotkohl gereicht werden. Auch Kopfsalat in Öl und Zitronensaft (keine Sahne dazu verwenden) passt ausgezeichnet.

Hammelbraten mit Schinkenfüllung

Ein erlesenes Gericht und keinesfalls kostspieliger als andere Braten, dafür aber sehr einfach zuzubereiten. Ein breites Stück Hammelfleisch (Schulter oder Keule von ca. 1 kg) vom Fett säubern und leicht klopfen, jedoch so, dass das Fleisch nicht löcherig wird. Dann das Fleisch mit Salz und Pfeffer bestreuen und mit 2 feingehackten Knoblauchzehen einreiben. Durch das Klopfen sollte das Fleisch möglichst quadratische Form erhalten.

Nun die Füllung auftragen, die Ränder umschlagen, alles eng zusammenrollen und zum Schluss dicht mit einem (vorher überbrühten) Baumwollfaden umwickeln.

Diese „Rolle" auf allen Seiten in heisser Butter (100 g) bräunen und anschliessend im heissen Backofen braten. Von Zeit zu Zeit mit einem Löffel saurer Sahne beträufeln (insgesamt ist dazu 1/2 Glas leicht saure, nicht sehr dicke Sahne erforderlich).

Füllung: 150 g Kochschinken, 50 g altbackkene, in Milch eingeweichte und gut ausgedrückte Brötchen und 50 g rohes Rindermark durch den Fleischwolf drehen. Steht kein Rindermark zur Verfügung, 50 g Butter zu dem Schinken und den Brötchen geben.

Gesondert in einem Löffel Butter eine fein gehackte Zwiebel dünsten, jedoch nicht bräunen.

Aus dem Schinken, den Brötchen und dem Mark, die durch den Fleischwolf gedreht wurden, der gedünsteten Zwiebel mit dem Bratfett, einem gehäuften Löffel gehackter Petersilie und einem grossen rohen Ei mit der Hand eine Masse bereiten. Die Füllung kann mit 100 g fein geschnittenen und mit einer Zwiebel gebratenen Champignons verfeinert werden.

Hammelbraten nach Wildbretart Nr. 1

1 1/2 kg Hammelkeule ohne Knochen vom Fett reinigen, in einen Steingut- oder Emailletopf (die Emaille darf nicht beschädigt sein!) legen und mit abgekühlter Marinade übergiessen. Zubereitung der Marinade: 1/2 Glas herben Rotwein und den Saft einer grossen Zitrone zusammen mit 10 Pfefferkörnern, 10 Pimentkörnern, 3 kleinen Lorbeerblättern, 18 getrockneten Wacholderbeeren und einer Prise getrocknetem oder einigen Blättern frischem Rosmarin einmal kurz aufkochen. Da die Marinade das Fleisch bedecken soll, das Fleisch zweimal täglich wenden. Hat es drei Tage lang an kühlem Ort in der Flüssigkeit gelegen, kann es gebraten werden.

Das Fleisch mit 60 g Speck spicken und mit Salz einreiben oder mit dünnen Speckscheiben belegen und mit Baumwollfaden umwickeln. Dann in Mehl wälzen. In einem eisernen Schmortopf 100 g Butter stark erhitzen und darin das Fleisch nicht zugedeckt gleichmässig bräunen.

1 Sellerie, 1 Möhre und eine grosse Zwiebel (wer mag, kann auch eine kleine gehackte Knoblauchzehe dazugeben) in dünne Scheiben oder Stäbchen schneiden und in den Schmortopf unter das gebräunte Fleisch legen. Den Braten mit 2—3 Löffeln Marinade übergiessen, dann, schon zugedeckt, dünsten. Ständig Marinade zugiessen. Sollte sie nicht ausreichen und das Fleisch noch hart sein, Brühe oder Wasser verwenden.

Ist das Fleisch weich, herausnehmen und nach 5—10 Minuten in nicht zu dünne Scheiben schneiden. Die Sauce durch ein Sieb streichen. Das geschnittene Fleisch nochmals im Schmortopf erhitzen und auf einer Platte anrichten. Die Sauce darübergiessen.

Manche Hausfrau gibt einen Teelöffel abgetropfte Kapern zur Sosse, dann allerdings noch einmal aufkochen lassen. Ist sie zu sämig, mit etwas Brühe verdünnen.

Hammelbraten nach Wildbretart Nr. 2

1 1/2 kg abgehangene, „reife" Hammelkeule mit einer heissen Marinade aus 3 Löffeln Wasser, dem Saft einer Zitrone, 10 leicht zerdrückten Wacholderbeeren und je 10 Körnern Pfeffer und Piment übergiessen. Das Fleisch in dieser Marinade an einen kühlen Platz stellen und häufig wenden, wobei die Beize leicht in den Braten gerieben werden sollte. Nach zwei Tagen das gut abgetrocknete Fleisch mit einer zerdrückten Knoblauchzehe und mit Salz einreiben und eine Stunde liegenlassen. Danach in Mehl wälzen und in den Bratentopf mit stark erhitzter Butter legen. Ist der Braten auf allen Seiten gebräunt (ohne Deckel), zugedeckt in die heisse Backröhre schieben und häufig mit dem Bratensaft beschöpfen. Nach 30 Minuten 2 in Scheiben geschnittene Zwiebeln, 2—3 getrocknete Pilze, 5 Wacholderbeeren, je 5 Pfeffer- und Pimentkörner zugeben und mit ca. 1/8 l Rotwein übergiessen. Nach

60—80 Minuten weiterer Bratzeit (zugedeckt) ist der Braten „gerade richtig”. Sollte zu viel Sauce verdampft sein, ab und zu etwas kochendes Wasser zugiessen. Den weichen Braten mit 1/2 Glas saurer Sahne übergiessen und ihn zugedeckt noch höchstens 5 Minuten leise kochen lassen.

Das in nicht zu dünne Scheiben geschnittene Fleisch auf einer vorgewärmten Platte servieren und mit der vorher mit Salz abgeschmeckten, durch ein Sieb gestrichenen Sauce übergiessen, der die in dünne Streifen geschnittenen Pilze zugesetzt werden.

Dazu körnigen Reis mit Roterübengemüse (Buraki) sowie Kartoffelpüree reichen.

Roterübengemüse (Buraki) zu Hammelbraten und Wildbret

Das Roterübengemüse, in der polnischen Küche das klassische Gemüse zu Braten, wird in der Regel mit Sahne zubereitet. Zu Hammelbraten allerdings wird es etwas anders, d.h. ohne Sahne, gereicht.

1 kg gewaschene, gekochte und geschälte rote Rüben auf einer groben Reibe reiben.

Gesondert eine helle, leicht goldgelbe Mehlschwitze aus 50 g Butter und 30 g Mehl sowie einer feingehackten Zwiebel zubereiten. Die Zwiebel kann auch in frischem Speck angebraten werden. Ist sie glasig, das Mehl zugeben. Mit Butter ist das Gemüse zarter, mit Speck hat es mehr „Charakter". Die Mehlschwitze mit 1/2 Glas Brühe löschen, einmal aufkochen und mit den vorbereiteten roten Rüben und einer zerdrückten Knoblauchzehe auffüllen. Dann das Gemüse kurz auf kleiner Flamme dünsten, mit Salz abschmecken und auch eine Prise Zucker nicht vergessen. Vor dem

Anrichten das Gemüse mit etwas Zitronensaft leicht ansäuern. Man kann dazu auch herben Rotwein verwenden, dann muss es jedoch noch 10 Minuten kochen. Wird das Roterübengemüse zu gebratenem Fleisch ohne Sauce oder mit Bratensauce gereicht, die meist nicht zu üppig bemessen ist, kann saure Sahne dazugegeben werden.

Die Gerüche der königlichen Küche breiteten sich über ganz Warszawa aus, denn jede neue Sache erregt Neugier und wird zum Thema von Kommentaren und Gerüchten. Der königliche Küchenmeister Paul Tremo war in Warszawa eine bekannte, bewunderte und gewiss einflussreiche Persönlichkeit, jedoch nicht die einzige.

Ende des 18. Jh. konnte sich Warszawa noch einiger anderer Meister der Kochkunst rühmen, die nicht Fremde, sondern Polen waren. Der Bedarf an Köchen, denen die neuen kulinarischen Strömungen bekannt waren, nahm zu, und erfahrene Köche bildeten junge und talentierte Polen in dieser edlen und schwierigen Kunst aus.

Eine solche Ausbildung dauerte mehrere Jahre, und wenn sich ein Jüngling durch Fleiss und Begabung hervortat, war ihm als Abschluss das Diplom eines Küchenmeisters, Patent genannt, gewiss. Die Lehre begann auf der untersten Stufe, als Handlanger, dann kam der Küchenjunge, dann der Koch für gekochte Gerichte, später für gebratene usw. — bis der Lehrling schliesslich die komplizierten Geheimnisse der Zukkerbäckerei beherrschte.

Der Lehrling musste sich alles, was er tagtäglich lernte, sorgfältig aufschreiben. Diese Notizen, die sog. Sexterna, wurden von Zeit zu Zeit vom Küchenmeister durchgesehen, der, falls notwendig, Verbesserungen und Ergänzungen vornahm. Es wurde auch darauf geachtet, dem künftigen Küchenmeister Ordnungssinn und das Gefühl für Sauberkeit anzuerziehen. Bereits Czerniecki stellte in seinem „Compendium ferculorum" derartige Anforderungen, die sich kaum von den heutigen unterscheiden: „Ein Koch soll reinlich sein, mit gekämmtem Haar oder Kopf, rasiert, mit gewaschenen Händen, geschnittenen Nägeln, mit einer weissen Schürze angetan, nüchtern, nicht streitsüchtig, willig, flink, er soll sich auf den Geschmack verstehen, was zu den Gerichten gehört, wohl kennen und allen zu Diensten sein."

Endlich kam der Tag der Lossprechung. Der Lehrling musste eigenhändig ein Festmahl für seinen Meister und die „Prüfungskommission" vorbereiten, wobei er nur die Hilfe der noch nicht losgesprochenen Lehrlinge und Küchenjungen in Anspruch nehmen durfte. Im allgemeinen wurde dieses Festessen aus der eigenen Tasche bezahlt, manchmal nahm der Lehrling auch die finanzielle Hilfe des Meisters oder des Herrn in Anspruch, der ihn hatte ausbilden lassen.

Der Meister prüfte — selbstverständlich unter Mithilfe der Kommission — die Reihenfolge und die Qualität der Gerichte, liess ab und an ein Gewürz dazugeben oder diskret eine misslungene Speise verschwinden. Die Kommission besah sich auch die Sexterna des Prüflings und beurteilte, ob sie vollständig waren. So bestand also die küchenmeisterliche „Diplomarbeit" aus einem schriftlichen und einem — im wahrsten Sinne des Wortes — mündlichen Teil.

Ging alles glatt, wurde der Prüfling schon gegen Ende des Essens herbeigerufen, und die bei Tisch versammelte Kommission trank auf das Wohl des neuen Berufsgenossen, während sie ihm auf silbernem Tablett den Meisterbrief überreichte. War der Losgesprochene „Stipendiat" eines reichen Herrn, machte er auf dessen Kosten eine kurze „Bildungsreise" ins Ausland, meist nach Frankreich.

Eines der 1783 in Warszawa vergebenen Patente trug die Unterschriften u.a. vom Maître d'Hôtel Paul Tremo, von Jacek Tremo, Jean T. Duchesnoy und Franciszek Bielecki.

Ein junger Küchenmeister mit Patent fand sofort Arbeit, die meist gut bezahlt wurde, nicht nur in Privathäusern, sondern auch in den Restaurants, deren Zahl in Warszawa schnell stieg.

Das modischste, erlesenste und selbstverständlich auch teuerste war das Hotel zum Weissen Adler, das für seine ausgezeichnete Küche berühmt war. Dort wohnten und assen nur reiche Leute, vermögende Herren, ausländische Kaufleute und durch Warszawa reisende Diplomaten. Es war also ein ausgesprochen exklusives Lokal.

In der Altstadt gab es zahlreiche Speisehäuser — 1754 waren es fünf. Ihre Preise waren gemässigt und die Küche sowohl gut als auch abwechslungsreich. Sie wurden von dem in die Hauptstadt kommenden Adel und von Stadtbürgern aufgesucht. Wahrhaft demokratische Lokale waren jedoch die sehr zahlreichen und ausgezeichnet florierenden Garküchen. Man konnte dort gut und schmackhaft essen, und auf dem Küchenzettel standen in der Regel solide und gut zubereitete polnische Gerichte. Einige dieser Garküchen begannen sich auf bestimmte Gerichte einzustellen, wie z.B. Flaki, Bigos oder Schweinebraten. In den Garküchen, die auch von der ärmeren Bevölkerung aufgesucht wurden, assen nicht nur niedriggestellte Adlige, sondern auch Handwerker.

Wohlbekannt war das reichlich versorgte Buffet im Theater, das zwar erlesen, aber auch teuer war. Überboten wurde es allerdings von den Buffets bei den Redouten, die weder im Preis noch in der Qualität ihrer Gerichte dem Hotel zum Weissen Adler nachstanden.

Sogar während der Sejmtagungen wurden Flaschenbier, Kuchen, Bonbons und „Fructa" herumgereicht.

Die Warschauer Gastronomie entwickelte sich also zu Zeiten Stanisław Augusts sehr vorteilhaft.

Weniger ist allerdings über die Warschauer Cafés jener Zeit bekannt. Zu Anfang, zur Sachsenzeit, gab es nur eine geringe Zahl, aber schon 1822 waren es über 90! Einige von ihnen waren besonders beliebt: 1790 das Café der Frau Okuniowa, das aber bald vom Café „Landkaffee" der Frau Neybertowa abgelöst wurde. Es lag damals in einem Warschauer Vorort und bot nicht nur vorzüglichen Kaffee, sondern noch andere Delikatessen. Die zahlreichen Gäste fanden kaum Platz in den sieben Räumen, aus denen es bestand.

Die in der Stadt herrschende Atmosphäre förderte die Entstehung zahlreicher Cafés, denn dort erfuhr man die letzten politischen Neuigkeiten aus dem In- und Ausland, dort wurde diskutiert, dort verabredete man sich zu vertraulicheren Gesprächen. Im Café trafen sich die führenden Publizisten der polnischen Aufklärung, die — angeregt von dem bedeutenden Reformator und Schriftsteller Hugo Kołłątaj — die „Gruppe der Feder" schufen, die von den politischen Gegnern treffend als Kołłątajsche Schmiede bezeichnet wurde. So hatten einige der Warschauer Cafés ihre Stammgäste, für die meist ein besonderes, abgelegenes Zimmerchen reserviert war, so dass die Gespräche ohne Zeugen geführt werden konnten. Wie beliebt Kaffee im Polen der Aufklärung war, geht aus dem Umstand hervor, dass der — vor allem über Gdańsk erfolgende — Kaffeeimport gegen Ende des 18. Jh. 2 130 000 Pfund betrug!

Das herkömmliche polnische erste Frühstück änderte sich durch den Kaffee grundlegend. Bisher war die heisse und nahrhafte Biersuppe sein Hauptbestandteil. Dazu Priester Jędrzej Kitowicz: „Als sich der Kaffee schon eingebürgert hatte, kaufte ein Handwerker fertig gerösteten und gemahlenen Kaffee im Gewürzladen für sechs Groschen, Kandiszukker für weitere sechs Groschen, einen halben Krug Milch für dritte sechs Groschen; in dieser Milch kochte er etwas von jenem Kaffee, gab jedem ein Stückchen Kandiszucker, das — zwischen die Zähne genommen — den Kaffee süsste, nach jedem Schluck wurde ein Stück vom dünngeschnittenen Butterbrot abgebissen. Und so verlief sein Frühstück, das Frühstück seiner Frau, seiner Kinder, der Gesellen und noch anderer Personen, manchmal bis zu acht oder neun, und dabei gab er wenig mehr für alle Personen aus als vorher für eine oder höchstens zwei."

Selbstverständlich war das „dünner" Kaffee mittlerer Qualität, nicht selten gestreckt mit gebrannten Eicheln oder Zichorie. In den Cafés und in den wohlhabenderen Häusern gab es vorzüglichen, duftenden und starken Kaffee. Kandiszucker wiederum war erheblich billiger als der schneeweisse importierte, in Zuckerhüten verkaufte Rohrzucker. Dieser gehörte noch zu den erlesenen Gewürzen, überreichte doch 1784 der Vorsteher der jüdischen Gemeinde in Kabryń Stanisław August als Geschenk einen Zuckerhut, als sich dieser auf der Durchreise befand. Es gibt sogar ein polnisches Sprichwort: „Der König ist ein grosser Herr, und doch isst er den Zucker nicht mit Löffeln."

Zu Zeiten Stanisław Augusts ass man in Warszawa — wie auch heute noch — für sein Leben gern Süssigkeiten, besonders, da zu den üblichen Desserts orientalische, türkische Neuheiten hinzukamen.

Zu einem wahren Fest der erlesenen türkischen Zuckerbäkkerkunst wurde der Aufenthalt des Abgeordneten des Sultans, Nauman Bej, von August 1777 bis März 1778 in Warszawa. Es war der letzte türkische Gesandte vor den Teilungen Polens. Mit polnischer Gastlichkeit grossartig empfangen und vom König und den Magnaten reich beschenkt, revanchierte sich der Gesandte nicht nur mit wertvollen und fremdländischen Geschenken, sondern auch mit einer Einladung in seine Warschauer Residenz zu „türkischen Empfängen", bei denen Eis, Limonade, Sorbet, Konfitüren, mancherlei Süssigkeiten und Kuchen, türkischer Kaffee und auch Pfeifen gereicht wurden. Das politische Resultat dieser Gesandtschaft war recht bescheiden, in der polnischen Küche hat sie jedoch eine bleibende, süsse Spur hinterlassen.

Unter der Herrschaft von Stanisław August kam es zu einer Blütezeit der bürgerlichen Küche. Im Grunde genommen blieb sie den altpolnischen Traditionen treu und unterschied sich wenig von der Küche des mittelmässig begüterten Adels, der vor allem die Produkte der eigenen Wirtschaft verwendete. Und davon gab es übergenug, sowohl auf dem Lande als auch — dank wendiger Kaufleute und Kleinhändler — an den Marktständen der Städte.

Das Mittagessen war auch alltags üppig und schmackhaft. Eingeleitet wurde es von einer der beliebten polnischen Suppen, wie Roterübensuppe, Brühe, Graupensuppe, Sauerkrautsuppe oder Erbsensuppe. Die ärmere Bevölkerung ass nicht jeden Tag Fleisch, die reichen Bürger dagegen taten sich nach der Suppe an Fleischgerichten gütlich: an Suppenfleisch, auf mancherlei Art zubereitetem Rindfleisch, an unterschiedlich gewürzten Würsten, an Flaki und Grütz- oder Blutwurst. Zu den Fleischgerichten wurde noch Grütze gegessen, obwohl auch die Kartoffel schon zahlreiche Anhänger hatte. Auch kamen gekochter, reichlich mit ausgelassenem Speck übergossener Weis- oder Sauerkohl, Roterübengemüse und die in ganz Polen beliebten Erbsen mit Kohl auf den Tisch.

Letztere waren das bevorzugte Gericht der Bürger und Plebejer, vor allem, wenn sie nicht zu knapp mit fettem Räucherspeck gekocht waren. Auch Möhren, Bohnen und Rübchen wurden gegessen. An Fastentagen gab es Fisch. Bei den weniger Begüterten war es Hering.

Auch das Abendessen war üppig, allerdings bescheidener als das Mittagessen. Man ass Grütze, verschiedene Arten von Klössen und Piroggen, mit Fett übergossenes Gemüse, Räucherwaren, seltener Fleisch. Zum Abendessen wurde Bier gereicht, das darum so geschätzt war, weil es nach einem arbeitsamen Tag schnell schläfrig machte.

Bratenfleisch, Hühner, Enten und Gänse sowie Desserts gehörten bei den meisten zu den Sonn- und Feiertagsgerichten.

So ungefähr speisten die mittelmässig begüterten Bürger und Handwerker von Warszawa. Zu grossen Feiertagen und Familienfesten waren die Küchenzettel erheblich reichhaltiger.

Die Tische der reichen Patrizier, Kaufleute und Bankiers standen den Tafeln der Magnaten in nichts nach, wenn das die Umstände und das Ansehen des Hauses erforderten. Dann wurden Salate, grüne Erbsen, Champignons, Spargel, die sehr teuren, weil aus Frankreich eingeführten Trüffeln und auch erlesenes Obst, wie etwa Aprikosen, Pfirsiche und sogar Apfelsinen gereicht. In der berühmten königlichen Orangerie wurden viele edle Obstsorten gezüchtet, in den Orangerien der Magnaten sogar Ananas, Feigen und Apfelsinen. Infolge der lebhaften Kontakte gelangten diese seltenen und teuren Obstsorten gewiss auch auf den Tisch des Warschauer Patriziats, vor allem der Bankiers, da ja Geld Menschen unterschiedlichster Abstammung einander „näherbringt".

Die Warschauer Handwerker waren verdientermassen in ganz Polen berühmt, so dass man sogar aus den entlegensten Teilen in die Hauptstadt kam, um dort einzukaufen. Einige von ihnen erarbeiteten sich ein bescheidenes Vermögen; sie beschäftigten meist mehrere Gesellen in ihren Werkstätten und hatten ihr reichliches Auskommen. Es kam vor, dass sie sogar König Stanisław August Gelegenheitsgeschenke machten. Der bekannte Warschauer Bäcker Szyler zum Beispiel überreichte dem König zum ersten Jahrestag seiner Thronbesteigung einen gewaltigen Striezel. „Lang war er 7 Ellen, zum Zeichen, dass die Wahl des Königs am 7. September stattfand, das Mehl dazu stammte aus 17 Mühlen, weil der König am 17. Januar geboren war, 32 verschiedene Gewürze waren verwendet worden, entsprechend dem Alter des Königs, getragen wurde dieser gewaltige Striezel von 9 Szyler-Kindern, da der September, in dem die Wahl stattgefunden hatte, der 9. Monat des Jahres ist." Der Bäcker und seine Kinder wurden vom König grosszügig entlohnt, den Striezel dagegen machte er dem Kloster der Bernhardinerinnen zum Geschenk. Dieser Szyler musste ein ausgezeichneter Meister sein, denn wer von den heutigen Bäckern würde sich zumuten, einen solchen Riesen zu backen, da doch schon bedeutend kleinere Backwaren manchmal klitschig werden.

Die Warschauer — und überhaupt die polnische — Küche Ende des 18. Jh. wurde von den Ausländern, die die Hauptstadt besuchten, gerühmt.

J.E. Biester erwähnte in seinen „Briefen über Polen" (1791) auch kulinarische Dinge und schrieb u.a.:

„Vielleicht wird hier dem Essen zu viel Aufmerksamkeit gewidmet, obwohl die Polen auch in diesem Falle Vernunft und guten Geschmack beweisen. Alle Reisenden geben zu, dass drei wichtige Artikel in Polen vorzüglich sind: Brot, Wein und Kaffee... Guter starker Kaffee wird hier und sogar in den Nachbarländern polnischer Kaffee genannt, schwacher dagegen deutscher. Ebenso wird alter, starker Ungarwein als polnischer, und schwerer, aber süsser als deutscher Wein bezeichnet." Biester kam vor allem mit der bürgerlichen Küche in Berührung und ass in Warschauer Speisehäusern, vielleicht auch gar in dem leicht snobistischen Weissen Adler. Die Küche musste also gut sein, da Ausländer sie für sehr gut hielten.

Der altpolnische, unstillbare Appetit liess nach und wurde allmählich zu einem massvollen Feinschmeckertum. Die

Grenze zwischen der Adelsküche und der Bürgerküche begann sich in jener Zeit zu verwischen. Hin und wieder wurden noch Magnatengelage abgehalten, sie weckten jedoch mehr Kritik als Bewunderung.

Weder Verstand noch die fortschrittlichsten oder radikalsten gesellschaftlichen und politischen Ansichten schliessen die Freuden aus, die eine gute Küche bietet. Ein Beispiel dafür gaben die Bürger und Handwerker unter Stanisław August. Sie erkämpften sich — leider nicht für lange — etwas mehr Rechte und Privilegien, die jedoch ausreichten, um zu beweisen, dass ein Staat, will er bestehen und sich entwickeln, diesen Stand hegen und pflegen, ja sogar sich auf ihn stützen muss, ihm aber keine erdrückenden Lasten aufbürden darf. Unter anderem fand das seinen Ausdruck in der mit grossartigem publizistischem Schwung geschriebenen Broschüre von Franciszek Salezy Jezierski (1740—1791) „In der Eile eine Stimme zum bürgerlichen Stand".

Das 1786 in Warszawa herausgegebene Kochbuch „Der vollkommene Koch", das später mehrfach neuaufgelegt und überarbeitet wurde (1808, 1812), war kein neues Werk, sondern eine Übersetzung aus dem Französischen. Die späteren Ausgaben mit polnischen Rezepten sind für jemanden, der sich für die altpolnische Küche interessiert, reizvoller als die erste Auflage, in der kostspielige und wohl nicht zu oft von den Hausfrauen verwendete französische Rezepte überwogen. In der Ausgabe von 1812 — aus jenem Jahr also, in dem der geniale Dichter Adam Mickiewicz das letzte altpolnische Festmahl im „Pan Tadeusz" beschrieb — widmete der anonyme Verfasser des „Vollkommenen Kochs mit erlesenem Geschmack", beeinflusst von dem revolutionären, aus Frankreich wehenden Wind, sein Werk der Bequemlichkeit der Bürger und Bürgerinnen, also den polnischen „Citoyens", und nicht der Adels- und Magnatenelite.

Im Kapitel über Rindfleisch sind folgende recht aussagekräftige Worte zu lesen:

„Bei den Bürgern jedoch, also Leuten, die gerne gut speisen, nimmt man..." (hier folgt eine Aufstellung der edelsten Teile des Rindes). Andere, in dieser Liste nicht enthaltene Teile vom Rind nennt der Verfasser „gemeines" Fleisch, das nur vom Pöbel verwendet wird, der es mit Salz, Pfeffer, Essig, Knoblauch und Zwiebeln würzt, damit es einen besseren Geschmack bekommt. „Pöbel" waren die städtischen Plebejer, die, wie die erwähnten Gewürze bezeugen, ebenfalls schmackhaftes Essen liebten.

Das erwähnte Büchlein verträgt sich, wenn man den Versicherungen des Verfassers Glauben schenken darf, „mit der Sparsamkeit". Für uns, die wir heute darin blättern, ist es allerdings ein Musterbeispiel für erstaunliche Verschwendung, aber es ist ja bekannt, dass Sparsamkeit zu verschiedenen Zeiten verschieden verstanden wurde.

Manche Rezepte tragen die Ergänzung „auf städtische Art", „auf Bauernart" und verströmen ein Aroma vertrauter, polnischer Küche. Die meisten Gerichte jedoch, die eindeutig fremdländischer Herkunft waren, präsentierte der Verfasser als „auf französische Art, auf deutsche, englische, spanische, italienische, Genueser Art, auf Sultans Art, auf türkische oder Lyoner Art, à la St. Ménéhoult, à la Robert" usw. Zu manchen Gerichten sind Trüffeln, Schweizer Käse, Parmesankäse, zu vielen Wein und zu einem gar Schildkröten erforderlich. Es ist fraglich, ob die Bürger von Warszawa oder anderen polnischen Städten so kostspielig gespeist haben, eins ist jedoch sicher, sie haben gut gegessen. Leider hat das „Compendium ferculorum" noch keine Neuauflage erlebt — nicht einmal für die Bücherfreunde —, und auch das glücklich erhaltene Manuskript des Maître d'Hôtel Paul Tremo ist nicht herausgegeben worden. So kann das Bild der altpolnischen Tafel nur anhand von literarischen Quellen, Tagebüchern, Chroniken, Scherzgedichten und — als äusserst wertvolle Quelle — von Urteilen der Polen besuchenden Ausländer rekonstruiert werden. Eben die Fremden haben Vergleiche gezogen zwischen der polnischen und der ausländischen Küche und die Eigenart, Originalität und den Abwechslungsreichtum sowie die hohe Qualität und sogar eine Überlegenheit der polnischen Küche festgestellt.

In dem auf Anregung von Stanisław August herausgegebenen „Monitor" wurde — obwohl der König nicht nur im intellektuellen, sondern auch im kulinarischen Bereich profranzösisch war — das übertriebene Nachahmen fremder Vorbilder zuungunsten der Nationalgerichte verurteilt:

„Einen Koch, der die französische Küche nicht kennt, lässt man aus Verachtung für Barschtsch, Brühe und Bigos angebliche ausländische Vortrefflichkeiten kochen..."

Ein besonders schmerzlicher, weil unwiederbringlicher Verlust für den Erforscher und Liebhaber der altpolnischen Küche sind die gänzlich verlorengegangenen handgeschriebenen Kochbücher der Hausfrauen, die die beliebtesten Gerichte des jeweiligen Hauses enthielten. Jahrelang wurden sie sorgsam aufbewahrt und ergänzt, um dann zusammen mit Städten, Dörfern und Gutshöfen den beiden Weltkriegen zum Opfer zu fallen. Vielleicht liegen noch einige dieser „kulinarischen Schatzkästlein" unbemerkt auf so manchem Dachboden zwischen unbrauchbarem Gerümpel, das zum Wegwerfen bestimmt ist. Wäre es doch möglich, wenigstens einige wenige von ihnen zu retten!

Mit Recht bemerkte Biester, dass man in Polen unter Stanisław August (und nicht nur damals!) dem Essen grosse Bedeutung beimass. Zu viel, wenn man die polnischen kulinarischen Bräuche mit der sparsamen deutschen Küche vergleicht, wie auch Biester selbst loyal zugibt. Dieses Besorgtsein um gutes Essen stand und steht bei den Polen in Zusammenhang mit ihrer angeborenen Gastlichkeit, denn Gäste wurden stets erwartet und voller Freude mit dem Besten bewirtet, was Küche und Keller boten.

Hier soll Łukasz Gołębiowski zu Worte kommen, der an der Wende vom 18. zum 19. Jh. lebte und die altpolnische Gastlichkeit nicht nur aus Büchern kannte, sondern selbst ihre Wohltaten genoss und andere geniessen liess.

„Die Hauptsache an der Lebensart der Polen ist die Gastlichkeit. Ein Pole mag nicht alleine essen, weder am Alltagstisch noch wenn er etwas Besseres hat, daher freut er sich unbändig über einen Gast; hat er keine Familie, muss er einen Hausgenossen, einen Residenten haben, ruft er den Pfarrer; mit ihnen gemeinsam zu speisen und Gespräche zu führen tut ihm wohl.

Auch in niedrigeren Ständen ist zu beobachten, dass, wenn jemand ein Schwein schlachtet, irgendein Tier erlegt, Fische gefangen oder das erste Frühlingsgemüse geerntet hat, er dazu einlädt oder es auch anderen zukommen lässt, und ebenso wird ihm diese Höflichkeit vergolten.

Nicht nur um des Gefallens, um irgendwelchen Nutzens willen tut das unser Landsmann. Mit der Muttermilch hat er die Gastfreundschaft gleichsam eingesogen, von klein auf hat er im Elternhaus und überall Beispiele dafür gesehen, kann er dann jemals davon abgehen?"

Über die Küche, die wir als altpolnisch bezeichnen, die jedoch für ihn noch ganz einfach polnisch war, schrieb er:

„So haben wir gerne Gerichte fast aller Länder übernommen, sowohl von den Russen als auch den Türken, den Schweden, Deutschen, Franzosen und den Engländern, den Italienern und den Spaniern, und doch unsere Nationalität bewahrt, wir geben den heimischen Gerichten den Vorzug, wir sehnen uns nach ihnen, und im Ausland werden die erlesensten Tafeln unserem Landsmann leid, mit Freude kehrt er zu Roterübensuppe, Sauerkrautsuppe und Bigos zurück."

Nach der Niederlage des Napoleonischen Feldzugs gen Moskau und nach der Unterdrückung der Aufstände von 1830 und 1863 mussten viele Polen emigrieren, vor allem nach Frankreich.

„Die Wohlhabenderen in Paris haben polnische Köche, die Militärs in Chantilly, in Spanien und in Italien lehrten die Einheimischen, ihnen ihre Lieblingsgerichte zu kochen."

Rührend und zugleich überaus zutreffend war alles, was Gołębiowski schrieb, und obwohl seit der Niederschrift der zitierten Zeilen über hundert Jahre vergangen sind, ist das Gesagte im Prinzip weiterhin aktuell:

„Auch in der Art der Bewirtung ist der Pole anders, immer höflich, offenherzig, aufrichtig, wen er zu Tisch bittet, dem ist er zugleich auch ein Freund... Ohne das schöne Geschlecht und Aufmerksamkeiten ihm gegenüber gibt es für den Polen kein Festmahl.

Er wird dich nicht erst dann bewirten, wenn er dich braucht. Wer hat nicht bei unserem Landsmann eine freigebige Hand und einen gedeckten Tisch, aufrichtigen Empfang, Vergessen jeglicher Kränkung gefunden: ob Vertrauter oder Fremder, Verwandter oder nicht, Freund oder Feind, Bekannter oder Unbekannter, Hoch- oder Niedriggestellter. Wie oft hat er auch jene bewirtet, die ihm nie zu etwas nütze sein werden, die er niemals wiedersieht?"

Und zum Abschluss seines Lobliedes auf die polnische Gastfreundschaft fügt er hinzu: „Mit Stolz können wir das behaupten, geben wir dieses teure Erbe auch an die Kinder weiter, diesen gesegneten Brauch."

Aus dem Lob der polnischen Gastlichkeit, das Ausländer niedergeschrieben haben, die im Laufe der vergangenen Jahrhunderte aus verschiedensten Gründen Polen besuchten, könnte tatsächlich ein dicker Band entstehen. Bisher ist das nicht geschehen, denn die Gastlichkeit erscheint auch den Polen von heute als etwas derart Selbstverständliches, dass sie gar nicht der Beachtung wert erscheint.

In einer einzigen, durchaus persönlichen Hinsicht ist der Pole geizig: Er spart sich alles vom Munde ab, um es mit anderen zu teilen.

Genau so wie die polnische Küche trotz der bis an ihre Wurzeln vordringenden „kulinarischen Modeerscheinungen" ihre nationale Prägung bewahrt hat, ist auch die Art, die Tafel zu decken, nicht nur äusserlich typisch polnisch geblieben, obwohl jeweilige „Neuheiten" durchaus berücksichtigt wurden.

Das herrliche, massiv silberne, oft vergoldete, ja sogar goldene Tafelgeschirr wurde auf dem polnischen Tisch von der Fayence und dem sie später ablösenden Porzellan verdrängt.

Das geschah nicht plötzlich unter der Herrschaft von Stanisław August. Schon unter Jan III. Sobieski wurde in Polen chinesisches und sogar japanisches Porzellan gesammelt, für das ausserordentlich hohe Preise gezahlt wurden. Es diente allerdings zur Dekoration der Räume, es stand auf Konsolen oder in verglasten Vitrinen, so dass es nicht so leicht zerbrechen konnte.

Unter den Sachsenkönigen kamen Fayence und Porzellan auf den polnischen Festtafeln überall in Polen in Gebrauch. Den Anfang machte die zuerst teure, reich bemalte, meist aus der berühmten italienischen Fayencemanufaktur in Faenza importierte Fayence. Dieses neue Essgeschirr war wertvoll, so dass sich die Dienerschaft und die Teilnehmer der Festgelage daran gewöhnen mussten, mit den spröden, leicht zerbrechlichen Gefässen, Schüsseln und Tellern vorsichtig umzugehen.

Das Porzellan war etwas widerstandsfähiger und zugleich bedeutend vornehmer. In Meissen hergestelltes sächsisches Porzellan wurde bei den Reichen sehr schnell beliebt. Aus Meissen konnte man sich im Dekor einheitliches komplettes Tafelgeschirr für eine beliebige Personenzahl kommen lassen, einschliesslich Suppenterrinen, Salatschüsseln, Saucieren, Salzfässchen und wunderbaren Leuchtern. Eine mit Porzellan gedeckte Tafel sah prächtig aus, um so mehr, als auch Silbergefässe, leicht und modisch in der Form, oft die Gestalt von Porzellangefässen wiederholend, darauf Platz fanden. Vorherrschend war jedoch das Porzellan. Das alte massive Silber — die Magnaten besassen davon ungeheure Mengen — stand noch lange als Schmuck auf den Kredenzen und legte Zeugnis ab vom Reichtum des Hauses.

Die bereits früher beschriebenen silbernen Tafelaufsätze, die den Mittelpunkt der herrschaftlichen Tafel bildeten, kamen nicht so bald aus der Mode, denn der 1812 erschienene „Vollkommene Koch" gibt für ein Mittagsmahl für 15 bis 20 Personen die eindeutige Anweisung: „1 silberner oder anderer Tafelaufsatz in der Mitte, der alle Gänge über dort bleibt."

Als dann das silberne Tafelgeschirr völlig aus der Mode kam, blieb einzig das Besteck auf den Tischen der Wohlhabenderen aus Silber, der Griff war allerdings häufig aus Porzellan.

Polen hatte ziemlich viel eigenes Silber, das bis Ende des 18. Jh. in den berühmten Gruben bei Olkusz gefördert wurde. Es gab auch hervorragende Silberschmiede, die besten in Lwow und Kraków. Ihre Erzeugnisse waren im Ausland sehr geschätzt. Man muss wissen, dass die Traditionen der polnischen Silberschmiedekunst bis in das 12./13. Jh. zurückreichen, zu Zeiten Stanisław Augusts jedoch erreichten die in Polen gefertigten Silberarbeiten ein hohes künstlerisches Niveau und waren ungewöhnlich sorgfältig gefertigt.

Eine, wenn auch nicht völlig unbekannte Neuerung auf der polnischen Tafel waren unter den Sachsenkönigen Gläser, Glaskelche und Glaspokale. Nicht völlig unbekannt, weil es schon im frühen Mittelalter in Polen Glasbläser gab. Die älteste, in Kruszwica entdeckte Glashütte stammt aus dem 12./13. Jh., im 16. Jh. gab es dann schon 30 Glashütten in Polen. Zur Sachsenzeit wurden Glaserzeugnisse meist importiert, vorwiegend aus Böhmen.

Unter Stanisław August entstanden die ersten Fayence- und Glasmanufakturen in Polen. Sie bestanden jedoch meist nur sehr kurze Zeit, wenn sie auch rühmlich in die Geschichte der polnischen Keramikindustrie eingegangen sind. Die politische Lage Polens war nicht dazu geeignet, die Dauerhaftigkeit der anerkennenswerten Initiativen des Königs auch auf diesem Gebiet zu begünstigen. Und dennoch haben polnische Fayence, polnisches Porzellan und Glas zu Zeiten Stanisław Augusts in erstaunlich kurzer Zeit ein so hohes Niveau erreicht, dass sie mit den importierten Erzeugnissen konkurrieren konnten.

Die vom König gegründete Warschauer Manufaktur im Belweder (sie bestand ungefähr zwischen 1774 und 1887) stellte anfangs Porzellan her, ging dann jedoch aus Mangel an geeigneten Rohstoffen zur Fayenceherstellung über. Obwohl die Belweder-Fayencen wahre Kunstwerke waren, blieb die königliche Manufaktur ein Defizitunternehmen. Der König musste zu jedem Stück ebenso viel zuzahlen, wie sein Verkaufspreis ausmachte. Die wenigen erhaltengebliebenen Belweder-Fayencen erregen Bewunderung durch die Feinheit ihrer Ausführung, vor allem aber durch die prächtige Malerei. Aus dieser Manufaktur stammten zwei unter Kennern berühmte Service, das aus 160 Stücken bestehende Sultansservice und das Königsservice, die Stanisław August dort für seinen eigenen Gebrauch in Auftrag gegeben hatte. Ersteres schenkte der König dem Sultan Abd ul-Hamid I. Von beiden sind nur wenig mehr als zehn Stücke erhalten geblieben.

Äusserst selten und heute bei den Sammlern sehr gefragt sind auch die Erzeugnisse der Manufaktur in Korzec, die zwischen 1784 und 1832 tätig war. Im Gegensatz zur Belweder-Fayence eroberten sich Fayencen und Porzellan aus Korzec im Sturm zahlreiche Käufer. In der Blütezeit der Manufaktur verliessen jährlich bis zu 20 000 Stück Porzellan und Fayence die Werkstätten und zierten sogar den bescheidenen Tisch des niederen Adels und des Bürgertums. Erzeugnisse aus Korzec wurden auch mit Erfolg ins Ausland exportiert. Sie besassen ihren eigenen, polnischen Stil im Dekor (unter anderem wurden sie mit wolhynischen Landschaften und kleinen Feldblumen bemalt). Es gab auch noch andere polnische Manufakturen, die schönes Fayence- und Porzellangeschirr herstellten und bis ins 19. Jh. hinein bestanden.

Bis auf den heutigen Tag wird in der 1809 als Fayence- und Porzellanmanufaktur gegründeten Porzellanfabrik in Ćmielów, die als solche seit 1842 besteht, auf den Weltmärkten gefragtes Porzellan hergestellt. Die Traditionen der polnischen Fayence werden in den im Ausland ebenfalls geschätzten Erzeugnissen der Fayencefabrik Włocławek fortgesetzt.

Erwähnt werden muss auch das polnische Glas des 18. Jh. Die gläsernen Kelche und Pokale liessen einen der zahlreichen Reize des Weins zur Geltung kommen, der bisher von den silbernen Gefässen verborgen wurde — die Farbe.

Am berühmtesten war das Glas aus Urzecze, das Mitte des

18. bis Mitte des 19. Jh. in der dortigen Glashütte hergestellt wurde. Es wies nicht nur mannigfaltige und ausgesuchte Formen und künstlerische Gravüren der Gläser, Kelche und Pokale auf, dort entstanden auch ungemein dekorative Leuchter und Spiegel mit so sauberem Schliff und geschmackvollem Rahmen, dass sie mit Erzeugnissen aus Venedig verglichen wurden. Auch gab es herrliches polnisches Kristallglas, das in der 1717 gegründeten Kristallglashütte in Huciska entstand.

So bot die polnische Tafel in der zweiten Hälfte des 18. Jh. mit ihrem Porzellan, Glas, Kristall und den im Kerzenlicht funkelnden Leuchtern einen Anblick von unvergleichlichem Zauber.

Das war die herrschaftliche Tafel, der niedere Adel und das Bürgertum jedoch setzten sich auch nicht gerne an einen achtlos gedeckten Tisch. Ein reines leinenes Tischtuch, hübsch bemalte Fayence- und bald auch Porzellanteller — denn das polnische Porzellan war erheblich billiger und ebenso hübsch wie das importierte, Schüsseln mit den Lieblingsgerichten — all das zusammen war nett anzusehen, gar nicht zu reden von der Festtafel oder einem für Gäste gedeckten Tisch. Es bot sich oft Gelegenheit zu mehr Aufwand, die Polen taten das jedoch con amore, denn sie handelten nach dem Grundsatz: „Besser einen Taler geben, als für einen halben Groschen Schmach erleben."

Von jenem „polnischen Festmahl", das ausschliesslich aus polnischen Produkten bestand und vom Kanzler Ossoliński gegeben wurde, war bereits die Rede. Zu Zeiten Stanisław Augusts konnten polnische Gerichte und polnische Getränke auf polnischem Porzellan und in polnischen Gläsern auf einem schönen polnischen Tischtuch gereicht und mit Bestecken aus polnischem Silber genossen werden.

So hatte die Herrschaftszeit von Stanisław August neben den dunklen und zusehends drohenderen Schatten auch ihre Lichtblicke.

In unserer Plauderei ist es angebracht, auch die Musik zu erwähnen, denn seit undenklichen Zeiten war sie die Begleiterin von Festmahlen und eine Zierde des altpolnischen geselligen Lebens.

Das polnische Volk ist ausserordentlich musikalisch. Es hat tausende Lieder und Gesänge hervorgebracht, die Bräuche, Familienfeste und die tägliche Arbeit begleiteten. Der Gesang war eines der wichtigsten Elemente des farbenfrohen Rituals der Dorfhochzeiten. Vom Reichtum des polnischen volkstümlichen Gesangs und Tanzes zeugt das über 60 Bände umfassende Werk „Das Volk. Seine Sitten, Lebensweise, Sprache, Legenden, Sprichwörter, Bräuche, Beschwörungen, Spiele, Gesänge, Musik und Tanz" von Oskar Kolberg (1814—1890), das mehr als zehntausend Melodien enthält.

Gallus Anonymus berichtete, dass bereits zu Anfang der Piastenepoche an den Höfen der Begüterten Musik erklang. Bekannt ist, dass es in späteren Jahrhunderten am Königshof, an den Höfen der Magnaten und des Adels, ja sogar in den Städten zahlreiche und oft hervorragende — auch städtische, aus Bürgern bestehende — Kapellen gab. Auch kirchliche Würdenträger und Klöster hielten sich Musiker. Sie sollten unterhalten, zu Tisch und zum Tanz aufspielen. Wer sich keine eigene Kapelle leisten konnte, liess sich zur Hochzeit oder zu anderen Festen eine Kapelle aus der Stadt kommen. Im Tagebuch des Adligen Zawisza von 1710 steht geschrieben: „Ich hatte mir wackere Musikanten aus Minsk geholt, mit Zimbeln, sie haben gut alte Tänzchen gefiedelt."

Die Adligen machten seltener selbst Musik, denn das „Handwerk" eines Spielmanns galt als eines Hochgeborenen unwürdig, ebenso wie jedes andere Handwerk. Und obwohl Łukasz Górnicki (1527—1603) in seinem Buch „Der polnische Höfling" erwähnt, dass „unsere Schlachta selten auf Geigen und Pfeifen spielt", konnte man im geselligen Leben ohne Musik nicht auskommen. Dieselbe Schlachta spielte jedoch mit Vorliebe die Laute, besonders die jungen Mädchen, sei es der Stimmung halber, sei es, um Gesang zu begleiten oder gar zum Tanz aufzuspielen. An polnischen Höfen waren zahlreiche Lautenspieler, Theorbenspieler und später ukrainische

Bandolonspieler berühmt. Auch Adlige griffen gerne zur Theorbe, um im engen Familien- oder Freundeskreis zu musizieren.

Während eines Festmahls sass die Kapelle im Speisesaal auf einem besonderen Balkon. Nicht immer war sie gut. Auf bescheidenen Gutshöfen, fern von grösseren Städten, spielten oft Bauernkapellen, die auch in den zahlreichen Schenken auftraten. Besonders beliebt waren jüdische Kapellen, in denen es vor allem Zimbeln und Geigen gab. Überhaupt waren Juden geschätzte Musikanten und gehörten auch der Hofkapelle des Königs Władysław Jagiełło an. Das meisterliche Spiel des Zimbelspielers Jankiel hat Adam Mickiewicz in seinem „Pan Tadeusz" beschrieben.

Die Begleitmusik zu Festmählern war diskret und störte nicht beim Gespräch. Nur den Trinkspruch begleitete ein lärmendes Tutti aller Musiker.

„Der Dudelsack heulte am Ohr. Die Trommel wurde geschlagen wie ein Kasten, dass es gar im Kopf krachte", klagte Mikołaj Rej. Wir, die wir in der „Beat-Epoche" leben, geplagt vom Grossstadtlärm, vom Brummen der Autos und dem Lärm der Düsenflugzeuge, können ihn nur gar zu gut verstehen.

Gerne wurde in den Klöstern musiziert, dort gab es Kapellen, die nicht nur bei religiösen Festen spielten, sondern auch im Refektorium, als Begleitung zu Festmählern, zum Beispiel am Namenstag des Schutzpatrons des Klosters.

Die berühmte Orgeltabulatur des Jan aus Lublin, Mönch und Organist im Kloster der Domherrn in Kraśnik bei Lublin, niedergeschrieben in der ersten Hälfte des 16. Jh., enthält neben kirchlichen Werken auch eine reiche Sammlung damals in Polen beliebter Tänze.

Musikliebhaber waren auch die Angehörigen des Bürgertums, die meist mehr Geschmack und Musikkultur besassen als die Schlachta. Die städtischen Musiker, die ex arte, d.h. von den Noten spielten, schlossen sich zu Zeiten von Kazimierz dem Grossen (1333—1370) zur ältesten Zunft Polens zusammen. Mit der Zeit hatte jede grössere Stadt eine Musikerzunft und eine Kapelle, die zu Festen der Stadt und in den Bürgerhäusern spielte. Ein Beweis ist der Umstand, dass ihre Mitglieder 1440 nicht der Rechtsprechung der städtischen, sondern der Starostengerichte unterstanden. Die Musiker, die der Zunft angehörten, blickten missbilligend auf die fahrenden Musikanten, meist herumziehende Scholaren (vagi scholares) oder ehemalige Mönche und Geistliche (clerici vagabundi) herab, die in den sogenannten unteren Schichten ausserordentlich beliebt waren.

In den reichen Bürgerfamilien gab es zahlreiche Musikinstrumente, woraus man schliessen kann, dass Hausmusik getrieben wurde. Die Beherrschung des gerade modischen „Saloninstruments" gehörte zur guten Erziehung der Adelstöchter und der jungen Bürgerinnen.

Man könnte das als altpolnische Unterhaltungsmusik bezeichnen, von der mehr Beschreibungen als Noten erhalten geblieben sind.

Mit der Zeit wurden die Volkstänze zu Nationaltänzen — die höchste Stufe, die sie erreichen konnten. Es waren die Polonaise, die Mazurka, der Krakowiak, der Oberek und der Kujawiak. Die polnischen Polonaisen eroberten im 18. Jh. ganz Europa und wurden besonders in Deutschland geradezu zum Modetanz. Ein Schüler des grossen Johann Sebastian Bach, Johann Philipp Kirnberger (1721—1783), der die polnischen Polonaisen und Mazurkas bei einem mehrjährigen Aufenthalt in Polen kennenlernte, schrieb, die Polonaisen in Polen würden sich derart von den damals in grosser Zahl in Deutschland komponierten unterscheiden, wie „ein Priester von einem Totengräber, obwohl beide schwarz gekleidet sind". Ein grosser Freund der polnischen Volksmusik war u.a. der bedeutende deutsche Komponist Georg Philipp Telemann (1681—1767), der offen zugab, dass sie für ihn eine unerschöpfliche Quelle von Anregungen sei.

Wenn schon von der altpolnischen Gastlichkeit, den Bräuchen, der Küche und den Festmählern gesprochen wurde, durfte auch jene Musik nicht übergangen werden, die man heute als Unterhaltungsmusik bezeichnet. Sie gedieh gleichermassen üppig sowohl in den königlichen Gemächern als auch auf den kleinen Gutshöfen, in den Magnatenresidenzen und den Bauernhütten, in den Bürgerhäusern und den Schenken. Die Polen fanden grossen Gefallen an ihr, denn sie erhob nicht den Anspruch, grosse Kunst zu sein, sie war die unersetzliche Würze des beschaulichen Lebens, Trösterin in Herzensnöten und treue Begleiterin freudiger Begebenheiten.

Weihnachten

Das Weihnachtsfest

wird neben Ostern in Polen wohl am feierlichsten begangen. Die Traditionen dieses beschaulichen, meist im engen Familienkreis begangenen Festes reichen bis in heidnische, urslawische Zeiten zurück, vor allem der Heiligabend mit seinem Fastenmahl, dem wohl einzigen derart festlichen Essen in der polnischen Küche, das noch deutliche Spuren eines Brauchtums aus Zeiten trägt, die noch weiter zurückliegen als die Anfänge des Christentums in Polen. Im „polnischen Weihnachten" sind heidnische und christliche Bräuche zu einem farbigen, reizvollen Ganzen verschmolzen.

Zum Festmahl am Heiligabend lässt man sich mit Einbruch der Dunkelheit, mit dem Aufleuchten des ersten Sterns nieder, der von den Kindern sehnsüchtig erwartet wird. Vor dem Essen teilt man mit seinen Nächsten Oblaten und wünscht sich gegenseitig ein frohes Fest. Das sind immer Augenblicke der Besinnung, man erinnert sich seiner Kindheit und Jugendzeit und gedenkt mit einem Anflug von Trauer all jener, die nicht mehr sind. Es sind Augenblicke, die zugleich erhellt werden von der Hoffnung auf das grosse Glück, die ewig in den Herzen der Menschen brennt.

Für die Kinder ist es wohl der schönste Abend des Jahres, an dem die Märchenwelt für ein paar Stunden Gestalt annimmt im Lichterglanz des Tannenbaums, unter dem liebende Hände für alle Anwesenden Gaben ausgebreitet haben, Geschenke, die dem eigenen Geldbeutel entsprechen. Denn auch die kleinste Gabe besitzt an diesem Abend besonderen Wert, sie wird zum Symbol der Liebe und Freundschaft der Menschen untereinander.

Weihnachten und Ostern sind in Polen die Höhepunkte des kulinarischen Jahres. Bevor jedoch der kulinarische Rahmen des Festes besprochen wird, sei auf einige Bräuche hingewiesen, die für das polnische Weihnachtsfest besonders charakteristisch sind.

Viele von ihnen haben ihren Ursprung im slawischen Brauchtum. Sie haben sich bis auf den heutigen Tag gehalten und damit bewiesen, wie tief sie im Bewusstsein der alten Polen verwurzelt waren, da sich selbst die heutige Generation noch auf sie als auf ureigenste Tradition beruft. Diese Überreste slawischer Riten haben in Form von Bräuchen nicht nur in den Dörfern, sondern auch in den Städten überdauert.

Das 20. Jh., die Zeit der revolutionären gesellschaftlichen Veränderungen und technischen Entdeckungen, schätzt und achtet übrigens diesen vielleicht naiven, jedoch unvergleichlich poetischen Nachhall vergangener Zeiten, denn darin glimmt ein Funke des ewig lebendigen Schönen und der ewig lebendigen Sehnsucht nach Glück und Frieden.

In den Dörfern sind die meisten der uralten Weihnachtsbräuche lebendig geblieben, doch auch beim „städtischen" Weihnachtsfest werden noch so manche gepflegt.

Auf dem Land stellt man häufig ungedroschene Korngarben in alle vier Ecken des Zimmers, in dem am Heiligabend das Festmahl stattfindet, oder in die Ecke nach Osten hin. Hie und da hat der alte Brauch überdauert, nach dem Festmahl den Haustieren Oblatenstückchen zu geben, damit sie gesund bleiben und sich gut vermehren. Früher glaubte man, dass die Tiere um Mitternacht mit menschlicher Stimme sprächen, es jedoch kein Glück bringe, wenn man diesen Gesprächen lausche. In Gegenden, die besonders von Wölfen heimgesucht wurden, trug man am Heiligabend Reste des Festmahls vor das Dorf und lud die Wölfe zum Schmaus ein. Wurden sie derart bewirtet, fügten sie dem Bauern keinen Schaden zu. Eine auch in der Stadt recht verbreitete Sitte gebietet, am Heiligabend Heu unter das Tischtuch auf dem festlich gedeckten Tisch zu legen. Die jungen Leute lasen während des Mahls „aus dem Heu" ihre Zukunft ab. War der unter dem Tischtuch hervorgezogene Heuhalm grün, bedeutete das Glück in der Liebe und baldige Hochzeit, war er grau — Pech, Misslingen der Heiratspläne und sogar den Altjungfernstand. Diese Weissagungen wurden natürlich nicht allzu ernst genommen, machten dafür aber um so mehr Spass.

Das Teilen der geweihten Oblaten hingegen war und ist ein besonders feierlicher Augenblick. Man verzeiht einander alle Kränkungen und Verfehlungen und besiegelt die Versöhnung mit einem Kuss.

Auch der Toten gedachte man. Für sie, die „Abwesenden", wurde mitgedeckt, und von jedem Gericht erhielten sie etwas auf einen Teller, auch ein Stückchen Oblate. Früher waren die Oblaten in Polen mehrfarbig und reich verziert. Heute werden ebenfalls verzierte, aber weisse Oblaten gebacken.

Der wohl schönste der altpolnischen Heiligabendbräuche gebot, einsame Menschen zum Festessen einzuladen. Denn niemand sollte sich an diesem Abend verlassen und traurig fühlen.

Noch lange könnte man von den polnischen Bräuchen zum Heiligabend erzählen, es wurden jedoch nur einige von ihnen ausgewählt. Die oft sehr alten Weihnachtslieder gehören zu den Kleinodien des polnischen Volks- und Kirchenliedes. Viele Melodien tragen den Rhythmus von Masurka, Oberek, Krakowiak oder Polonaise, und die Texte sind oft humoristisch, satirisch und sogar gesellschaftskritisch. Für viele Polen, die fern von der Heimat leben, sind die Weihnachtslieder der Inbegriff alles Polnischen. Fryderyk Chopin hat den tragischen Akzenten seines Scherzo h-Moll die zarte Wiegenmelodie des bekannten polnischen Krippenliedes „Lulajże Jezuniu..." (Schlafe, Jesuskindchen...) eingefügt — ein Ausdruck seiner grossen Sehnsucht nach Polen.

Die Krakauer „Weihnachtskrippen" sind oft Meisterwerke der Volkskunst. Alljährlich findet auf dem Markt in Kraków in der Vorweihnachtszeit ein Wettbewerb um die schönsten Krippen statt, die dann private oder staatliche Volkskunstsammlungen bereichern. Auch die Sitte, Weihnachtskrippen in den Kirchen aufzubauen, ist sehr alt. Erwähnenswert ist die mechanisierte und laufend durch neue Details ergänzte Krippe in der Kapuziner-Kirche in Warszawa, die von den Warschauern in Scharen besucht wird.

Immer mehr in Vergessenheit gerät leider die schöne Sitte des Weihnachtsliedersingens — die Sänger gingen von Haus zu Haus und trugen an einer Stange einen grossen, bunten, von innen erleuchteten Stern. Dieser Brauch ist recht alt, schon im 17. Jh. war er allgemein bekannt. Damals galten die Krakauer Scholaren als beste Sänger; in ihre Weihnachtslieder flochten sie sehr witzige Wendungen ein.

Nun aber soll ein Blick in die altpolnische Küche zur Vorweihnachtszeit getan werden.

Es herrscht ungewöhnlicher Betrieb. Die Gerüche und Aromen vermengen sich, sie bilden eine Symphonie aus vielen den Appetit und die Phantasie anregenden Düften. Sogar heute noch, in den modernen kleinen Küchen und mit dem Ehegemahl oder den heranwachsenden Kindern als — oft problematischem — Hilfspersonal ist es eine Zeit des ausserordentlich intensivierten kulinarischen Wirkens. Zwar sind einige herkömmliche Weihnachtsgerichte heute käuflich zu erwerben, sie können sich jedoch keineswegs mit den Köstlichkeiten messen, die in vielen Familien nach alten, von Generation zu Generation weitergegebenen Rezepten zubereitet werden. Der kulinarische Höhepunkt des polnischen Weihnachtsfestes war und ist das Festmahl am Heiligabend. An den folgenden Tagen wurde und wird üppig und fleischreich gegessen, die Gerichte unterscheiden sich jedoch im Prinzip nicht von denjenigen, die zu anderen feierlichen oder festlichen Anlässen gereicht werden.

Zu Weihnachten wurde eine weniger reiche Auswahl süssen Gebäcks zubereitet als zu Ostern. An erster Stelle standen ex aequo Honigkuchen und Mohnrolle. Altpolnischer Napfkuchen und anderes, meist mit Gewürzen zubereitetes Gebäck fehlte auch nicht, spielte jedoch eine geringere Rolle.

Das Festmahl am Heiligabend war ein Fastenmahl. Alle Gerichte wurden mit Öl oder Butter zubereitet. Die erzkatholischen Vorfahren der Polen haben es verstanden, aus dieser Einschränkung, die Fleisch und Speck grundsätzlich verbot und genauestens befolgt wurde, einen wahren Hochgenuss für den Gaumen zu machen. Kein Wunder also, dass die polnischen Fasten weit über die Grenzen Polens hinaus bekannt waren.

Das Festmahl zum Heiligabend bestand beim wohlhabenderen Adel, beim Bürgertum und in den reichen Klöstern aus zwölf Gängen — so viele Apostel, so viele Gerichte.

Auf die mannigfaltigste Weise zubereiteter Fisch dominierte, und der berühmte Karpfen (oder Hecht) auf polnische Art durfte auf keinen Fall fehlen. Manchmal gab es so viele Fischgerichte, dass die herkömmliche Zahl Zwölf nicht ausreichte, aber auch hier wusste man Rat. Alle Fischgerichte wurden als ein einziger Gang angesehen!

Das Heiligabendmahl wurde mit einer der für dieses Festessen typischen Suppen eröffnet — dem Barschtsch mit Teigtaschen, den „Öhrchen", der Pilzsuppe und — seltener — der Mandelsuppe. Am beliebtesten war die Roterübensuppe, die klassische Suppe der altpolnischen Küche.

Ausser Fischgerichten wurden gereicht: die berühmten altpolnischen Erbsen mit Kohl, Gerichte aus getrockneten Pilzen, Kompotte aus Dörrobst, vor allem aus getrockneten Pflaumen, in den östlichen Gebieten Polens die berühmte Kutia, eine Süssspeise aus Weizen, Mandeln, Nüssen und Rosinen, und Festgebäck. Auf alkoholische Getränke trafen die Fastenvorschriften nicht zu, es wurde jedoch am Heiligabend bedeutend weniger getrunken als etwa zu Ostern.

Auf diese Art hielten sich die Polen zu früheren Zeiten streng an die Fasten und waren Gottlosen und Andersgläubigen ein leuchtendes Vorbild. Heute gehören solche riesigen Festmahle am Heiligabend unwiederbringlich der Vergangenheit an. Die heutigen Polen haben nicht mehr den Appetit ihrer Vorfahren, dessen Befriedigung manchmal ein ganzes Vermögen verschlang.

Aber der Heiligabend wird gefeiert, diesem Fest haftet nicht nur die Poesie der Tradition an, es strahlt auch Geborgenheit in der Familie aus. Geschmack und Zeremonie der traditionellen Festgerichte aber besitzen Zauberkraft, sie wekken Erinnerungen an die Vergangenheit und beschwören Zukunftsträume.

Den Plaudereien vom polnischen Weihnachtsfest sollen nun einige alte polnische Weihnachtsrezepte folgen. Sie sind jeweils für 4—5 Personen berechnet, ausgenommen die Rezepte für Kuchen und Gebäck. Sie sind nur unbedeutend und nur dort verändert worden, wo das unbedingt erforderlich war (u.a. wurden die in der altpolnischen Küche übermässig verwendeten Gewürze etwas reduziert), ihre polnische Note wurde jedoch sorgsam gewahrt.

Weihnachtsbarschtsch

Klare Suppe aus roten Rüben ist die Zierde der altpolnischen Küche. Das älteste Rezept stammt vom Anfang des 16. Jh. Es gibt zwei klassische Varianten des Barschtsch, den Fastenbarschtsch zu Weihnachten und den Osterbarschtsch, der mit Fleischbrühe zubereitet wird.

Der Barschtsch gehört in Polen zum Menü der erlesensten Empfänge. Beide Varianten werden mit gesäuertem Rübensaft zubereitet.

Das Säuern der roten Rüben ist sehr einfach und leicht. Die gutgewaschenen roten Rüben (ca. 1,5 kg) schälen, in dünne Scheiben schneiden, in ein Glasgefäss legen und mit lauwarmem Wasser übergiessen, bis die Scheiben bedeckt sind. Darauf eine Scheibe Schwarzbrot tun, um den Prozess des Säuerns zu beschleunigen. Das Gefäss mit Gaze abdecken und an den wärmsten Platz in der Küche stellen. Nach vier, fünf Tagen den Schaum, der sich an der Oberfläche gebildet hat, vorsichtig abschöpfen und den klaren, rubinroten gesäuerten Rübensaft in Flaschen abfüllen. In gut verschlossenen Flaschen und an kühlem Ort gelagert, lässt er sich mehrere Monate aufbewahren.

Zum Fastenbarschtsch für Heiligabend wird eine Gemüsebrühe ohne Kohl (Sellerie, Petersilienwurzeln, Möhren, Porree, eine Zwiebel) verwendet. Das Gemüse zusammen mit 4 geschälten und in dünne Scheiben geschnittenen roten Rüben, 10 Körnern schwarzem Pfeffer, 2 Pimentkörnern und einem kleinen Stückchen Lorbeerblatt garkochen. In einem besonderen Topf 50—80 g getrocknete Steinpilze in zwei Gläsern Wasser kochen. Pilz- und Gemüsebrühe durch ein Sieb geben und zusammengiessen. Nun die entsprechende Menge gesäuerten Rübensaft (auf 1,5 l Brühe 0,5 l Saft) hinzufügen. Den Barschtsch erhitzen, aber nicht kochen lassen. Ist die Farbe des Barschtsch nicht intensiv genug, kann noch der Saft einer rohen, feingeriebenen roten Rübe zugesetzt werden.

Barschtsch muss sehr sorgfältig abgeschmeckt werden. Je nach persönlichem Geschmack erhält er seinen letzten Schliff. Abgesehen von Salz wird der Barschtsch mit einer Prise Zucker abgerundet. Mit einem Glas Rotwein oder etwas Zitronensaft, niemals jedoch mit Essig, kann sein säuerlicher Geschmack intensiviert werden. Eine geriebene Knoblauchzehe, dem Barschtsch ungefähr eine Viertelstunde vor dem Anrichten zugegeben, verleiht ihm eine interessante, markante aromatische Geschmacksnote.

Eine herkömmliche Einlage des Weihnachtsbarschtsch sind Teigtaschen, die „Öhrchen". Je Person rechnet man 6—8 Stück. Die gekochten Öhrchen werden in die Suppenterrine gegeben und mit dem heissen Barschtsch übergossen. Wird der Barschtsch in Tassen gereicht, sind kleine mürbe Piroggen mit Pilzfüllung anstelle der gewöhnlichen Pastetchen als Zugabe geeigneter.

Öhrchen (Uszka) zum Weihnachtsbarschtsch

Teig: 150 g Mehl mit einem Ei und einer Prise Salz verkneten. Der Teig soll weicher sein als Nudelteig. Gerät er zu fest, während des Verknetens etwas lauwarmes Wasser zufügen. Den glatt verarbeiteten Teig dünn ausrollen und in kleine Quadrate (höchstens 4 x 4 cm) schneiden. Je kleiner die Öhrchen, desto grösser die Kochkunst der Hausfrau. Jedes Quadrat mit etwas Füllung belegen und diagonal zusammenfalten. Dann die Ränder gut andrücken und die zwei gegenüberliegenden Ecken der inzwischen dreieckigen Piroggen zusammenklappen. Nun die Öhrchen in kochendes Salzwasser geben. Wenn sie an die Oberfläche steigen, sind sie gar.

Füllung: Die gekochten Pilze, mit deren Kochflüssigkeit der Barschtsch aufgefüllt wurde, fein hacken, mit einer kleinen, feingeschnittenen Zwiebel braten und anschliessend mit einem Löffel Semmelmehl und einem rohen Ei gut vermischen. Abschliessend die Füllung mit Salz und Pfeffer abschmekken.

Piroggen zum Barschtsch

Mürbeteig: 200 g Mehl, 120 g Butter, 1 kleines Ei oder zwei Eigelb, ein Löffel Sahne und 1/2 Teelöffel Salz. Die Zutaten mit dem Messer zerhacken und anschliessend schnell verkneten. Der Teig soll ca. 30 Minuten kaltgestellt rasten. Aus dem dünn ausgerollten Teig mit einem Weinglas Plätzchen ausstechen, jedes mit etwas Pilzfüllung (nach dem Rezept für die Öhrchenfüllung) belegen und aus den zu Halbkreisen zusammengelegten Plätzchen durch gutes Zusammendrükken der Ränder kleine Piroggen formen. Auf einem Blech im vorgeheizten Backofen goldgelb backen und heiss (direkt aus dem Ofen oder aufgewärmt) reichen.

Weihnachtspilzsuppe

Wie der Weihnachtsbarschtsch, so ist auch die weihnachtliche Pilzsuppe eine Fastenspeise. Sie soll nicht sättigen, sondern den Magen „erwärmen" und den Appetit anregen. Zubereitung: 50—70 g getrocknete, kurz in kaltem Wasser gewaschene Steinpilze mit 2 Litern lauwarmem Wasser übergiessen und auf kleiner Flamme zugedeckt kochen. Sind die Pilze weich, eine gute Portion Suppengemüse ohne Kohl und 10 Körner schwarzen Pfeffer zugeben. Danach soll die Suppe noch weitere 25—30 Minuten kochen.

Der klaren, durch ein kleinmaschiges Sieb gegossenen, mit Salz abgeschmeckten und eventuell mit etwas Zitronensaft „verschärften" Suppe gekochte und in dünne Streifen geschnittene Pilzhüte sowie hausgemachte, gesondert gekochte, rechteckige Nudeln zufügen.

Weihnachtliche Mandelsuppe

Von den altpolnischen Weihnachtssuppen ist sie heute am wenigsten begehrt, obwohl sie von Kindern sehr gerne gegessen wird.

150 g Mandeln blanchieren, schälen, gut abtrocknen, mahlen, mit 1 1/2 Litern kochender Milch übergiessen und auf kleiner Flamme (auf der Asbestplatte) 15 Minuten lang kochen. In eine Suppenterrine je Person einen Löffel körnigen Reis geben und mit der heissen Mandelmilch übergiessen. Unmittelbar vor dem Anrichten kann die Suppe mit einem rohen Eigelb verfeinert werden.

Gebratener Karpfen

Den gesäuberten Karpfen in Portionsstücke zerteilen und salzen. 30 Minuten ziehen lassen. Dann die einzelnen Portionen in Mehl wälzen, durch leicht geschlagenes Ei ziehen, mit Semmelmehl bestreuen und auf nicht zu starker Flamme in Butter hell goldgelb braten. Der gebratene Karpfen kann zum eventuellen Nachgaren für einige Minuten in der geschlossenen Pfanne in den heissen Backofen gestellt werden. Mit Butter sollte beim Braten nicht gespart werden, da der Fisch, wird er mit zu wenig Fett gebraten, zu stark bräunt und viel von seinem zarten, erlesenen Geschmack einbüsst.

Gebratener Karpfen ist wohl das einfachste und zugleich eines der schmackhaftesten Weihnachts- und nicht nur Weihnachtsgerichte, das in der polnischen Küche aussergewöhnlich beliebt ist.

Zu gebratenem Karpfen wird Meerrettich gereicht. An seiner Stelle kann aber auch Kohl mit Pilzen gegeben werden. Diese echt polnische, vorzügliche Zusammenstellung ist sehr zu empfehlen.

Hinzugefügt sei, dass Karpfen in der polnischen Küche seit Jahrhunderten der Fisch Nummer Eins ist. Schon im 14. Jh. wurde er in Polen gezüchtet; ein polnisches Zuchtergebnis ist auch eine Abart dieses Fisches, der berühmte Königskarpfen.

Mancher Karpfenliebhaber behauptet, eine im Portemonnaie aufbewahrte Schuppe des (zu Weihnachten verspeisten) Königskarpfens ziehe Geld an. Leider ist das erwiesenermassen nur ein Aberglaube.

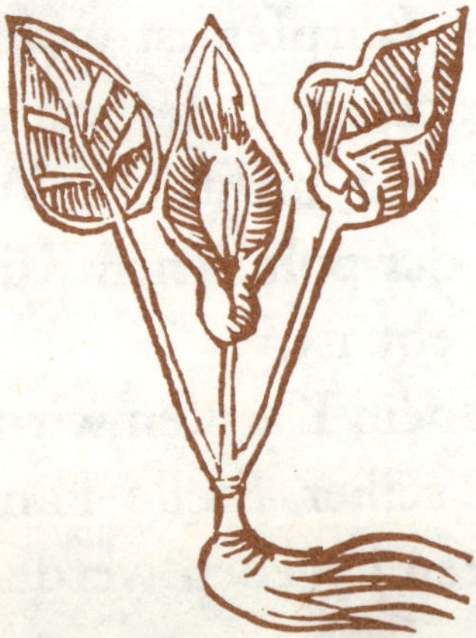

Karpfen auf polnische Art

Eine berühmte, altpolnische Weihnachtsdelikatesse. Zwar gehört er nicht zu den billigsten Gerichten und seine Zubereitung erfordert viel Aufwand, in der Weihnachtszeit leihen wir jedoch nicht immer der zu Sparsamkeit mahnenden Stimme der Vernunft Gehör. Von mehreren bekannten Varianten des Karpfens auf polnische Art wurde die für die polnische Küche wohl charakteristischste Zubereitungsart ausgewählt.

Einen schönen, ungefähr 750 g schweren Karpfen töten und sein Blut sorgsam in einer Tasse auffangen, in die zuvor der Saft einer halben Zitrone gegeben wurde.

Nachdem der Fisch gesäubert worden ist, in Portionsstücke zerschneiden und nach dem Salzen 20 Minuten kaltstellen. Anschliessend den Fisch in eine flache Schmorpfanne legen und mit 1/2 Liter Brühe aus einem mittelgrossen, in Streifen geschnittenen Sellerie, einer grossen Zwiebel, einem Glas herbem

Rotwein, einem kleinen, dünnen Stückchen Zitronenschale, einigen Körnern schwarzem Pfeffer, 1/3 Teelöffel gemahlenem Ingwer und dem Saft von 1/2 Zitrone übergiessen. Den gargekochten Fisch vorsichtig in eine vorgewärmte Schüssel legen und warmstellen. Die Kochflüssigkeit durch ein engmaschiges Metallsieb streichen. Dann das Karpfenblut, ein Glas dunkles Bier, 2—3 Würfel Zucker, einen Esslöffel Pflaumenmus, 50 g getrockneten und geriebenen (mit Honig gebackenen!) Pfefferkuchen, 50 g geschälte und gehackte Mandeln, 50 g Rosinen und einen gehäuften Esslöffel Butter zufügen. Diese Sauce 10—15 Minuten auf kleiner Flamme kochen lassen. Ist sie etwas abgekühlt, abschmecken (eventuell etwas nachsalzen) und heiss über den Fisch in der Schüssel giessen.

Hecht auf jüdische Art (kalt)

Auch dieses Fischgericht, im Ausland als „Hecht auf polnische Art" bekannt, ist ein würdiger Vertreter der altpolnischen Küche. In diesem Falle hat sie sich die Erfahrungen der für ihre hervorragende Zubereitung von Fisch berühmten Küche der polnischen Juden zunutze gemacht.

Den ca. 1 kg schweren Hecht gründlich schuppen, säubern und anschliessend in Portionsstücke von ungefähr 1 1/2 cm Breite schneiden. Aus jeder Portion mit einem scharfen Messer das Fleisch heraustrennen, ohne dabei die Haut zu verletzen. Nach Entfernen der Gräten das Hechtfleisch sehr fein hacken und mit 250 g feingehackter Zwiebel, 2 Löffeln Semmelmehl, 1/2 Löffel Zukker, einem Löffel geriebenem Meerrettich und einem Eiweiss zu einer gleichmässigen, lockeren Masse verarbeiten. Mit Salz abschmecken und die Hechthaut so damit füllen, dass die Portionen ihre ursprüngliche Gestalt wiedererhalten. Die gefüllten Portionen in einen flachen Bratentopf legen und mit durchgeseihter Gemüsebrühe übergiessen. Zu diesem Sud sind erforderlich: Suppengemüse, 6 schwarze Pfefferkörner, 5 Pimentkörner und die Hechtabfälle (Kopf, Gräten, Schwanz und Flossen). Dem Sud 4 mittelgrosse, in dünne Scheiben geschnittene Zwiebeln, ein Stückchen Lorbeerblatt und Salz nach Geschmack zugeben. Den Fisch in dem leicht zugedeckten Bratentopf eine Stunde auf kleiner Flamme sieden lassen. Ist er gar, bis zum völligen Erkalten im Sud belassen, dann auf eine Platte geben und mit dem Sud übergiessen, der zuvor zusammen mit der Zwiebel durch ein engmaschiges Sieb gestrichen wurde. Die Platte für mehrere Stunden in das unterste Kühlschrankfach stellen, damit die Sauce leicht geliert.

Zum Hecht auf jüdische Art schmeckt ein Glas Pejsachówka — Pflaumenschnaps — am besten, der nach alten Rezepten vom polnischen Spirituosenmonopol POLMOS hergestellt wird.

Zander

Zander ist ein traditionelles polnisches Weihnachtsgericht. Kommen zwei Fischgerichte auf den Tisch, wird Zander als erstes serviert.

Den Zander (ca. 1 kg) schuppen, säubern und salzen. Dann eine leichte Gemüsebrühe aus Suppengemüse (ohne Kohl), einer grossen Zwiebel, einigen Körnern schwarzem Pfeffer und einem kleinen Stückchen Lorbeerblatt kochen, später — durchgeseiht und abgekühlt — über den ganz in einen Fischtopf gelegten Fisch giessen. Die Brühe soll diesen knapp bedecken. Den Fisch nun langsam auf kleiner Flamme zum Kochen bringen, 15—20 Minuten lang zugedeckt kochen lassen und in dem Sud belassen, der nicht abkühlen soll.

In einer Pfanne 50 g Butter zerlassen, und — wenn die Butter zu sieden beginnt — 3 feingehackte, hartgekochte Eier und einen Esslöffel feingehackte Petersilie zugeben. Nicht braten, nur gut erhitzen! Den heissen Zander vorsichtig aus der Flüssigkeit heben und auf eine Platte legen, mit dem Saft einer halben Zitrone beträufeln und gleichmässig mit der heissen Mischung aus Butter, Eiern und Petersilie bestreuen.

Nach Ansicht von Kennern ist das die einfachste Art, Zander zuzubereiten, bei der zugleich auch sein erlesener Geschmack und das Aroma dieses edlen Fischs zur Geltung kommen.

Kohl mit Pilzen und Nusskroketten

Dies Gericht ist ein Beispiel für die gute, traditionelle polnische Küche. Dem Anschein nach ist es sehr alltäglich, die Kroketten verleihen ihm jedoch Originalität und machen es interessant. Da es sehr sättigend und recht „schwer" ist, kommt es heutzutage zum Heiligabend selten auf den Festtisch, denn der Appetit der Polen ist heute längst nicht mehr so gut wie in alten Zeiten. Eine Kostprobe des sowohl altpolnischen als auch schmackhaften Gerichts lohnt jedoch. Der am Heiligabend übriggebliebene Kohl kann am nächsten Tag aufgewärmt und zum Schweinebraten gereicht werden. Aufgewärmt schmeckt er sogar noch besser.

1 kg Sauerkraut (ist es sehr sauer, sollte es in einem Sieb kurz unter fliessendem Wasser durchgespült werden) mit 2 Gläsern Wasser weichkochen. Gesondert in wenig Wasser 50—80 g getrocknete Pilze aufs Feuer stellen. Die garen Pilze in dünne Streifen schneiden und zusammen mit dem Kochwas-

ser dem Kohl zusetzen. Mit einer hellen Mehlschwitze aus 2 Esslöffeln Butter und einem Esslöffel Mehl den Kohl binden und mit einer grossen, feingehackten und in Butter goldgelb gebratenen Zwiebel verfeinern. Den so zubereiteten Kohl mit Salz und Pfeffer abschmecken und noch ein Weilchen kochen lassen, denn er muss dick sein.

Kroketten: 300 g frischgekochte, heisse Kartoffeln zerstampfen und 100 g geriebene Walnüsse, 1 Ei, einen gehäuften Esslöffel Semmelmehl und einen Esslöffel feingehackte Petersilie hinzufügen. Die Masse dann mit Salz abschmecken und mit den Händen zu einem geschmeidigen Teig verarbeiten. Daraus kleine Kroketten formen, in Ei und Semmelmehl panieren und in Butter goldgelb braten. Den Kohl mit den heissen Kroketten garnieren und sofort servieren.

Mürbekeksgebäck mit Mohn

Ein traditionelles polnisches Dessert zum Heiligabend aus entsprechend zubereitetem Mohn, mit länglichem Mürbegebäck (hausgemacht!) dekoriert. Die mit dem Gebäck gespickte Mohnschüssel sieht sehr lecker aus und weckt jedesmal von neuem die Begeisterung der jüngsten Teilnehmer des Heiligabendfestmahls.

Ein Glas Mohn mit zwei Gläsern kochender Milch überbrühen und 15—20 Minuten lang auf kleinster Flamme, am besten auf einer Asbestplatte, kochen. Den (in einem Sieb) gut abgetropften Mohn dreimal durch den Fleischwolf drehen und anschliessend mit 2/3 Glas flüssigem Bienenhonig, 1/2 Stange weichgeklopfter Vanille, 100 g in Rum oder Kognak eingeweichten Rosinen und 100 g geschälten und gehackten Mandeln vermengen. Ist die Mohnmasse zu dick, kann sie (mässig!) mit etwas süsser Sahne verdünnt werden. Wenn das Dessert nur für Erwachsene bestimmt ist, kann der Mohn mit einem Glas gutem Kognak „parfümiert" werden. Die Mohnmasse im Kühlschrank kaltstellen. Unmittelbar bevor sie auf den Tisch kommt, in eine Kristallschüssel umfüllen und mit dem Mürbegebäck spicken.

Teig für das Mürbekeksgebäck

1. Magerer Keks: Aus 120 g Mehl, 120 g Puderzucker und einem Ei einen festen Teig arbeiten, aus dem dünn ausgerollten Teig schmale Rechtecke (2 x 7 cm) ausschneiden und im Backofen auf gefettetem Blech goldgelb backen.

2. Mürber Keks: Den Teig aus 130 g Mehl, 60 g Butter, 30 g Puderzucker und einem Eigelb bereiten und — gut geknetet — an einem kühlen Ort 30 Minuten lang ruhen lassen. Danach dünn ausrollen und wie vorher angegeben weiterverarbeiten.

Weihnachtskompott aus getrockneten Pflaumen und Feigen

250 g getrocknete Pflaumen erster Güte (am besten ohne Kerne) schnell in lauwarmem Wasser spülen und mit kaltem, abgekochtem Wasser übergiessen, so dass das Wasser die Früchte bedeckt.

Mit 250 g Feigen erster Güte genauso verfahren wie mit den Pflaumen. Es ist am besten, das Obst abends einzuweichen und am nächsten Morgen weiterzuverarbeiten.

Den eingeweichten Pflaumen einen Esslöffel Zucker und ein Stückchen Zimt zufügen, dann in dem Weichwasser einmal aufwallen lassen. Die Feigen dagegen müssen 5 Minuten gekocht werden, nachdem dem Weichwasser ein Esslöffel Zucker, der Saft einer kleinen Zitrone und ein dünnes Stückchen Zitronenschale zugefügt wurden.

Die beiden getrennt gekochten Kompotte zusammengiessen (nachdem Zimt und Zitronenschale herausgenommen wurden) und als

Abschluss des Heiligabendmahls reichen. Am besten ist es, wenn es Zimmertemperatur hat.

Besonders nach einem üppigen polnischen Festmahl am Heiligabend ist dies Kompott ganz hervorragend.

Altpolnischer Weihnachtshonigkuchen

Bevor wir zum altpolnischen Rezept für den Weihnachtshonigkuchen kommen, ein paar Worte zur polnischen Honigkuchentradition. Der mit Honig zubereitete Kuchen war bereits den alten Slawen wohlbekannt. Aber erst die „Entdeckung" der aromatischen Gewürze und der Triebmittel für den Teig machte den harten Honigkuchen, der von den Slawen auch für rituale Zwecke verwendet wurde, zum heutigen Honigkuchen.

Am berühmtesten waren die Nürnberger Lebkuchen und die Thorner Honigkuchen, beide in den prächtigsten Formen ausgebakken. Die beliebten Thorner „Katarzynki" waren schon 1640 bekannt. Die altpolnischen Honigkuchen standen qualitätsmässig den Nürnberger Lebkuchen in nichts nach. Mit Recht galt die Zubereitung des Honigkuchenteigs als wahre Kunst. Er reifte langsam und konnte in rohem Zustand monatelang aufbewahrt werden. Für die Beliebtheit der Honigkuchen in Polen spricht die Tatsache, dass ein Fässchen mit Honigkuchenteig oft einen Teil der Mitgift polnischer Bräute aus Adels- und Bürgerkreisen ausmachte. Sehr würzige und wenig gesüsste Honigkuchen wurden zum Alkohol gereicht, süsse Honigkuchen mit Rosinen, Mandeln und Nüssen waren als Nachtisch begehrt. Ein altes polnisches Sprichwort versicherte, „Danziger Goldwasser, Thorner Honigkuchen, Krakauer Jungfrauen und Warschauer Stiefel" seien das Beste in Polen.

Doch nun das Rezept für Honigkuchenteig, der vier Wochen vor dem Backen zubereitet und drei bis vier Tage vor dem Fest gebacken werden kann, noch bevor mit den intensivsten kulinarischen Festvorbereitungen begonnen wird. Honigkuchen kann auch früher gebacken werden, der rohe Teig muss allerdings nicht weniger als zwei Wochen an einem kühlen Ort (im untersten Fach des Kühlschranks, noch besser und — was immer seltener möglich ist — im kalten Keller) reifen.

1/2 kg Bienenhonig, 2 Gläser Zucker, 250 g Schmalz (oder Butter) allmählich, fast bis zum Sieden, erhitzen und dann abkühlen lassen. Zu der kühlen oder lauwarmen Masse nach und nach 1 kg Weizenmehl, 3 Eier, 3 gestrichene Teelöffel gereinigte, in 1/2 Glas kalter Milch aufgelöste Soda, 1/2 Teelöffel Salz und zwei bis drei Tüten Pfefferkuchengewürz (Zimt, Nelken, Ingwer, Kardamom usw.) zugeben und mit den Händen untermischen. Man kann dem Teig auch eine Handvoll zerkleinerte Nüsse und 3 Löffel feingehackte, kandierte Apfelsinenschalen zufügen.

Den gut durchgearbeiteten Teig — nachdem man eine Kugel daraus geformt hat — in einen Steintopf (oder ein

Emaillegefäss ohne abgesplitterte Stellen) geben, mit einem sauberen Leinentuch bedecken und an einen kühlen Ort stellen, damit er langsam reifen kann.

Den reifen Teig in zwei bis drei Portionen teilen, ausrollen und auf einem Blech backen. Unmittelbar nach dem Backen ist der Honigkuchen hart, aber schon nach zwei bis drei Tagen wird er mürbe und zergeht fast auf der Zunge.

Den abgekühlten Teig mit leicht erhitztem, gut geschmortem Pflaumenmus bestreichen. Selbstverständlich können auch andere Füllungen verwendet werden, zum Beispiel Nuss- oder sogar Marzipanmasse. Es können auch, wenn drei Bleche Honigkuchen gebakken wurden, der eine mit Pflaumenmus und der andere mit Nussmasse bestrichen werden.

Unmittelbar nach dem Bestreichen mit der entsprechenden Masse die einzelnen Honigkuchenplatten aufeinanderlegen, mit einem Bogen sauberen Papiers bedecken und gleichmässig mit einem Brett oder... mit Büchern passender Grösse beschweren.

Der altpolnische Honigkuchen bleibt lange frisch, vor allem, wenn man ihn an einem kühlen Ort aufbewahrt. Selbstverständlich kann der Honigkuchen auch mit Schokoladenguss überzogen und hübsch verziert werden, aber auch der unverzierte nimmt bestimmt den ersten Platz unter den traditionellen polnischen Weihnachtskuchen ein.

Mohnrolle (Makownik)

Die Weihnachtsmohnrolle unterscheidet sich vom „gewöhnlichen" Mohnkuchen nicht nur durch die dünne Teigschicht und die üppige Mohnfülle, sondern auch durch die Füllmasse selbst, die mit wahrhaft polnischer Grosszügigkeit zubereitet wird und absolut nichts mit Sparsamkeit gemein hat.

Zwei Arten von Teig stehen zur Wahl: Hefeteig und Hefemürbeteig. Beide sind vorzüglich, tragen jedoch nur in geringem Grade zum geschmacklichen Reiz der Weihnachtsmohnrolle bei. Der Hefemürbeteig hat den grossen Vorteil, dass er in sehr kurzer Zeit zubereitet werden kann, einfach ist und kein langes Rühren erfordert. Er kann ebenso wie der Hefeteig für verschiedene Roll- und Schichtkuchen verwendet werden.

Hefemürbeteig

Folgende Bestandteile auf einem Backbrett mit dem Messer zerhacken, damit sie gut miteinander vermengt werden: 400 g Weizenmehl, 150 g Butter, 50 g mit 3 Löffeln (leicht saurer) Sahne gut vermischte Hefe, 1/2 Stange zerklopfte Vanille oder die geriebene Schale einer halben Zitrone, 2 gehäufte Löffel Puderzucker, 2 Eier und 1 (oder 2) Eigelb sowie 1/3 Teelöffel Salz.

Den zerhackten Teig mit den Händen kneten, er soll nicht zu fest und glänzend sein. Den fertigen Teig auf dem leicht mit Mehl bestäubten Backbrett dünn zu einem Rechteck ausrollen und gleichmässig mit der Mohnfülle belegen (am Rand ungefähr 2 cm freilassen), zusammenrollen und vorsichtig in die mit Butter vorgefettete Backform heben (die Form kann auch mit gefetteter Aluminiumfolie ausgelegt werden). Dann soll der Mohnkuchen eine Stunde lang gehen. Um ein Reissen des Teigs zu vermeiden, kann er mit einem dünnen Holzstäbchen mehrfach eingestochen werden. Anschliessend in den mittelmässig erhitzten Backofen schieben. Nach 45 bis 50 Minuten ist der Mohnkuchen ausgebacken.

Hefeteig (arbeitsaufwendig)

Er wird aus 300 g Weizenmehl, 150 g Puderzucker, 150 g Butter, zwei Eiern (oder einem Ei und zwei Eigelb), 1/2 Glas Milch, 40 g Hefe und einer Prise Salz bereitet. Die Butter mit dem Zucker verrühren und nach und nach die Eier, das Salz und die in lauwarmer Milch aufgelöste Hefe zugeben. Zum Schluss das Mehl zufügen und den Teig mit der Hand gut durcharbeiten. Danach soll der mit einem sauberen Tuch bedeckte Teig mindestens eine Stunde lang gehen. Ist der Teig aufgegangen, auf dem mehlbestäubten Backbrett zu einem Rechteck ausrollen, mit Eiweiss bestreichen (damit die Fülle am Teig haften bleibt) und gleichmässig Mohn auftragen. Dann den Teig eng zusammenrollen und an beiden Enden zusammendrücken (nach unten umschlagen). Der so zubereitete Mohnkuchen soll in der ausgefetteten Form vor dem Backen noch gehen. Backzeit 45 bis 50 Minuten.

Nach dem Backen kann der abgekühlte Mohnkuchen (in beiden Fällen) mit Zitronenglasur überzogen und vor dem Erstarren der Glasur mit feingehackten, leicht gebräunten Mandeln bestreut werden.

Mohnfülle

400 g gewaschenen Mohn mit 1 Liter kochender Milch übergiessen und auf kleinem Feuer (auf einer Asbestplatte) 30 Minuten kochen (die Milch soll nur leise sieden). Den Mohn abtropfen lassen und dann drei bis vier Mal durch den Fleischwolf drehen (den engmaschigsten Vorsatz verwenden).

In einem eisernen Schmortopf 150 g Butter und 3/4 Glas Bienenhonig zerlassen, eine fein zerklopfte Stange Vanille, 100 g grob gehackte Mandeln (oder Nüsse), 150 g Rosinen, 1/2 Tasse feingeschnittene, kandierte Apfelsinenschale und zum Schluss den Mohn zugeben und alles zusammen 15 Minuten schmoren lassen (oft umrühren, damit die Masse nicht anbrennt). Ist die Mohnfülle etwas abgekühlt, gibt man 3 bis 4 mit einem Glas Zucker gut verrührte Eigelb und den steifgeschlagenen Eischnee dazu. Die Mohnmasse gewinnt noch, wenn ein Glas guten Rums oder Cognacs zugegossen wird. Damit ist die Fülle fertig. Lauwarm auf den Teig auftragen.

Die Zubereitung dieser vorzüglichen Fülle ist sowohl kostspielig als auch arbeitsaufwendig, aber Weihnachten feiern wir schliesslich nur einmal im Jahr.

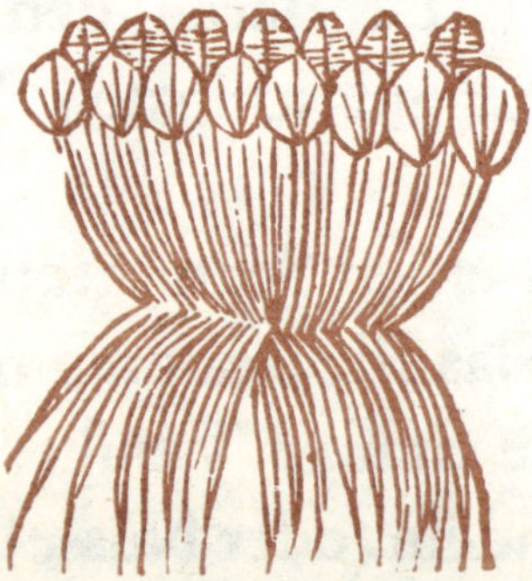

Den über alle Massen fröhlichen, oft ausgelassenen Abschluss des Weihnachtsfestes bildete die Faschingszeit, später auch Karneval genannt. Schon im alten Polen war das die Zeit des regsten geselligen Lebens. Zum Fasching wurden Jagden auf Gross- und Kleinwild abgehalten, Hochzeiten mit mehrere Tage dauerndem Festmahl und Bällen fanden statt, es gab Faschingsgelage und Maskenbälle, zu denen sich die Teilnehmer verkleideten und Masken aufsetzten, und auch das berühmte altpolnische Faschingsvergnügen, den Kulig.

Dieses lärmende, oft mit übermässigem Essen und Trinken einhergehende Vergnügen erbitterte die geistlichen und weltlichen Moralapostel. Der hervorragende polnische Bibelübersetzer, Priester Jakub Wujek (1541—1597), wetterte gegen den Fasching: „Vom Teufel ersonnen!"

„Einen grösseren Dienst erweisen wir dem Teufel mit den drei Tagen, die wir ausschweifend Fasching feiern, als dem lieben Gott mit den vierzig Tagen unlustigen Fastens", fügte Grzegorz aus Żarnowiec (1528—1601) hinzu. Mikołaj Rej (1505—1569) dagegen brachten vor allem die Maskeraden auf: „Wer jedoch am Fastnachtssonntag nicht ausgelassen ist, nicht sein Gesicht, sein Aussehen, seine Kleidung verändert, wer sich nicht dem Teufel ähnlich macht, kommt — so scheint es — seinen christlichen Pflichten nicht nach."

Sehr beliebt war beim Adel der Kulig. Die nächsten Nachbarn verabredeten sich und suchten mit mehreren Pferdeschlitten und zu Pferde die umliegenden Höfe auf. Der überraschte Hausherr musste die unerwarteten Gäste mit allem bewirten, was Küche und Keller boten, dann schloss er sich dem Schlittenzug an, der zum nächsten Gehöft aufbrach. Auf den einzelnen „Stationen" wurde nicht nur gegessen, es wurde auch getanzt, man liess also zufällig anwesende Musikanten aufspielen, oder aber der Kulig machte sich gleich mit einer eigenen Kapelle auf den Weg. Die in Pelze gehüllten Frauen sassen in den Schlitten, die Männer waren beritten. Der Kulig wurde von Dienstleuten zu Pferde begleitet, die nachts den Weg mit Fackeln erleuchteten. Ein nächtlicher altpolnischer Kulig bot also einen ausserordentlich bunten, allerdings auch lärmenden Anblick, denn die vom Alkohol erhitzten Männer schossen häufig „Vivat", manchmal, um Wolfsrudel zu vertreiben, öfter jedoch aus purem Übermut.

Eine grossartige Beschreibung des polnischen Kuligs gab Stefan Żeromski (1864—1925) in seinem berühmten (und auch verfilmten) Roman „Zu Schutt und Asche".

Eine besondere Faschingsküche gab es nicht. Zu den Gelagen und Bällen wurden anspruchsvollere Gerichte gereicht, selbstverständlich auch typisch polnische, wie etwa Bigos. Lediglich beim Gebäck tauchten Fastnachtspfannkuchen und Schürzkuchen auf. Wie Priester Jędrzej Kitowicz (1728—1804) in seiner „Beschreibung der Sitten und Bräuche zur Herrschaftszeit von August III." berichtete, konnten die polnischen Pfannkuchen damals schon mit den berühmten Wiener Pfannkuchen konkurrieren: „Von einem Pfannkuchen aus alten Zeiten getroffen, hätte man ein blaues Auge bekommen können; heute ist der Pfannkuchen so locker, so weich, dass, wenn man ihn in der Hand zusammendrückt und dann loslässt, er sich wieder ausdehnt und wie ein Schwamm zu seiner alten Form aufquillt, und der Wind würde ihn vom Teller blasen."

Tatsächlich wurden die polnischen Pfannkuchen, leicht, aromatisch und zart, bald ausserordentlich beliebt. Noch heute essen die Warschauer am „fetten" Donnerstag, dem letzten vor Fastnacht, mehr als zwei Millionen Pfannkuchen aus der Konditorei, nicht gerechnet jene, die nach alten Familienrezepten zu Hause gebacken werden.

In der Faschingszeit vergnügte sich nicht nur der Adel, auch die unteren Schichten in den Städten und die Dorfbevölkerung hielten Feste ab. Sie waren weniger lärmend, aber auch dort mangelte es weder an Speisen noch an Getränken. Es wurde getanzt und auch Mummenschanz getrieben. Der Fasching war natürlich vor allem für die Jugend eine Gelegenheit, sich auszutoben. So waren Faschingsstreiche an der Regel, die — wenn sie nicht über die Stränge schlugen — ungestraft blieben. In den reichen Bürgerhäusern standen die Faschingslustbarkeiten denen des Adels nicht nach, sowohl im Essen als auch im Tanz und der Musik. Allerdings verliefen sie — das sollte hervorgehoben werden — meist ohne die beim Adel üblichen Ausschweifungen. Wohl am fröhlichsten vergnügten sich die Handwerksgesellen. Zu ihren Festen waren die Töchter der Meister gebeten. Wer eine Meisterstochter eingeladen hatte, musste dafür sorgen, dass sie sich wohlfühlte, denn wenn sie nicht für jeden Tanz einen Partner hatte, musste der Jüngling Strafe zahlen. Es wurde jedoch nicht nur gegessen, getrunken und getanzt, es wurden auch Lieder mit manchmal frivolem Inhalt gesungen.

Der bereits erwähnte Priester Jędrzej Kitowicz berichtet von den Faschingsvergnügungen der für ihre lose Zunge und ihr feuriges Temperament bekannten Krakauer Hökerinnen. Dieses Comber genannte humor- und kraftvolle Fest hatte alte Traditionen. Es fand einst alljährlich am „fetten" Donnerstag auf dem Krakauer Markt statt. An diesem Tag — aber hier soll Priester Kitowicz zu Worte kommen: „...machten sich die Hökerinnen das Vergnügen, dingten Musikanten, trugen die verschiedensten Speisen und Getränke zusammen und tanzten mitten auf dem Markt, auf der Strasse, auch im grössten Schlamm; wen sie nur von den Männern zu fassen bekamen, zogen sie zum Tanz. Arme Teufel und Habenichtse liessen sich für Speise und Trank freiwillig greifen, wer jedoch von den Distinguierten, die nicht Bescheid wussten, in einem Gefährt oder zu Fuss auf den Comber traf, zog es vor, sich freizukaufen, als im Schlamm — und noch dazu mit Marktweibern — herumzuspringen." Der sympathische Comber war also eine Art demokratisches Volksfest in der Stadt, und nur die „feinen Leute" sträubten sich dagegen, mitzutun.

Auf dem Dorf dagegen fuhren die Knechte mit einem hölzernen Hahn auf dem Wagen durch den Ort und erhielten von den Mädchen und gar von seriösen Hausfrauen Käse, Butter, Speck, Wurst und Eier. Zum Schluss hielten sie mit den gesammelten Viktualien, denen sie Branntwein hinterhergossen, einen lustigen Festschmaus. Dieses Herumfahren mit dem Hahn durchs Dorf war wohl das Echo irgendeines sehr alten heidnischen Brauchs.

Die Fastnachtszeit ging zu Ende, und am Aschermittwoch begann die lange Herrschaft von Sauermehlsuppe und Hering.

Ostern

Das grösste christliche Fest,

Ostern, wurde im alten Polen zum grössten kulinarischen Fest. Liest man Beschreibungen altpolnischer Osterschmäuse, nicht nur jener, die von den Magnaten an ihren Höfen abgehalten wurden, sondern auch jener bescheideneren auf den kleinen Adelsgütern, in den Bürgerhäusern und sogar den Bauernhütten, gewinnt man den Eindruck, dass die religiöse, die „geistige" Seite dieses Festes in den Hintergrund gedrängt worden war und den ausgesprochen irdischen Freuden des Gaumens Platz gemacht hatte.

Den Auftakt zum österlichen Festmahl bildete das grosse Fasten vor dem Fest. Anfangs wurden die Fasten sehr genau eingehalten, sogar am Hofe des Königs, sie dauerten jedoch nicht besonders lange. Lediglich die arme Stadtbevölkerung und die Bauern fasteten wahrhaft katholisch, sowohl aus religiösen als auch aus materiellen Gründen. Auf den Tisch kamen Sauermehlsuppe, Grütze, Kohl und Hering (später auch Kartoffeln), alles nur mit Öl zubereitet.

Am vorbildlichsten fasteten die Bewohner von Mazury, von denen es hiess: „Ein Masure erschlägt lieber einen Menschen, als dass er die Fasten bricht." Dort wurden während der Fastentage vor Ostern nicht einmal Butter oder Milch verwendet.

An den Magnatenhöfen und in den reichen Klöstern wurde auf recht eigenartige Weise gefastet, es wurden die verschiedensten schmackhaft zubereiteten Fischgerichte gereicht, und dazu in nicht gerade fastengerechter Menge. Den Begriff Fasten konnte man also je nach den vorhandenen Mitteln recht unterschiedlich auslegen, um so mehr, als alkoholische Getränke den Fastenregeln nicht widersprachen.

Am Karfreitag veranstaltete die höfische und städtische Jugend ein „Begräbnis von Sauermehlsuppe und Hering". Ein Tontopf mit Sauermehlsuppe wurde zerschlagen, und ein Hering wurde an einem Ast aufgehängt, zur Strafe, „dass er sechs Wochen lang über das Fleisch geherrscht und die Mägen der Menschen durch seine geringe Nährkraft ausgehungert hat".

Am Ostersonnabend wurden sowohl in der Stadt als auch im Dorf Eier und Salz in die Kirche getragen, dort geweiht und auf den festlich gedeckten Tisch gelegt. Ostern war in der Küche des einfachen Volkes bedeutend einfacher als in der Küche des Adels, dafür jedoch stärker an die alten Sitten und Bräuche gebunden. Zu Relikten heidnischer Bräuche gehörten die sogenannten Pisanki, hartgekochte Eier, die von den Bäuerinnen gefärbt und kunstvoll verziert wurden. Die Sitte, Ostereier bunt zu färben, besteht noch heute. Die früheren Pisanki waren oft wahre Kunstwerke, die heutigen haben hinsichtlich des Einfallsreichtums und der Feinheit ihrer Ausführung viel eingebüsst.

Da das Ei ein uraltes Symbol des Lebens ist, nahm es auf der österlichen Festtafel einen besonderen Platz ein, denn Ostern ist zugleich ein Frühlingsfest. Besonders bevorzugt wurde rote Farbe zum Färben der Eier; nach altslawischem Glauben besassen die roten Eier magische Eigenschaften, weil sie angeblich vor allem in Herzens-, also Liebesdingen wirksam waren.

In den östlichen Gebieten des alten Polens war es Sitte, dass die Bäuerinnen dem Priester am Karfreitag Eier, meist Pisanki, brachten. Der Franzose Guillaume de Beauplan, Armeeingenieur, Architekt und hervorragender Kartograph, der sich unter Zygmunt III. Wasa und Władysław IV. (zwischen 1630 und 1648) in Polen aufhielt, beschrieb, dass ein Priester in zwei Stunden 5000 Eier geschenkt bekommen hatte. Zum Dank küsste er die gottesfürchtigen jungen Mädchen und jüngeren Frauen, den älteren Weibern dagegen reichte er die Hand zum Kuss.

An den Magnatenresidenzen und auf den Adelsgütern wurde die prächtig gedeckte Tafel vom Gemeindepfarrer oder vom Kaplan geweiht.

In der Karwoche herrschte Hochbetrieb in der Küche, aus der die herrlichsten Düfte der entstehenden Ostergerichte emporstiegen. Sie reizten den Appetit der fastenden Hausbewohner, die sehnsüchtig das Ende der Fasten und den Beginn des „österlichen kulinarischen Feldzuges" herbeisehnten. Die geweihten Viktualien wurden auf einem grossen Tisch im Speisezimmer aufgebaut. Dazu gehörten Schinken, Würste, Sülzen, Fische in Gelee, Spanferkel und der Osterkuchen, wie Mazurek — ein Mandelkuchen —, Torten, Schichtkuchen und der berühmte polnische Napfkuchen, Baba genannt. Auch Wodka, Met, Bier und Wein waren selbstverständlich dabei. Gekrönt wurde das alles von einem aus Butter oder Zucker geformten Osterlamm. Der ganze Tisch, der in allen Farben strahlte und verführerisch duftete, wurde mit Immergrün und bunten Pisanki dekoriert.

Es gab auch „Geweihtes", das bescheidener und weniger prächtig war, je nach dem Wohlstand der Familie.

So erwarteten die durch das lange, strenge Fasten ausgehungerten Gesellen in den Städten wahrhaft sehnsüchtig das verhältnismässig bescheidene Ostermahl bei ihrem Meister. Zeugnis davon legen die erhalten gebliebenen Texte von Liedern ab, die sie wohl am Palmsonntag sangen. Aus diesen Gesängen spricht weniger religiöse Stimmung als eher der gewaltige und ungeduldige jugendliche Appetit. Zwei dieser etwas dreisten, jedoch in ihrer Aufrichtigkeit rührenden Lieder seien als Beispiel angeführt:

Guten Schichtkuchen
Und gefüllte Würste —
Lass sie uns geniessen, Christe,
Lass es endlich Ostern werden.

Ich werde Deine Güte loben, Herr Jesu Christ,
Wenn man zum Frühstück Wurst und Schinken isst.

Der Osterschmaus, auch der bescheidenste, begann mit dem geweihten Ei, das — hartgekocht — unter den Anwesenden verteilt wurde. Dabei wünschte man sich ein gesegnetes Fest. Dann ging es zu Tisch. Die Zusammenstellung der Gänge erinnerte stark an unser heutiges kaltes Buffet.

Besonders erwähnenswert ist hier das typische Ostergebäck, der Mazurek und der Baba genannte Napfkuchen. Torten gibt es in der polnischen Küche erst verhältnismässig kurze Zeit, sie kamen wohl aus Italien auf Veranlassung von Königin Bona.

Napfkuchen und Mazurek sind der Stolz der altpolnischen Küche und typisch polnische Backwaren. Das Backen der österlichen Napfkuchen war ein aufregendes Ereignis und könnte als eine Art „Mysterium" bezeichnet werden. Köchin, Hausfrau und alle weiblichen Wesen des Hauses schlossen sich in der Küche ein. Männern war der Zutritt verboten. Das weisseste Weizenmehl wurde gesiebt, hunderte (!) Eigelb wurden mit Zucker verrührt, in Wodka wurde Safran gelöst (der den Kuchen nicht nur schön gelb färbte, sondern ihm auch ein würziges Aroma verlieh), es wurden Mandeln gerieben, Rosinen verlesen und in Mörsern duftende Vanille zerkleinert, es wurde Hefe angesetzt. War der Teig in der Form, wurde er mit einem Leinentuch zugedeckt, denn ein „erkälteter" Teig ging nicht und wurde klitschig. Um Zugluft zu vermeiden, wurden Fenster und Türen der Küche fest verschlossen. War der Teig genug gegangen, wurde er in den Backofen geschoben. Wenn schliesslich der Kuchen mit einer hölzernen Bäckerschaufel aus dem Innern des Backofens wieder zutage gefördert wurde, liess sich manchmal aus der Küche dramatisches Wehgeschrei und Weinen vernehmen — eine zu sehr gebräunte oder zusammengefallene „Baba" war doch kompromittierend! Der aus dem Ofen geholte Kuchen wurde vorsichtig auf Daunenkissen gelegt, damit er beim Erkalten ja nicht zerbricht. Man sprach sogar im Flüsterton, als könnte auch Lärm dem empfindlichen Kuchen schaden. War die „Baba" dann endlich abgekühlt, wurde sie hübsch und reichlich mit Zuckerguss überzogen.

Am berühmtesten und empfindlichsten waren der sogenannte Daunen- und der Musselin-Napfkuchen.

Die Herkunft des Mazurek genannten Kuchens ist noch nicht hinlänglich geklärt. Vielleicht lassen sich bei ihm Einflüsse der „süssen Küche" der Türken erkennen. Mazurek ist ein flacher Blechkuchen, meist mit mürbem Boden oder einer Oblate, bedeckt mit einer Schicht Mandel-, Nuss-, Quark-, Südfrüchte- o.a. Masse, mit üppigem Zuckerguss und hübsch mit Konfitüre und Rosinen, Mandeln, Nüssen, Datteln, Feigen u.dgl. verziert. Erfahrene Hausfrauen kannten oft -zig Mazurek-Rezepte.

Wie der Osterschmaus bei einem Magnaten aussah, soll eine Beschreibung dieses Festmahls beim Fürsten Sapieha in Dereczyna veranschaulichen. Es fand zu Zeiten Władysławs IV. statt, der 1632—1648 herrschte.

„Da standen vier gewaltige Wildschweine, denn so viele Teile hat das Jahr; jedes Wildschwein hatte in sich Schweinefleisch, auch Schinken, Würste, Spanferkel. Der Küchenmeister hat seine Kunst im Braten dieser ganzen Eber auf das wunderbarste gezeigt. Dort standen ebenfalls zwölf Hirsche, auch ganz gebraten, mit goldschimmerndem Geweih, zum Bewundern, gefüllt waren sie mit dem verschiedensten Wild, d.h. Hasen, Birkhähnen, Trappen, Schneehühnern. Diese Hirsche stellten die zwölf Monate dar. Rundherum waren ellenlange Kuchen aufgestellt, so viele wie Wochen im Jahr, das heisst zweiundfünfzig, ganze wunderbare Blechkuchen, Mazurek, samogitische Piroggen, und alle mit Rosinen, Nüssen, Mandeln besetzt. Ausserdem gab es 365 Napfkuchen, das ist soviel, wie Tage im Jahr. Jeder war mit Aufschriften und Schnörkeln verziert, so dass manch einer nur las und nicht ass. Was aber das Trinken anbetraf: Es gab vier Krüge, exemplum die vier Jahreszeiten, gefüllt mit Wein noch von König Stefan her. Tandem 12 silberne Kannen mit Wein von König Zygmunt, diese Kannen exemplum die 12 Monate. Tandem 52 ebenfalls silberne Fässchen in gratiam 52 Wochen, und in ihnen war zypriotischer, spanischer und italienischer Wein. Weiter dann 365 grosse bauchige Flaschen mit Ungarwein, d.h. ebenso viele Flaschen wie Tage im Jahr. Für das Hofgesinde aber 8700 Quart Met, das ist soviel wie Stunden im Jahr."

Es wurden viele derartige Festempfänge bei den Magnaten beschrieben, und der obige gehörte durchaus nicht zu den grossartigsten.

Diese herrschaftliche Übermässigkeit der Magnaten ruinierte sowohl grosse Vermögen als auch die Gesundheit. Darum ist es nicht verwunderlich, wenn bereits die Vernünftigeren unter den Vorfahren die altpolnische Magnatenküche als „Gefahr für die Adelssubstanz" bezeichneten.

Der hervorragende Schriftsteller Mikołaj Rej (1505—1569) verurteilte den auf äusseren Effekt bedachten kulinarischen Luxus. Er lebte zu Zeiten von König Zygmunt August, der Wohlstand und Üppigkeit liebte.

Die Mutter des Monarchen, die Frau Zygmunts des Alten und italienische Prinzessin Bona Sforza d'Aragona, hatte am königlichen Hof italienische Sitten eingeführt. Kraków war voller Italiener, die die verschiedensten, stets einträglichen Stellungen innehatten. Dieses Zusammentreffen zweier hochentwickelter Kulturen war in vielen Fällen von Vorteil, besonders im Bereich von Kunst, Architektur, Literatur und Musik. Auch in der polnischen Küche machten sich — allerdings auf grossen Widerstand stossende — italienische Einflüsse bemerkbar. Die Italiener waren über die Mengen Fleisch erstaunt, die die Polen Tag für Tag verzehrten. Die Polen ihrerseits verspotteten die Vorliebe der Italiener für Gemüse, die sie übertrieben fanden. So stellte der 1565 in Polen weilende päpstliche Nuntius Ruggieri fest, dass „ein Pole Fleisch für fünf Italiener isst". Die Polen antworteten darauf: „Ein Italiener ernährt sich von Salat, ein Pole magert dabei ab."* Diese tatsächlich übertriebene und der Gesundheit durchaus nicht zuträgliche Vorliebe für Fleischgerichte ist den Polen bis heute geblieben. Ein Beispiel ist immer wieder die Ostertafel mit dem geweihten Osterschmaus, sowohl früher als auch jetzt.

Es soll aber wieder Mikołaj Rej zu Worte kommen. In seinem Werk „Das Leben eines rechtschaffenen Menschen", das in saftigem und deutlichem Altpolnisch geschrieben ist, lobt er einfache Dorfgerichte, er schreibt von ihnen fast liebevoll und führt bei Gelegenheit etliche ausgezeichnete Rezepte an. Dagegen verurteilt er zu ausgesuchte Gerichte und nimmt dabei durchaus kein Blatt vor den Mund. Hier einige Zitate:

* Angeblich kehrte ein Adliger, der im Frühjahr nach Italien gefahren war, schon im Frühherbst nach Polen zurück, weil er befürchtete, dass man ihm — da er im Sommer so viel Salat hatte essen müssen — im Winter Heu vorsetzen werde.

„Sieh dir nur jene eigenartigen Schüsseln und jene unzüchtigen Einfälle der heutigen Welt an... Auf einer Schüssel ein goldschimmernder Hammel, auf der zweiten ein Löwe, auf der dritten eine kaum bekleidete Frau... und das Gericht in der Mitte für die Katz; es ist ranzig und schleimig, weit besser, es wäre aus dem Topf warm auf die Platte gekommen... So ist das aber mit diesen eigenartigen Einfällen, einmal unziemliche Verschwendung, und dann Fresssucht, und dann die verschiedensten Schwären und schädliche und zahlreiche Unpässlichkeiten."

Wir müssen dem klugen Herrn Rej recht geben, angeblich aber hat er, trotzdem er so klug schrieb, nicht zu jenen gehört, die sich der Tugend des Masshaltens im Essen und Trinken rühmen konnten. Auch heute noch kommt, und nicht nur dann, wenn der traditionelle Osterschmaus vorbereitet wird, selten die Stimme der Vernunft zu Worte.

Die Erzählung vom altpolnischen Ostern soll ergänzt werden durch einige Rezepte, die sowohl dem Appetit als auch den finanziellen Möglichkeiten der Feinschmecker von heute angepasst sind, jedoch ihren altpolnischen Charakter dadurch nicht eingebüsst haben. Sowohl polnische Schinken als auch Wurst — sie geniessen übrigens verdientermassen Weltruhm — werden selbstverständlich gekauft. Den Osterkuchen bäckt man allerdings selbst nach alten Rezepten aus dem Notizbüchlein unserer Grossmütter und Urgrossmütter, das von Generation zu Generation weitergegeben wurde. Die „Osterbaba" soll den Anfang machen.

Musselin-Napfkuchen

24 Eigelb in ein Emaillegefäss schlagen und 300 g Zucker zugeben. Das Gefäss mit den Eigelb in ein grösseres Gefäss mit heissem Wasser stellen, dann das Eigelb mit dem Zucker so lange schlagen, bis es zu einer weissen, festen Masse wird. Dann kommt die Hefe dazu (60 g Hefe in 1/2 Glas lauwarmer Milch auflösen, einen Löffel Mehl und einen Teelöffel Zucker zugeben, umrühren und warten, bis die Masse zu gehen beginnt. Dann zu den geschlagenen Eigelb geben). Zusammen mit einem Löffel zu Staub zermahlener Vanille und 250 g gesiebtem und leicht erwärmtem Weizenmehl den Teig 30 Minuten lang rühren, danach 100 g zerlassene lauwarme Butter dazugiessen und weitere 30 Minuten rühren. Ist der Teig (an einem warmen Ort) auf das Doppelte gegangen, in die mit Butter ausgestrichene, leicht angewärmte Form füllen. Und erst wenn der Teig so weit gegangen ist, dass er die Form bis

zum Rand ausfüllt, kann er vorsichtig, um Erschütterungen zu vermeiden, in die vorgeheizte Backröhre geschoben werden.

Die Backzeit beträgt bei mittlerer Hitze 60—70 Minuten. Zwar ist dies Rezept sowohl kostspielig als auch zeitraubend, dafür ist der Musselin-Napfkuchen, wenn er gelingt, ein erstklassiges Gebäck.

Daunen-Napfkuchen

Erheblich billiger, weniger arbeitsaufwendig und doch ein vorzügliches Gebäck.

250 g Weizenmehl mit kochender Milch überbrühen und gründlich verrühren, bis alle Klümpchen verschwinden, dann zudecken und abkühlen lassen. Danach 70 g Hefe zugeben, mit dem Mehl verrühren und den Teig wiederum zudecken, damit er gehen kann.

10 Eigelb mit dem Schneebesen zusammen mit 150 g Puderzucker zu einer lockeren Masse verschlagen. Die geschlagenen Eigelb mit weiteren 250 g Mehl zu dem Teig geben

und alles gründlich durcharbeiten, bis der Teig sich von Backschale und Händen löst. Dann 150 g zerlassene Butter und ein kleines Glas Rum sowie eine Prise Salz hinzufügen. Wieder den Teig mit den Händen gründlich durchkneten. Zum Schluss noch 200 g Rosinen zusetzen.

Den Teig in eine mit Butter ausgestrichene Form füllen und zudecken. Ist er so lange gegangen, bis er fast die ganze Form ausfüllt, in der gut erhitzten Backröhre 50—55 Minuten lang backen lassen.

Der heisse Napfkuchen kann nach dem Backen reichlich mit Puderzucker überstäubt oder, ist er abgekühlt, mit weissem Zuckerguss glasiert werden.

Safran-Napfkuchen

Ein vorzüglicher Kuchen mit typisch polnischer Note, bedeutend besser als die gewöhnlichen Zuckerbäckerwaren. Sorgfältig zubereitet und gut gebacken, ist er die Krönung des Ostertisches „im polnischen Stil".

250 g Mehl, 1/2 l lauwarme Milch und

80 g Hefe gut verrühren und eine Stunde an einem warmen Ort und mit einem Tuch bedeckt zum Gehen abstellen. Dann kommen hinzu: 150 g Zucker, 8 Eigelb und 4 Eiweiss (alles mit dem Schneebesen schlagen), die Schale einer kleinen Zitrone, die 3 Stunden lang in einem Glas Spiritus eingeweicht war, und eine Prise Safran (durch ein Sieb geben!). Alles zusammen gründlich mit dem vorbereiteten Teig vermischen, dann weitere 750 g Mehl und einen knappen Teelöffel Salz zugeben und den Teig 30 Minuten lang mit den Händen kneten. Dem durchgekneteten Teig 140 g zerlassene lauwarme Butter, 100 g Rosinen und 30 g feingeschnittene, kandierte Apfelsinenschale zusetzen. Und wiederum muss der Teig mit den Händen geknetet werden, so lange, bis er sich von Händen und Backschale löst. Nun in die mit Butter ausgestrichene Form füllen. Füllt der Teig nach einiger Zeit die Form ganz aus, in die gut erhitzte Backröhre schieben. Die Backzeit beträgt etwas über 60 Minu-

ten. Bleibt an dem Holzstab, den man in den Kuchen steckt, kein Teig mehr kleben, ist die „Baba" fertig. Sie kann, solange sie heiss ist, mit Puderzucker überstäubt oder aber, abgekühlt, mit Zuckerglasur überzogen werden.

Mazurek wird auf dem Backblech gebakken. Er soll rechteckig und so gross wie ein Blatt Schreibmaschinenpapier sein. In der Tortenform wird Mazurek nur gebacken, wenn man auf Torten verzichten will, weil die in ihrem Charakter so grundverschiedenen Gebäckarten sonst durch ihre Form einander unnötig ähnlich werden. Mazurek soll nicht dick sein, darum wird der Teig auf dem Blech nur fingerdick ausgestrichen.

Nussschaum-Mazurek

In einem Gefäss 3 Eigelb mit 250 g Puderzucker unter allmählicher Zugabe von 120 g Butter schaumig rühren. Zu dieser Masse 120 g Weizenmehl und 250 g geriebene Walnüsse geben und alles zu einem glatten Teig verarbeiten.

Das Backblech mit Oblaten auslegen (wenn möglich, in der Grösse eines Blattes Schreibmaschinenpapier), auf diesen Oblaten den Teig gleichmässig verteilen und wenn nötig mit dem Messer glätten.

3 Eiweiss unter Zugabe von 80 g Puderzucker zu steifem Schaum schlagen und den Teig gleichmässig damit bedecken. Am Rand des Backblechs Walnusshälften in nicht zu grossen Abständen darauflegen.

Diesen Mazurek in der nicht zu heissen Backröhre backen, da er nicht zu braun werden darf. Gebacken werden sollte er zwei Tage vor dem Fest, damit er schön mürbe wird.

Altpolnischer „Königsmazurek"

350 g Sahnebutter rühren. Dazu kommen 120 g Puderzucker, 120 g geschälte und feingehackte (nicht gemahlene!) Mandeln, etwas Zitronenschale, 370 g Weizenmehl, 4 gekochte, durch ein Sieb gestrichene Eigelb, 1 rohes Eigelb und eine Prise Salz.

Aus den angegebenen Zutaten auf dem Backbrett einen glatten Teig kneten, der an einem kühlen Ort mindestens eine Stunde ruhen soll.

2/3 des Teiges fingerdick ausrollen und auf das mit Butter bestrichene und leicht mit Mehl bestäubte Backblech legen, aus dem restlichen Teig bleistiftdünne Rollen formen und als gleichmässiges Gitter auf den Teig legen. Den ganzen Mazurek mit Hilfe einer Feder oder eines weichen Plattpinsels mit rohem Eigelb bestreichen und in der gut erhitzten Backröhre goldgelb backen.

Ist der Mazurek völlig abgekühlt, in die Gitterzwischenräume dick eingekochte Konfitüre (Kirschen, kleine Erdbeeren) geben.

Das Ganze kann mit Zuckerguss aus 100 g Puderzucker, einem Löffel heissem Wasser und einem Löffel Zitronensaft glasiert werden.

Dattel-Mazurek

Aus 6—7 Eiweiss unter löffelweiser Zugabe von 500 g Puderzucker steifen Eischnee schlagen. Der Eischnee muss so steif und glänzend sein, dass man ihn mit dem Messer schneiden kann. Diesen Schaum 30 Minuten lang rühren (mit der Küchenmaschine auf Höchsttouren 10 Minuten), danach — ohne weiterzurühren — 250 g in feine Streifen geschnittene Datteln, 250 g geschälte, feingehackte Mandeln und 250 g geriebene bittere Schokolade dazugeben. Sind diese Zutaten untergehoben, die Masse vorsichtig fingerdick auf Oblaten auftragen und in der mässig heissen Backröhre backen. Der Mazurek muss mehr trocknen als backen. Nach dem völligen Erkalten die Ränder mit einem scharfen Messer beschneiden und den Mazurek mit einer Glasur aus Zucker, Wasser und Ananasaroma oder aus mit Apfelsinenlikör (oder Apfelsinengeist) verrührtem Zucker überziehen.

Aus den angegebenen Zutaten erhält man zwei Portionen Mazurek, die gewiss sehr schnell vom Ostertisch verschwinden.

Mandel-Mazurek aus Eiweiss

Beim Backen von Festtagskuchen bleibt oft Eiweiss zurück, mit dem man nichts Rechtes anzufangen weiss. Dieses Eiweiss kann zu einem vorzüglichen Mazurek verwendet werden.

10—11 Eiweiss zusammen mit 250 g Puderzucker zu einer sehr steifen Masse schlagen. Zu diesem Eischnee vorsichtig 250 g gemahlene Nüsse (oder ungeschälte Mandeln) geben, man kann auch eine Mischung aus gemahlenen Mandeln, Walnüssen und Haselnüssen sowie 2 Löffeln durch ein Sieb geriebenem Biskuitgebäck und einer sehr fein gestossenen Stange Vanille verwenden. Die Masse auf ein mit Butter bestrichenes und leicht mit Mehl bestäubtes Blech geben und in der nicht zu heissen Backröhre 35—40 Minuten backen. Diese Zutatenmenge ergibt zwei vorzügliche Mazurek-Kuchen, und das übriggebliebene Eiweiss ist verwertet worden.

Den völlig erkalteten Mazurek kann man mit Kaffeeguss überziehen und ihn mit leicht gerösteten Mandeln oder mit einem bunten, volkstümlich verzierten Ei dekorieren.

Vervollständigt wird der Ostertisch durch eine oder mehrere Torten. Im Tortenbacken kann es die polnische Küche mit der österreichischen aufnehmen, von der sie viele ausgezeichnete Rezepte übernommen und mit den echt polnischen verschmolzen hat. Besonders beliebt sind Torten in denjenigen Gebieten Polens, die nach der Aufteilung des Landes 1772, 1793 und 1795 zwischen Preussen, Russland und Österreich (letzteres beteiligte sich nur an der ersten und der zweiten Teilung) Österreich zugefallen waren. Es waren Jahre der höchsten politischen Macht dieses

Landes und einer herrlichen Blüte der österreichischen Küche, die viele Anregungen aus den Küchen der eroberten Länder schöpfte.

Krakauer mürbe Torte

Eine vorzügliche „trockene" Torte, die um so besser ist, je länger sie steht. Sie kann also 3—4 Tage vor dem Fest gebacken werden, damit sie Zeit zum „Reifen" hat und fast so zerbrechlich wird wie das Glück. Auch ist es ein grosser Vorzug dieser Torte, dass sie nicht mit kalorienreicher und „schwerer" Buttercreme gefüllt ist.

Aus 250 g Butter, 250 g Mehl, 120 g geschälten und gemahlenen Mandeln, 4 hartgekochten Eigelb, 120 g Puderzucker und 1/2 Stange zu Pulver zerstossener und gesiebter Vanille schnell einen Mürbeteig kneten, aus dem in der Tortenform 4—5 Tortenböden gebacken werden. Sie dürfen nicht zu scharf gebacken werden, sondern sollen leicht goldgelb sein.

Zubereitung der Cremefüllung: Aus 4 Eiweiss und 100 g Puderzucker einen steifen

Eischnee schlagen. Dazu 200 g durch ein Sieb gestrichene Aprikosenmarmelade geben, die erstklassig sein muss. Danach die Masse so lange rühren, bis eine lockere Creme entsteht. Damit die Tortenböden dünn bestreichen und aufeinanderlegen. Die ganze Crememasse kann als Füllung verwendet und die Torte zum Schluss mit einer Glasur aus 200 g Puderzucker, 120 g durch ein Sieb gestrichener Aprikosenmarmelade und 1 Löffel Zitronensaft überzogen werden. Bevor der Zuckerguss hart wird, kann die Torte mit Rosetten aus geschälten Mandelhälften verziert werden.

Polnische Schokoladentorte

12 Eigelb zu einer lockeren Masse verrühren, 200 g Zucker hinzugeben und unter weiterem Rühren 250 g Schokoladenpulver (keinen Kakao!) und 250 g ungeschälte, gemahlene Mandeln zufügen und zum Schluss den steifen Schnee aus 12 Eiweiss vorsichtig unterheben. Die Masse in eine mit Butter ausgestrichene und leicht mit Mehl ausgestäubte Tortenform geben. Backzeit 1 Stunde. Am folgenden Tag die Torte quer in zwei gleich dicke Teile schneiden und mit folgender Mandelmasse bestreichen: Aus 250 g Zucker und einem Glas Wasser wird ein dickflüssiger Sirup gekocht. Zum kochenden Sirup 250 g geschälte, gemahlene Mandeln schütten und einmal kurz aufkochen lassen. Die Masse in eine Schüssel giessen und mit einer Holzkeule so lange rühren, bis sie weisslich wird. Während des Rührens 3 Löffel Zitronensaft und 1/2 feingeriebene und gesiebte Stange Vanille hinzugeben. Die noch warme Masse auf den Tortenboden streichen.

Die Torte mit Schokoladenguss aus 150 g bitterer geriebener und erhitzter Schokolade, 40 g Butter, 100 g Zucker und 1/2 Glass süsser Sahne glasieren. Der Guss darf nicht kochen, unter ständigem Rühren stark erhitzen.

Ungefüllte Nuss-Mandel-Torte (ohne Mehl)

Eine der originellsten Torten, die in der polnischen Küche bekannt sind. Ihr Vorteil besteht darin, dass sie mit keinerlei Masse gefüllt ist, denn nur dadurch kann sich das Aroma der Nüsse und Mandeln voll entfalten und zu einer geradezu vollendeten Harmonie vereinen.

Die Torte besteht aus zwei farblich und geschmacklich unterschiedlichen Schichten, die aufeinandergelegt und zusammen gebakken werden. Zuerst wird die Nussmasse zubereitet.

10 Eigelb mit 250 g Puderzucker zu einer lockeren Creme verarbeiten, der während des Rührens ein gehäufter Löffel gesiebter,

mit etwas Milch verrührter Kakao zugefügt wird. Anschliessend 250 g gemahlene Walnüsse und eine zu Pulver zerriebene Stange Vanille zu der Masse geben. Diese Masse in eine grosse, mit Butter ausgefettete und mit Kartoffelmehl ausgestäubte Tortenform füllen.

Nun kommt die zweite, die Mandelmasse an die Reihe.

Aus 10 Eiweiss unter allmählicher Zugabe von 250 g gesiebtem Puderzucker einen steifen Schnee schlagen. Dazu den Saft einer halben Zitrone und eine zu Pulver zerriebene Stange Vanille, 3 Löffel zerstossenes und durch ein grossmaschiges Sieb gesiebtes Biskuitgebäck und schliesslich 250 g geschälte, gemahlene Mandeln geben. Die Zutaten vorsichtig vermengen, und die Mandelmasse auf die Nussmasse auftragen. In der Mitte muss sie gehäuft sein, da die Torte während des Backens etwas einsinkt.

Die Backzeit in der mittelmässig erhitzten Backröhre beträgt 50—55 Minuten.

Am folgenden Tag Ober- und Seitenfläche

der Torte mit einer nicht zu dünnen Schicht warmer Apfelsinenmarmelade bestreichen, und wenn diese fest geworden ist, mit Schokoladenguss glasieren. Nach Ansicht der Verfasser wäre hier allerdings Kaffeeglasur geeigneter.

Das Osterfrühstück mit seinen geweihten Speisen begann entweder ziemlich früh oder um Mittag oder noch etwas später. In manchen Häusern machten sich die ungeduldigeren Herren schon am Ostersonnabend unmittelbar nach den Resurrektionsfeierlichkeiten, die das Ende der Fasten bedeuteten, an den Festtisch. Meist aber war das nur ein Vorspiel zu dem ostersonntäglichen „kulinarischen Feldzug".

Der Osterschmaus bestand ausschliesslich aus kalten Speisen, deren geschmackliche Skala unwahrscheinlich breit war. Als warmes Gericht wurde lediglich aus eingesäuertem Roterübensaft zubereiteter Barschtsch gereicht, der sich vom Weihnachtsbarschtsch dadurch unterschied, dass er mit Fleischbrühe, oft mit einem Sud aus gekochtem Schinken zubereitet wurde. Anstelle der „Öhrchen" kamen in Viertel geteilte hartgekochte Eier oder Wurstscheiben in den Barschtsch. Es ist aber wohl aus Gründen der Bekömmlichkeit und angesichts der Üppigkeit und Schwere der Gerichte angezeigt, entgegen der Tradition den weihnachtlichen Fastenbarschtsch auf den Tisch zu bringen. Zum Abschluss des Essens wurde heisser Bigos serviert. Diesem berühmten altpolnischen Gericht soll in Kürze etwas mehr Aufmerksamkeit gewidmet werden.

Einige Ostergerichte waren früher an einen — allerdings nicht sehr ernst genommenen — Aberglauben gebunden. So erfährt man von Mikołaj Rej, dass zum Beispiel Wurst vor Schlangenbiss „schützte", Meerrettich vor Flöhen und gebratenes Haselhuhn vor — Gefängnis.

Denjenigen, die appetitlich „fasten" mögen, sei zum Mittagessen am Heiligabend und am Karfreitag ein Menü aus zwei traditionellen altpolnischen Fastengerichten empfohlen: Żur (Sauermehlsuppe) und Hering auf polnische Art.

Sauermehlsuppe (Żur)

Eine leicht säuerliche, erfrischende Suppe, die aus sogenànntem weissem Barschtsch, d.h. einem gesäuerten Roggenmehlaufguss, zubereitet wird. Da dieser sich bis zu zwei Wochen in luftdicht verschlossenen Flaschen hält, kann er entsprechend früher angesetzt werden.

2 Gläser Roggenmehl mit kochendem Wasser überbrühen, bis ein dünnflüssiger Teig entsteht. Ist er abgekühlt, ein Liter lauwarmes Wasser zugiessen und ein Stück Schwarzbrotrinde zugeben. Alles zusammen in ein Glas giessen, mit Gaze bedecken und an einen warmen Ort stellen. Nach drei Tagen kann der „weisse Barschtsch" verwendet werden.

Fasten-Sauermehlsuppe

1 Liter Gemüsebrühe (ohne Kohl) mit getrockneten Pilzen kochen und 1/2 Liter „weissen Barschtsch" ungesiebt zugiessen, denn die Suppe soll leicht sämig sein.

Sollte die Suppe zu wenig sauer sein, noch „weissen Barschtsch" zugeben. Der kochenden Suppe eine zerdrückte Knoblauchzehe und 4 in Würfel geschnittene Kartoffeln zusetzen. Sind die Kartoffeln gar, mit Salz abschmecken. Die Kartoffeln können auch gesondert, mit in Öl gebratener Zwiebel übergossen, serviert werden.

Sauermehlsuppe mit Wurst

Sie wird ähnlich wie die Fastensuppe zubereitet, allerdings mit Wurst gekocht, die vor dem Anrichten herausgenommen, in dünne Scheiben geschnitten und wieder zugegeben wird. Es können auch 50 g magerer Schinkenspeck in feine Würfel geschnitten, angebraten und dann in die Suppe gegeben werden. Wird die Suppe mit Wurst gekocht, braucht man keinen Knoblauch dazu zu verwenden, mit Knoblauch ist die Suppe allerdings viel pikanter. Die in Würfel geschnittenen Kartoffeln können entweder in der Suppe mitgekocht oder aber getrennt mit gebratenem Speck und Grieben (selbstverständlich auch mit gebratenen Zwiebeln, wenn man will) gereicht werden.

Hering auf polnische Art

4 schöne Heringe mit Milch werden 24 Stunden lang in kaltem Wasser gewässert und das Wasser mehrfach gewechselt. Die gewässerten Heringe vorsichtig enthäuten, die Milch herausnehmen und beiseite legen, Kopf und Schwanz entfernen, den Fisch in Filets teilen und die Gräten herauslösen.

Die Filets abwechselnd mit dünnen Zwiebelscheiben (2 Zwiebeln), 10 Pfeffer- und 6 Pimentkörnern, einem in kleine Stückchen zerteilten Lorbeerblatt und 5 Zitronenscheiben (ohne Schale und Kerne) in ein Glasgefäss legen. 1/4 l süsse Sahne mit dem Saft von 3 grossen Zitronen und der durch ein Drahtsieb gestrichenen Heringsmilch verrühren. Diese Sauce nicht salzen, im Gegenteil, 1/2 Teelöffel Puderzucker hinzufügen. Damit die Filets im Glasgefäss übergiessen (leicht schütteln, damit die Sauce den Fisch gleichmässig umgibt). Das Gefäss mit Pergamentpapier bedecken und an einen kühlen Ort stellen. Nach 24 Stunden ist der Hering gut und kann als ein vorzügliches Fastenmittagessen verzehrt werden.

Zum Hering auf polnische Art reicht man überbackene Kartoffeln. Die gepellten Kartoffeln leicht mit Öl einreiben, mit Salz und Kümmel bestreuen und dann in der Backröhre überbacken.

In der alten polnischen Küche gehörte Bigos, der in Holzfässchen oder grossen Steinguttöpfen aufbewahrt wurde, zum unerläßslichen Bestandteil einer gut versorgten Speisekammer. Mehrmals aufgewärmt, gewann er nur an Geschmack und Aroma. So konnte man also unerwartete Gäste mit Bigos bewirten, man genoss ihn auf der Jagd, wo er im Kessel über dem Lagerfeuer erwärmt wurde, ein Fässchen Bigos nahm man auf längere Reisen mit, denn er gehörte zum geradezu klassischen altpolnischen Reiseproviant, er wurde zu Fasching, zu Ostern und bei anderen Gelegenheiten aufgetragen. Den wohlschmeckendsten Bigos gab es zu Weihnachten und zu Ostern, denn zu diesen Festen hatte man alle möglichen Fleischarten. Wildfleisch und Wurst gab es zur Genüge, und eben sie bilden den wesentlichsten „Gehalt" des Bigos.

In der altpolnischen Literatur ist viel Rühmliches über dieses Gericht zu finden. Das schönste literarische Denkmal des Bigos ist jedoch das Loblied von Adam Mickiewicz im Meisterwerk der polnischen Literatur, dem „Pan Tadeusz".

In den Kesseln wärmte man Bigos; schwer zu beschreiben
Ist das Wunder des Bigos, wie köstlich sein Duft, seine Farbe,
Denn der Magen des Städters hört nur das Rasseln der Worte
Und die Ordnung der Reime; er weiss nicht, was sie bedeuten.
Um die Lieder Litauens und auch seine Speisen zu schätzen,
Muss man gesund, auf dem Lande leben und von der Treibjagd grad heimkehren.
Aber auch ohne all dieses ist eine köstliche Speise
Bigos, weil er aus guten Gemüsen kunstvoll gekocht ist.
Dazu braucht man vor allem Sauerkraut, sorgsam gehacktes,
Das nach dem Sprichwort wie von selber zergeht auf der Zunge;
Fest verschlossen im Kessel, bedeckt wie ein Schoss voller Säfte
Beste gewürfelte Stückchen auserlesenen Fleisches,
Brotzelt es, bis das Feuer die wertvollen Säfte herausholt,
Bis an dem Rand des Gefässes der saftige Sud schon herausspritzt
Und die Luft ringsherum von köstlichem Duft ganz erfüllt ist.
Schon ist der Bigos fertig.

(Nachdichtung von Hermann Buddensieg)

Bigos

Bigos ist nicht nur eine komplizierte, sondern auch äusserst variable Komposition. In jeder altpolnischen Küche wurde er übrigens anders zubereitet, jedes Haus hatte darin seine Tradition. So gab es Jägerbigos, litauischen Bigos, Gaunerbigos und andere, die aus Sauerkraut, aus Sauerkraut und frischem Weisskohl oder ausschliesslich aus frischem Weisskohl zubereitet wurden.

Auf 1 kg Fleisch und Wurst (dominieren sollten dabei Wurst oder Schinken) nimmt man 1 1/2 kg Sauerkraut oder Weisskohl. Man kann auch beides halb und halb verwenden. Manche nehmen allerdings auf 1 kg Kohl 1,5 kg Fleisch und Wurst, und bisher hat man noch nicht gehört, dass diese grosszügig altpolnisch abgewogenen Proportionen keinen Anklang gefunden hätten, um so mehr, als sie heute leider nur noch selten eingehalten werden.

Das Fleischgemisch soll aus in Würfel geschnittenem Schweinebraten, Rinderbraten, mit Gemüse gekochtem Kamm, einem Stück gebratener Ente und in Scheiben geschnittener Wurst (besser verschiedener Wurstsorten, wenn möglich, auch in Würfel geschnittener magerer gekochter Schinken) bestehen.

Gebratenes Wildfleisch hebt den Geschmack des Bigos beträchtlich, aber auch ohne Wildfleisch ist er vorzüglich. Zum Bigos werden auch Bratensaucen von dem vorher genannten Fleisch verwendet.

Das Sauerkraut darf nicht zu fein gehackt werden, der Weisskohl wird fein geschnitten und vor dem Kochen unbedingt blanchiert. Beides auf kleiner Flamme in wenig Wasser kochen (oder besser noch im Kochwasser von Würsten). Wird ausschliesslich Weisskohl verwendet, kurz vor Ende der Kochzeit 3/4 kg saure, geschälte und geschnittene Äpfel dazugeben. Wird Sauerkraut genommen, nur 4 grosse saure Äpfel untermengen.

Mindestens 50 g getrocknete Pilze gesondert kochen, in dünne Streifen schneiden und mit dem Kochwasser zum Kohl mit dem Fleisch gegeben.

Nun 2 grosse, feingehackte Zwiebeln in Schmalz oder Butter leicht bräunen und unter den Bigos mischen. Wer den Bigos fetter mag, kann die Zwiebeln in 50—100 g Schmalz braten. Weiter gehören in den leise schmorenden Bigos 20 getrocknete, in Streifen geschnittene Pflaumen (ohne Stein). Anstelle der Pflaumen kann man auch 1—2 Löffel gutes Pflaumenmus nehmen.

Zum Schluss den Bigos mit Salz, Pfeffer und eventuell etwas Zucker abschmecken. Er muss pikant sein. Es werden noch 1/2 bis 2/3 Glas Rotwein oder Madeira zugegossen.

Nachdem alle Zutaten im Bigos enthalten sind, auf kleiner Flamme noch 40 Minuten kochen (Vorsicht: oft umrühren, weil Bigos leicht anbrennt!). Am folgenden Tag den Bigos aufwärmen. Am besten schmeckt er nach dem dritten Aufwärmen.

Nun aber eine Streitfrage. Manchmal wird Bigos mit leicht gebräunter Mehlschwitze gebunden, so dass er sämiger wird.

Die Verfasser sind allerdings der Ansicht, dass man bei einem gut geschmorten Bigos ohne Mehlschwitze auskommt.

Man kann Bigos auch mit einem Löffel Tomatenmark würzen. In der altpolnischen Küche wurde es nicht verwendet, weil es noch kein Tomatenmark gab, es ist jedoch sehr zu empfehlen.

Bigos wird in einem Emailletopf gekocht, niemals in einem Aluminiumgefäss. Er wird sehr heiss gereicht, dazu gibt es Schwarz- oder Weissbrot und — zur Förderung der Verdauung — ein Glas gekühlten Wodka (Wyborowa, Żytnia oder Żubrówka).

Die Kunst der Zubereitung von altpolnischem Bigos erlernt man durch Übung. Sie erfordert Konzentration und häufiges Kosten, ob die Zutaten miteinander harmonieren. Besonders gefährlich sind Eile und Zerstreutheit. Von solch einem misslungenen Bigos berichtete Wacław Potocki in einem überaus bissigen Scherzgedicht.

Das Fräulein will in der Küche schnell Bigos machen,
Geht mit dem Topf zum Schrank, um Essig zu holen,
wo zwischen Flaschen Tinte steht...
Es giesst sie hinein und gibt mir Bigos neuer Art,
Ich koste: Ein Hund würde ihn nicht fressen; und denke bei mir:
So wahr ich hier stehe, habe ich Bigos noch nicht in Trauer gesehen.
Den Irrtum bemerkend, weise ich auf den Koch,
Soll mir der Lump aus dem Hintern kein Tintenfass machen.

Gebratenes Spanferkel mit Füllung

Diese herrliche Schöpfung zierte in früheren Zeiten die meisten polnischen Ostertafeln, gehört heute dagegen zu den sehr kostspieligen und immer selteneren echt altpolnischen Spezialitäten. Ist das Ostermahl besonders festlich, ist es zum Beispiel zugleich ein Hochzeitsmahl, sollte man sich vielleicht überlegen, ob man nicht doch ein gebratenes Spanferkel auf den Tisch bringt. Wie dem auch sei, die Lektüre alleine ist schon ein Vergnügen, wenn auch etwas... wehmütig.

Am wohlschmeckendsten sind 5—6 Wochen alte Ferkel. Nach dem Schlachten das Ferkel mit kochendem Wasser überbrühen und gründlich mit einem scharfen Messer „rasieren". Um sicher zu gehen, dass auch alle Borsten entfernt sind, kann das Ferkel noch über der Spiritusflamme abgesengt werden (besonders die Ohren). Nach dem Rasieren für eine Stunde in sehr kaltes Wasser legen und erst dann ausnehmen und Lunge, Leber und Herz beiseite legen. Anschliessend mit kaltem Wasser auswaschen, mit einem sauberen Leinentuch austrocknen und eine Stunde vor dem Braten salzen. Nach Ablauf dieser Zeit mit der gewünschten Farce füllen, mit dem Rücken nach oben, die Pfoten unter den Bauch gelegt, in einen grossen Bratentopf legen und in der gut erhitzten Backröhre braten. Während des Bratens das Ferkel häufig mit Hilfe einer Feder abwechselnd mit Bier und zerlassener Butter bestreichen. Dadurch wird es schön gleichmässig orangebraun und seine Haut appetitlich knusprig.

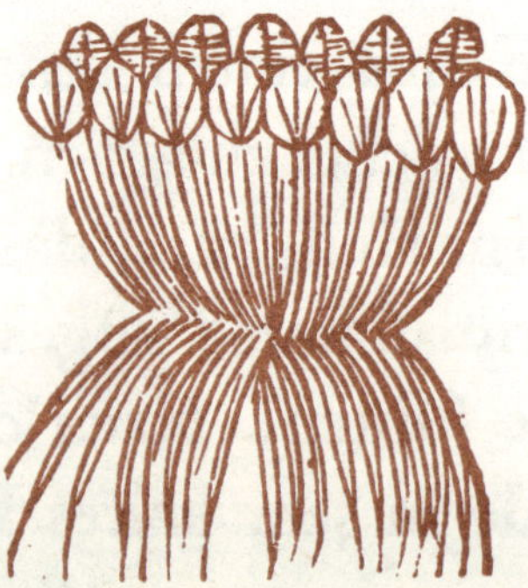

Füllung Nr. 1

Leber, Lunge und Herz des Spanferkels zusammen mit 500 g Kalbfleisch in Butter und feingehackter Zwiebel sowie Suppengrün (Petersilie, Sellerie und 1 Möhre) dünsten. Die Leber herausnehmen, sobald sie gar ist. Innereien und Kalbfleisch durch den Fleischwolf drehen. 300 g frischen Speck kochen und nach dem Erkalten in kleine Würfel schneiden. 2 Brötchen (die Rinde abreiben) in Milch einweichen und gut ausdrücken. Das zerkleinerte Fleisch, den Speck und die Brötchen gründlich verarbeiten und 2 rohe Eier sowie Bratensauce vom Fleisch zugeben. Mit Salz und geriebener Muskatnuss sowie frisch gemahlenem Pfeffer abschmecken.

Füllung Nr. 2

Eine typisch altpolnische Grützfüllung. 1/2 Litermass nicht zu feine Krakauer Grütze mit einem rohen Ei verrühren. Es kann auch „gebrannte" Buchweizengrütze verwendet werden, zu der kein Ei erforderlich ist. Die Grütze mit 3/4 l kochendem Salzwasser übergiessen und aufkochen lassen. Wird sie dick, 60 g Schmalz oder Butter hinzugeben, es kann auch ein Teelöffel feingehackter Dill zugefügt werden, es muss aber nicht sein, vor allem nicht im Winter. Danach die Grütze 35 Minuten in der Backröhre backen, in eine Schüssel füllen und zum Abkühlen beiseite stellen. Die Innereien des Spanferkels durch den Fleischwolf drehen und zusammen mit 3 ganzen Eiern und 100 g gekochtem und in kleine Würfel geschnittenem frischem Speck mit der Grütze vermengen. Abschliessend mit Pfeffer, Muskatnuss und einer Prise Majoran abschmecken. Man kann zur Grütze auch 1/2 Tasse sehr kräftige Brühe giessen.

Die Farce gut durcharbeiten und das Ferkel damit füllen.

Füllung Nr. 3

Auch diese Füllung mit Rosinen und Mandeln hat eine charakteristisch polnische Note und eignet sich vor allem deshalb gut zum

Füllen des Osterferkels, weil sie zu den anderen Fleischsorten in geschmacklichem Kontrast steht.

Leber und Lunge des Spanferkels in 30 g Butter und etwas Wasser (damit sie nicht bräunen) dünsten und anschliessend zusammen mit 3 in Milch eingeweichten und gut ausgedrückten Brötchen durch den Fleischwolf drehen. 80 g Butter mit 4 Eigelb schaumig rühren, dann die zerkleinerten Innereien hinzugeben und mit Salz, einem Teelöffel Zucker, etwas Pfeffer und einer Prise Muskatnuss abschmecken. Alles gut verrühren, 150 g überbrühte Rosinen und 100 g geschälte und in dünne Streifen geschnittene Mandeln dazugeben. Den Eischnee aus 4 Eiweiss vorsichtig unterheben und das Spanferkel sofort mit der Masse füllen.

Das gebratene, kalte Spanferkel auf eine Platte legen, mit Grünkohl oder Immergrün dekorieren und mit einem bunten Osterei oder einem Stück geschältem Meerrettich oder aber einer intensiv gelben Zitrone in der Schnauze auf den Tisch bringen.

Eine Sauciere mit polnischer Ostersauce bzw. der in der Küche anderer Nationen wohlbekannten, aus der polnischen Küche stammenden Tatarensauce wird neben das Ferkel gestellt.

Polnische Sauce zu Osterfleisch (vitaminreich)

Kuchen und Fleisch zu grösseren Festen „säuern" — das lässt sich nicht leugnen — den Organismus übermässig an. Bescheiden, jedoch sehr schmackhaft beugen diesem Übel die universelle polnische Sauce zu kaltem Fleisch, Roterübensalat und entsprechend zubereiteter Meerrettich vor.

Zubereitung der Sauce:

3—4 hartgekochte Eigelb mit dem frischen Saft von 3 Zitronen zu einer einheitlichen Masse verreiben und mit 1/4 l leicht saurer Sahne verdünnen. Der Sauce 2—3 Bündel feingeschnittenen Schnittlauch, einen gehäuften Teelöffel geriebene Zwiebel, etwas feingehackte Petersilie und 1/2 Löffel frisch geriebenen Meerrettich zufügen. Die Sauce dann mit Salz abschmecken und auch eine gute Prise Puderzucker nicht vergessen. Zum Schluss kommen noch 3 feingehackte gekochte Eiweiss dazu. Einen Teil der Sahne kann man durch Mayonnaise ersetzen (1/4 Mayonnaise und 3/4 Sahne).

Die Sauce bereitet man am besten 2 bis 3 Stunden vor dem Anrichten zu, damit sie ziehen kann. Sie kann zu kaltem Fleisch aller Art, zu Schinken, zu hartgekochten Eiern und Fisch in Gelee serviert werden, aber auch zu Brühfleisch, und nicht nur zu Ostern.

Meerrettich auf litauische Art

Eine grosse Stange Meerrettich (ca. 200—250 g) fein reiben und im Sieb überbrühen.

In einer Pfanne 50 g Butter zerlassen, den Meerrettich hineingeben und kurz braten. Soviel süsse Sahne zugiessen, bis eine dicke Creme entsteht; stark erhitzen, jedoch nicht kochen. Den Saft einer ganzen Zitrone dazugeben und mit Salz und Zucker abschmecken. Die heisse Sauce kann auch mit einem Eigelb legiert werden. Erst nach völligem Erkalten reichen. Am besten ist es, wenn man den Meerrettich auf litauische Art einen Tag vorher zubereitet. Er ist in der Tat vorzüglich.

Roterübensalat

Dieser pikante Salat ist seit Jahrhunderten in der polnischen Küche überaus beliebt. Er war ein bevorzugter Leckerbissen des hervorragenden Schriftstellers Mikołaj Rej, der als erster auf das damals in der Literatur allgemein verbreitete Latein verzichtete und in herrlich anschaulichem und derbem Polnisch schrieb. Rej liebte nicht nur seine Muttersprache, er war auch ein Verehrer der polnischen Küche, deren eigene Reize er den fremdländischen, vor allem den italienischen „Flausen" entgegenstellte. Sicher war er selbst ein vorzüglicher Koch, das bezeugt sein Rezept für Roterübensalat, das über 400 Jahre alt ist:

„Also die roten Rüben in den Herd tun und gut backen, fein säubern, in Scheibchen schneiden, auch in ein Fässchen legen, mit Meerrettich, der feinstens gerieben wurde, durchschütteln, dann wird der Salat lange halten, auch mit Dill durchschütteln und mit Essig beträufeln, und mit Salz auch etwas salzen, dann ist das ein besonderer Leckerbissen... denn auch die Lake ist sehr wohlschmeckend, und auch die Frau Rübe selbst wird sehr gut schmecken und sehr schön duften."

Das Rezept des Herrn Rej gilt noch heute, denn Roterübensalat wird wie folgt zubereitet:

Rund zehn rote Rüben ungeschält auf dem Blech in der Backröhre backen. Sie können auch — ungeschält — gekocht werden, sind allerdings gebacken wesentlich schmackhafter. Die abgekühlten Rüben schälen und in sehr dünne Scheiben schneiden (dazu kann der Gurkenhobel verwendet werden, um Arbeit zu sparen). Die geschnittenen roten Rüben mit nach Geschmack verdünntem Weinessig übergiessen und mit einem Löffel überbrühtem Kümmel und 4—5 Löffeln geriebenem Meerrettich würzen. Selbstverständlich kann der Salat auch mit Zitronensaft zubereitet werden. Dann gibt man etwas gesäuerten Saft aus rohen roten Rüben und ein Glas herben Rotwein dazu. Ein solcher Roterübensalat ist ausgezeichnet.

Die Rübenscheiben in einem Glasgefäss oder Steinkrug dicht aufeinander schichten. Der Saft soll sie zwei Finger hoch bedecken. Nach 2 Tagen Ziehen an einem kühlen Ort entfaltet der Roterübensalat seinen vollen geschmacklich-aromatischen Reiz.

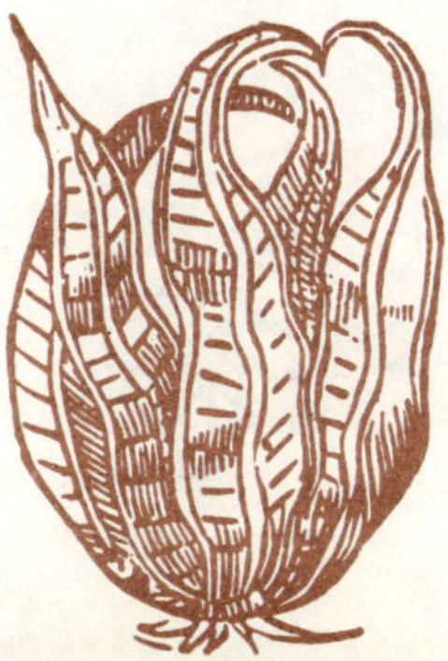

Der Tradition gemäss verbringen die Polen den ersten Osterfeiertag zu Hause und laden manchmal zum Festessen die nächsten Freunde ein. Am zweiten Feiertag besuchen sie entweder Bekannte (selbstverständlich nur, wenn sie eingeladen sind; in früheren Zeiten war für gegenseitige Besuche keine Einladung erforderlich), oder aber laden selbst Gäste ein. Dann werden die kalten Gerichte vom Festessen oder auch Bigos als Beigabe gereicht, nach dem Barschtsch jedoch meist ein Braten oder z.B. reich garnierte Pute. Das süsse Finale bilden Mazurek und Torten.

Illo tempore wurde auch der Dienstag nach Ostern noch als Feiertag angesehen.

Am Ostermontag war es nach altem Brauch üblich, einander mit Wasser zu begiessen, daher auch sein Name „begossener Montag". Diese Sitte hat sich bis heute gehalten, besonders auf dem Land. Die Begossenen sind meist unverheiratete junge Mädchen, die hinterhältigen Angreifer junge Burschen. Die Mädchen „wehren" sich energisch und lärmend. In Wirklichkeit aber waren und sind sie zufrieden, denn ein Mädchen, das nicht mit Wasser begossen wurde, galt als absichtlich unbeachtet.

In der Stadt wird das Wasser meist durch Kölnisch Wasser ersetzt, man beschränkt sich im Grunde genommen auf ein leichtes Bespritzen des „Opfers".

Kulinarische Reportage von 1876

Ende des 19. Jh. begann sich die altpolnische Küche derart zu modernisieren und zu demokratisieren, dass sie im wahrsten Sinne des Wortes zu einer nationalen, polnischen Küche wurde, ohne den wertvollsten, für ihre Eigenheit und ihren Reiz ausschlaggebenden Traditionen untreu zu werden. Die meisten polnischen Gerichte, die bis auf den heutigen Tag gekocht werden, unterscheiden sich kaum oder überhaupt nicht von jenen, die in Urgrossmutters und Grossmutters Küche zubereitet wurden.

Diese endgültige Stabilisierung der polnischen Küche vollzog sich in der Stadt. Die Ursachen dafür waren mannigfaltiger Art. Während des Bauernaufstandes in Galizien 1846 wurden in den einzelnen Kreisen zwischen 20 und 90% der Güter und Bauernhöfe zerstört, und zahlreiche Gutsbesitzer und Gutsverwalter kamen dabei ums Leben. Auf die blutig unterdrückten heldenhaften Aufstände von 1830/31 und 1863/64 folgte eine Massenkonfiskation von Adelsgütern, und ein grosser Teil der früheren Gutsbesitzer zog in die Stadt.

In den grossstädtischen Bürger- und Adelskreisen begann sich bald eine patriotische, fortschrittliche Generation der polnischen Intelligenz herauszubilden, die in die Geschichte der polnischen Wissenschaft und Kunst eingegangen ist. Wer andere Ansprüche und Begabungen hatte, wurde Beamter — ein in den verschiedensten polnischen Institutionen sehr gefragter Stand.

Die Angehörigen dieser neuen Intelligenz pflegten zusehends engere gesellige Kontakte — Warszawa war dafür das beste Beispiel. Da nun die polnische Gastlichkeit alle historischen Katastrophen überdauert hatte, besuchten die befreundeten Familien einander und sassen oft zusammen an einem Tisch.

Die im allgemeinen nicht besonders vorteilhafte, jedoch meist erträgliche materielle Lage der städtischen Intelligenz war kein Hindernis für die Fortsetzung der Traditionen der altpolnischen Küche. Es wurden Kochrezepte zwischen Familien aus unterschiedlichen Regionen ausgetauscht und den eigenen pekuniären Möglichkeiten angepasst.

Die Gastlichkeit der Warschauer war bekannt, etwa der Eltern Chopins, der Komponisten Elsner und Kurpiński und der Leuchten der polnischen Wissenschaft Kolberg und Linde.

Die Eigenheiten der Küche des polnischen Adels und Bürgertums verschmolzen bald miteinander, da sich diese beiden kulinarischen Strömungen schon seit recht langer Zeit nähergekommen waren. Besonders stark wurde der polnische Charakter von Weihnachten und Ostern betont. Die Teilermächte konnten Hochschulen schliessen und öffnen, sie konnten das Grundschulwesen einschränken oder tolerieren, konnten die erdenklichsten und perfidesten Entnationalisierungsaktionen starten, sie waren jedoch nicht imstande, mit diesen Massnahmen das Nationalbewusstsein und den Patriotismus zu schwächen.

Die polnische Küche aber, widerstandsfähig gegen fremde Einflüsse — das muss ihr als Verdienst angerechnet werden —, wurde eine von den Historikern vielleicht nicht genügend beachtete Stütze des Polentums in dieser für das polnische Volk besonders schweren Zeit.

Warszawa hatte, obwohl es mehr als ein Jahrhundert lang die Hauptstadt eines von der politischen Landkarte Europas gestrichenen Staates war, in der europäischen Öffentlichkeit den Rang der Hauptstadt Polens behalten. Auch in anderen Städten, wie etwa Kraków, Lwow und Wilna, entwickelte sich die polnische Intelligenz.

Warszawa war weiterhin ein Anziehungspunkt für zahlreiche Fremde, unter ihnen auch die bedeutendsten Virtuosen jener Zeit, Paganini an erster Stelle. In der ausländischen Presse jener Zeit schrieb man über diese Stadt häufig und mit unverhohlener Sympathie. Offensichtlich war das ein Thema, das breite Leserkreise interessierte.

Die verdienten Erforscher der Warschauer Kultur gegen Ende des 19. Jh., Irena und Jan Kosim, haben kürzlich ein ungemein interessantes Dokument wiederentdeckt — acht Reportagen über Warszawa, 1876 von Fritz Wernick geschrieben und fast gleichzeitig in der „Danziger Zeitung" und der „Schlesischen Zeitung" veröffentlicht. Dass sie Anklang gefunden haben, bezeugt die Tatsache, dass der Verfasser sie später in sein fünfbändiges Werk „Städtebilder" aufgenommen hat.

Wernicks Reportagen wurden von Bolesław Prus (1845—1912), dem Verfasser des in viele Sprachen übersetzten Romans „Pharao", in einer seiner von der Warschauer Presse veröffentlichten Chroniken lobend erwähnt.

Fritz Wernick (1823—1891) war ein allseitig gebildeter Journalist, der auf der Suche nach interessanten Themen ganz Europa bereiste und auch die Vereinigten Staaten von Amerika besuchte. Da er über reichhaltiges Vergleichsmaterial und die Fähigkeit eingehender Beobachtung verfügte, zeichneten sich seine Schlüsse und Urteile durch grosse Objektivität aus.

Die polnische Küche hat auf ihn offensichtlich einen starken Eindruck gemacht. Wenn man in seinen Reportagen jenen Teil liest, der kulinarischen Dingen gewidmet ist, kann man sogar den Eindruck gewinnen, dass er sich auf eine gute Küche verstand.

So heisst es dort: „Die Warschauer Küche verfügt über vortreffliches Material und weiss dasselbe geschickt zu verwerthen. Sie ist ungemein substantiell und fett."

Nach dieser allgemeinen Feststellung hinsichtlich der Eigenart der polnischen Küche zählt er ihre Vor- und Nachteile dann im einzelnen auf.

Rindfleisch „wird reichlich genossen und ist nicht sehr teuer.... Milch und Butter, Eier und feines Weizenmehl erzeugt das Land in grossen Massen, der einheimische Käse ist vortrefflich..."

Soweit eitel Lob, aber nicht nur:

„Nur an guten Fischen leidet die Warschauer Küche empfindlichen Mangel; ein Fischgericht gilt als Luxus. Selbst in guten Haushaltungen ist man in der Auswahl wenig wählerisch, weil das dem Markt zugeführte Quantum selten der Nachfrage genügt. Wenn auch die todten Fische, die massenweise, besonders zur Fastenzeit, vom Ostseestrande eingeführt werden, wohl kaum auf den Tisch eines guten Hauses kommen, so verzehrt man doch mit Appetit die Karpfen, welche die Teiche des Landes liefern und stösst sich wenig an dem leichten Modergeschmack, der dem Fleische dieses Fisches manchmal vom Orte seiner Erziehung her anhaftet."

Alles, was den Seefisch betrifft, ist zweifellos wahr. Bei Wernicks nicht besonders lobender Bemerkung zum Karpfen allerdings werden Zweifel wach. Ein gut zubereiteter Karpfen hat keinen „Modergeschmack", denn die polnischen Hausfrauen kennen seit langem das Geheimnis, diesen „Mangel" zu beheben. Das am häufigsten angewandte und wirksamste Mittel war, die lebenden, für den Verbrauch bestimmten Karpfen mehrere Tage lang in einem Zuber mit Quellwasser zu halten, das täglich gewechselt wurde. Karpfen wurde nicht etwa gerne gegessen, weil es keinen anderen Fisch gab, er galt als Leckerbissen, und das war er tatsächlich — vorausgesetzt, er war gut zubereitet. Zumindest trifft das für zwei berühmte, auch im Ausland bekannte Zubereitungsarten zu — den Karpfen auf polnische Art und den Karpfen jüdisch, der in ausländischen Kochbüchern als Karpfen polnisch zu finden ist. Karpfen war und ist in der polnischen Küche der Fisch Nummer Eins. Er wurde in Mengen gezüchtet, und in den Gutsteichen, so informiert der unschätzbare Łukasz Gołębiowski, „wurden die Karpfen mit Malz und Töpferton, leicht gebacken mit öligen Hefen, oder mit Brot gefüttert, und sammelten sich auf ein Glockenzeichen, an die Oberfläche schwimmend, wenn der Eigentümer oder seine anmutige Tochter, die daran Gefallen fand, auf der Galerie stehend läutete, um ihnen ihr Lieblingsfutter zu bringen und es ihnen mit ihrem weissen Händchen zuzuwerfen."

Vermutlich hat der Verfasser der Reportagen entweder schlecht zubereiteten Karpfen gegessen oder aber — an Seefischgerichte gewöhnt — die Zartheit und Erlesenheit des Fleischs dieses wahrhaft edlen Fischs nicht zu schätzen gewusst. Die kräftige polnische Küche des Jahres 1876 war nach Ansicht von Wernick nicht immer von Vorteil, denn nicht jeder Fremde konnte sie vertragen. In dieser Feststellung liegt ein Grossteil Berechtigung. Heute speisen die Polen jedoch bedeutend bescheidener, wenn auch ebenso schmackhaft. Aber Wernick hat die Warschauer Küche vor hundert Jahren kennengelernt.

„Fett, starke Würzen, Zwiebeln werden in der polnischen Küche mit Vorliebe angewendet. Macht es auch Anfangs Mühe, sich an die schweren, schnell sättigenden Speisen zu gewöhnen, so ist es doch mehr der Magen als der Gaumen, welchen die compacten Gerichte zuerst befremden. Die Kartoffeln serviert man meist in Butter zerstampft, alles Fleisch trieft von fetten Saucen, die Lieblingssuppe von Fleischbrühe, rothen Rüben und dicker saurer Sahne muthet dem Magen ebenfalls nicht geringe Verdauungskraft zu..."

So hat also der berühmte polnische „geweisste" Barschtsch (klaren Barschtsch mit Öhrchen hat Wernick anscheinend nicht gegessen) — eine im Vergleich zur polnischen Sauerkrautsuppe oder zur Erbsensuppe eigentlich leichte Speise — dem Reporter offensichtlich zu schaffen gemacht.

Dann folgt weiteres Lob:

„... die schwarze Grütze, Buchweizen, nach Art des italienischen Risotto in Fett gedämpft, (ist) nicht minder schwer verdaulich, der nationale Zrasi, kräftige Stücke Rindslende in einer pikanten Würzbrühe leicht gedämpft, erhebt sich in Qualität und substantieller Kraft ebenfalls weit über das Gericht, welches in Deutschland denselben Namen trägt."

Wernick hat nicht nur in Restaurants gegessen, er ist — da er ja Gast war — auch in Privathäuser eingeladen worden. Und dort hat er den vollen, wahren Reiz der polnischen Gerichte kennengelernt, denn die gute Hausküche war einem Restaurant schon immer überlegen. Er hat auch sofort verzeichnet:

„Alle diese Dinge schmecken vortrefflich, im guten Haushalt natürlich am besten..."

So ist es meist auch heute noch. Aber auch für die Warschauer Restaurants hat er Worte des Lobs gefunden:

„... doch auch die öffentlichen Restaurationen mittleren Ranges schrecken den Gast niemals durch knappe, würzlose spülwasserige Küche zurück, er kann sicher sein, überall vortreffliches Fleisch in kräftigster Zubereitung anzutreffen. Die Restaurants ersten Ranges entfernen sich hier wie überall weiter von der nationalen Küche..."

Letztere Bemerkung könnte auch aus der Feder eines heutigen Reporters stammen, denn die „internationale" Küche, die einem in den grossen Hotelrestaurants geboten wird, leidet in der Tat an ziemlich langweiligem „kulinarischem Kosmopolitismus".

Beim Lesen der Reportagen von Wernick ist die Gründlichkeit bewundernswert, mit der der Verfasser die Eigenheiten der polnischen Küche studiert hat. Mehr noch, es besteht kein Zweifel, dass er dies mit besonderem Vergnügen tat. So stellte er unter anderem fest, dass es in Warszawa reichlich erlesenes Wildgeflügel und hervorragendes Hausgeflügel gebe, und schreibt: „Zahmes Geflügel wird in den polnischen Dörfern massenhaft gemästet..." Vor allem die polnischen Puten haben ihn in helle Begeisterung versetzt:

„...der feiste, zartfleischige Truthahn gedeiht nirgends so gut wie in Polen, wo man auch beim Braten die Butter nicht spart und ebensowenig das Begiessen, damit das feine Fleisch von dem Fettsafte mürbe und durchzogen wird. Als eine besondere Delikatesse empfand ich junge gemästete Truthühner. Das ist ein culinarisches Ei des Columbus. Hühner und Gänse werden ja längst bei uns in zartem Jugendalter der Küche geopfert, an die Puten aber scheint der deutsche Gastronom noch nicht gedacht zu haben, und doch ist das Putenküchlein ein Genuss von weit höherer Qualität als jene beiden."

Es ist nicht bekannt, wie Fritz Wernick in Warszawa Kontakte gefunden hat, und auch die Namen derjenigen, mit denen er am häufigsten verkehrte, sind unbekannt. Bestimmt aber hatte er ein scharfes Auge und ein offenes Ohr für alles, so dass seine Warschauer Reportagen, in denen er das hauptstädtische Leben im Jahre 1876 beschreibt, ein äusserst wertvolles Dokument darstellen.

Wernick hat — wie sich das für einen guten Journalisten ziemt — gerne die öffentlichen Lokale besucht, in denen es leichtfällt, vorübergehende Bekanntschaften zu machen und aktuelle Nachrichten zu sammeln. Er beklagt sich jedoch über eines: „Gute Bierhäuser, elegante Weinstuben sieht man nicht." Dabei stellt er fest, und das ist eine erstaunliche Mitteilung:

„Thatsache ist nun allerdings, dass das Trinken um des Trinkens willen hier weniger als bei uns zu den Lebensgewohnheiten gehört. Fast immer werden die Weinopfer mit irgendeiner Mahlzeit verbunden, also in einem Restaurant dargebracht. Man verfügt über die allerbesten Sorten, besonders in Ungarwein-Specialitäten leisten die Warschauer Keller Unübertreffliches."

Auch dem polnischen Bier gelten einige Worte der Anerkennung:

„Das Bier ist durchweg vortrefflich in Warschau... Dafür erhält man in jedem Restaurant, in jedem grossen Hotel ausgezeichnetes Bier in Krystallflaschen, vortrefflich bereitet, ausgezeichnet behandelt, ungemein frisch und wohlschmekkend. Und nirgends wird der Gast scheel angesehen, der eine Flasche Bier dem Wein vorzieht; das gestattet schon die Warschauer Gastlichkeit nicht."

Und auch nicht die polnische, müsste hinzugefügt werden. Der meiste Betrieb — das hat auch Wernick bemerkt — herrschte in den Warschauer Konditoreien: „Lesezimmer, Kneipe, Kaffeehaus, Rendezvous, Billard — das alles gewährt dem Warschauer die Conditorei. Es gibt deren unzählige, elegant und schlicht, eng und geräumig, und alle haben Besuch." Wernick zählt auf, dass es in diesen Konditoreien Kaffee, Tee, Schokolade und Bouillon gab. Sie besassen für ihre Gäste alle polnischen und zahlreiche ausländische Zeitungen, darunter auch die „Schlesische Zeitung". Die Warschauer Kuchen haben sofort seine Zustimmung gefunden. „An schmackhaften Kuchen finden wir reichste Auswahl, als Salongebäck tritt jetzt der Pfannkuchen hervor, eine wundervoll feine Mischung von Rahm, Eiern und süsser Butter, die sanft und mild auf der Zunge zerfliesst."

Auch heute noch lassen sich die mit Schwung und Begeisterung geschriebenen hervorragenden Warschauer Reportagen mit grossem Interesse lesen, um so mehr, als sie — wenn es auch nicht ihr Hauptanliegen war — eine umfassende Beschreibung der polnischen Küche Ende des 19. Jh. mit vielen interessanten und scharf beobachteten Details geben. Wer sich für polnische Kultur und kulinarische Bräuche interessiert, findet dort reichliches und zuverlässiges Material. Die Reportagen von Fritz Wernick füllen eine Lücke in dem durch die beiden Weltkriege reduzierten polnischen Quellenmaterial.

Die Warschauer Küche, wie sie Wernick in seinen lebendigen Reportagen beschreibt, war eine der führenden europäischen Nationalküchen, und von ihr lässt sich die heutige polnische Küche herleiten.

Eine Beobachtung Wernicks löst bei polnischen Lesern Verwunderung aus:

„Gemeinsam ist allen Schichten der polnischen Bevölkerung gänzlicher Mangel an Embonpoint. Ich habe in Warschau unter Tausenden nicht einen einzigen fetten Menschen gesehen und das nimmt um so mehr Wunder, als man im allgemeinen sehr kräftig und nahrhaft isst."

Nun ja, 1876 verlangte die Mode von den Frauen eine schlanke Taille, bekannt ist aber auch, dass dies häufig durch ein Korsett erreicht wurde. Den Rest verbargen taktvoll die langen, faltenreichen Röcke, die das darunter verborgene Übergewicht recht wirksam verhüllten. Der „schöne" Mann jener Zeiten aber, kernig und solide gebaut, kräftig und nahrhaft speisend, war meist nur in den Junggesellenjahren schlank. Heute aber, da man sich doch bedeutend bescheidener und vernünftiger ernährt, gilt Korpulenz nach der einstimmigen Meinung der Ärzte als Plage des 20. Jh.

Beneidenswert sind also die Damen jener Zeit, denen jegliches „Embonpoint" fehlte, was heute leider sowohl von dem männlichen als auch dem weiblichen Geschlecht über die

Vierzig nicht gerade behauptet werden kann — trotz der zweifellos erstaunlichen Errungenschaften der modernen Ernährung.

Vielleicht auch hatten die Menschen jener Zeit ein gesünderes Nervensystem, das ihren Stoffwechsel so vorteilhaft beeinflusst hat.

Eine Auswahl polnischer Koch- und Backrezepte

Auch die schönste Plauderei

ist kein Ersatz für ein gut zubereitetes polnisches Gericht. Im übrigen sind sowohl die Geschmäcker als auch die kulinarischen Temperamente verschieden. Was die einen ablehnen, wird von den anderen gelobt.

Diese bekannte „kulinarische Wahrheit" berücksichtigend, sollen zum Abschluss einige typisch polnische Rezepte die Auswahl jener, die bereits im Laufe dieser Plauderei eingeflochten wurden, ergänzen. Das vorliegende Büchlein soll schliesslich — auch wenn es die Mannigfaltigkeit und die Erfahrungen der polnischen Küche nicht erschöpft — für den Alltag und die traditionellen „polnischen" Feste ein praktischer Ratgeber sein.

Und noch eine, die letzte, Bemerkung sei gestattet. Zwar sind die hier angeführten Rezepte wohlabgewogen, wer jedoch in der Kochkunst mehr Erfahrung und einen ausgeprägten eigenen Geschmack besitzt, wird sie mit einiger Freizügigkeit handhaben. Das betrifft vor allem die Gewürze, denn die einen mögen schärfere und aromatischere Gerichte, die anderen lieben auf diesem Gebiet Mässigkeit und Zurückhaltung. Darum auch kocht jeder nach dem eigenen Geschmack und passt ihm die Gewürze an. Auch die Fettmenge kann, wo es möglich ist, etwas eingeschränkt werden. Dem Anfänger sei allerdings geraten, nicht zu sehr vom Rezept abzuweichen. Die Erfahreneren dagegen werden da und dort das gewählte Rezept nach eigenem Dafürhalten „interpretieren". Diesem Hang zum Experimentieren verdankt die polnische Küche ihre Nuancen, unter anderem die ansehnliche Zahl von Varianten der besonders beliebten Gerichte (z.B. Bigos, Zrazy, Flaki, Piroggen).

Damit jedoch die Interpretation überzeugend wirkt, sind Erfahrung, Vorstellungsvermögen und — wie bei jeder Kunst — Begabung vonnöten.

Brühfleisch (vom Rind), überbacken in Meerrettichsauce

Das in der Brühe gekochte Fleisch nach dem Erkalten in Scheiben schneiden, in eine Schüssel legen (am besten in eine flache, feuerfeste Glasform) und mit dem zerkleinerten Gemüse aus der Brühe garnieren. Mit Meerrettichsauce übergiessen, bis die Fleischscheiben bedeckt sind, mit Butterflöckchen (1 Löffel) belegen und kurz in der Backröhre überbacken, bis die Oberfläche der Sauce leicht goldbraun ist.

Zu dem so zubereiteten Fleisch werden Kartoffelpüree und geschälte, längs aufgeschnittene feste saure Gurken gereicht. Kleine Konservengurken können ganz auf den Tisch kommen.

Meerrettichsauce

Aus 40 g Butter und 30 g Mehl eine helle Mehlschwitze bereiten, mit einem Glas Fleischbrühe löschen und eine kleine Stange geriebenen Meerrettich (4 Esslöffel) zugeben.

Es kann auch käuflicher Konservenmeerrettich (in Essig) verwendet werden, dann muss er allerdings mit 1/2—1 Teelöffel Zucker abgeschmeckt werden. Diese Sauce 5 Minuten lang kochen lassen und, wenn sie dick wird, 1/2 Glas leicht saure, dicke, mit 2 rohen Eigelb verrührte Sahne zugeben. Die Sauce ein Weilchen unter ständigem Rühren erhitzen (nicht aufkochen lassen) und heiss über das Fleisch giessen.

In dieser Sauce kann auch gekochte Rindszunge gereicht werden. Dann anstelle von Fleischbrühe das Kochwasser der Zunge verwenden.

Diese Art, Brühfleisch (und Zunge) zuzubereiten, ist in der polnischen Küche ausserordentlich verbreitet.

Rindszunge in grauer Sauce

Eines der traditionell polnischen Gerichte, eine Art Nationalspeise.

Die mehrfach gründlich in warmem Wasser gewaschene und gebrühte Rindszunge in kochendes Salzwasser legen, Suppengrün, 1 Zwiebel, 5 Pfeffer- und 3 Pimentkörner, 1 Nelke (sie kann in die Zwiebel gesteckt werden) und ein kleines Lorbeerblatt zugeben. Die Zunge 2—3 Stunden kochen — je nachdem, ob das Rind jung oder alt war.

Von der erkalteten Zunge die Haut abziehen (sie löst sich sehr leicht) und die Zunge schräg in dünne Scheiben schneiden.

Graue Sauce

Aus 50 g Butter und 30 g Mehl eine helle oder goldgelbe Mehlschwitze bereiten, mit 1/2 l Zungenbrühe löschen und 1/2 Glas herben Wein, den Saft von 1/2 Zitrone, ein Stückchen dünne Zitronenschale und 50 g geschälte, in dünne Streifen geschnittene Mandeln zugeben. Die Sauce mit Karamel (aus 5 Würfeln mit Wasser befeuchtetem und in der Pfanne leicht gebräuntem Zucker) färben. Die Sauce muss leicht säuerlich und würzig sein und eine diskrete Note kaum wahrnehmbarer Süsse besitzen.

Die Sauce 5 Minuten lang kochen, die geschnittene Zunge zufügen und nochmals kurz aufkochen.

Die Zunge auf einer Platte anrichten und mit der Sauce begiessen, den Rest der Sauce in einer Sauciere servieren. Zu Zunge in grauer Sauce werden entweder Kartoffelpüree oder Nudeln gereicht.

Rinderbraten auf jüdische Art

Ein kurz geschnittenes Stück Bratenfleisch vom Rind klopfen, damit es mürbe wird, salzen und an kühlem Ort eine Stunde lang stehen lassen. 2 Knoblauchzehen längs in dünne Streifen schneiden und das Fleisch damit spicken.

Im Bratentopf oder der Bratpfanne Speiseöl (z.B. Sojaöl) stark erhitzen und das mit Mehl und gemahlenem Pfeffer überstäubte Fleisch von allen Seiten anbraten. Danach die in Scheiben geschnittene Zwiebel dazugeben, mit 3—4 Löffeln kochendem Wasser übergiessen und zugedeckt dünsten lassen. Ab und an mit etwas kochendem Wasser auffüllen. Nach ungefähr 2 Stunden ist der Braten weich. In Scheiben geschnitten und auf einer Platte angerichtet, wird er mit Bratensauce gereicht.

So zubereiteter Rinderbraten ist ausserordentlich aromatisch und schmackhaft. Dazu wird körnige Buchweizengrütze serviert.

Husarenbraten

Husarenbraten war zu Grossmutters Zeiten eine Zier der polnischen Küche, heute ist er zu Unrecht etwas in Vergessenheit geraten. Er schmeckt vorzüglich und verdient als herkömmliches polnisches Gericht der Erwähnung.

Ein schönes Stück Schmorfleisch vom Rind (ca. 1 kg) leicht klopfen und anschliessend mit dem Saft einer halben Zitrone einreiben. Dann eine Stunde lang an einem kühlen Ort ruhen lassen.

Das Fleisch mit Mehl überstäuben und in 50 g Butter von allen Seiten anbraten. Dann etwas kochendes Wasser in den Schmortopf geben und das Fleisch zugedeckt 45 Minuten schmoren lassen. Ab und an umdrehen und etwas kochendes Wasser zugiessen. Ist das Fleisch fast weich, herausnehmen, etwas abkühlen lassen und in dünne Scheiben schneiden, die aber auf der Unterseite noch aneinander haften sollen.

Füllung

Drei mittlere, fein gehackte Zwiebeln in 30—40 g Butter glasig dünsten. 30 g geriebenes Schwarzbrot zur Zwiebel geben, mit Salz und Pfeffer abschmecken, leicht abkühlen lassen und 1 rohes Eigelb dazugeben. Die Füllung in jeden zweiten Einschnitt geben, dem Braten die alte Form wiedergeben und die Oberfläche leicht glätten, dass die Einschnitte keine „Treppe" bilden.

Zu der Sauce, die während des Bratens entstanden ist, 20 g Mehl und eine in dünne Scheiben geschnittene Zwiebel geben. Ist die Zwiebel weich, 1/2 Glas kochendes Wasser zugiessen und den Braten hineinlegen. Alles zusammen 35—40 Minuten braten lassen.

Den Braten ganz auf einer Platte anrichten. Zwei durch Füllung miteinander verbundene Scheiben bilden eine Portion.

Gesondert können dazu Kartoffelpüree und mit Äpfeln oder auch mit Tomaten gedünsteter Weisskohl gereicht werden.

Schweinebraten polnisch mit Kümmel

Aus 1 kg Schweinefleisch ohne Knochen von der Keule einen Würfel zurechtschneiden, die Schwarte jedoch auf keinen Fall abtrennen. Die Schwarte mit einem scharfen Messer gitterförmig einschneiden und das Fleisch eine Stunde vor dem Braten mit Salz, einer guten Prise Majoran und einem gehäuften Teelöffel Kümmel einreiben.

In einem gusseisernen Schmortopf 40 g Schmalz stark erhitzen, das Fleisch hineinlegen und von allen Seiten anbraten. Danach mit der Schwarte nach unten zusammen mit 2 in Scheiben geschnittenen Zwiebeln und etwas kochendem Wasser (oder auch Brühe) in der Backröhre schmoren lassen. Hin und wieder das verkochte Wasser auffüllen. Nach 30 Minuten das Fleisch mit der Schwarte nach oben drehen und weiterschmoren lassen. Häufig mit dem Bratensaft beschöpfen. Die Schwarte klafft an den

Einschnitten auseinander und bildet ein appetitliches Schachbrettmuster.

Der fertige Braten wird in dünne Scheiben geschnitten und mit der Bratensauce und den darin befindlichen Zwiebeln übergossen.

Ausgezeichnet passen zu diesem Schweinebraten Kopytka — Kartoffelröllchen aus gekochten Kartoffeln — oder körnige Buchweizengrütze. Es kann auch Sauerkraut dazu gereicht werden, das mit einigen getrockneten Pilzen gedünstet und mit einer hellen Einbrenne aus 1 Löffel Schmalz und 1 Löffel Mehl gebunden wird.

Kopytka aus gekochten Kartoffeln

1 kg gekochte, warme Kartoffeln durch ein Drahtsieb streichen oder durch den Fleischwolf drehen. In die erkaltete Kartoffelmasse 1 grosses oder 2 kleine Eier schlagen und 350—400 g Mehl und Salz nach Geschmack zugeben. Die Masse durchkneten, in 3—4 Portionen teilen, eine fingerdicke Rolle formen und in kleine, 3 cm lange Stükke schneiden. In viel Salzwasser kochen.

Die garen Kopytka mit der Schaumkelle herausnehmen und gut abtropfen lassen. Mit heisser Butter oder ausgelassenem Speck übergossen anrichten. Der Speck kann mit einer kleinen, fein gehackten Zwiebel ausgelassen werden.

Kopytka können einen Tag früher gekocht werden. Vor dem Servieren werden sie dann in kochendes Salzwasser gegeben und einmal kurz aufgekocht. Sie schmecken wie frischbereitet. Auch aufgebraten sind sie hervorragend.

Zrazy auf verschiedene Art

Zrazy sind der Stolz der altpolnischen Küche. Zum erstenmal wurden sie im 14. Jh. schriftlich erwähnt. Angeblich gehörten sie zu den Lieblingsgerichten von König Władysław Jagiełło. Jahrhundertelang waren die polnischen Zrazy beliebt und sind es auch heute noch. Zrazy werden aus gut abgelagertem Rindfleisch (Schmorstück) zubereitet. Am besten sind sie aus Rindslende. Es wurde auch Hammel- und Kalbfleisch dafür verwendet, die klassischen Zrazy werden jedoch aus Rindfleisch gemacht. Es gibt mehrere Arten von Zrazy, u.a. „geklopfte" Zrazy und Rouladen mit verschiedener Füllung.

Als stilvolle Beilage zu Zrazy, die vorwiegend mit Bratensauce gereicht werden, sind körnige Buchweizengrütze oder Weizengrütze zu empfehlen.

Gefüllte Rindsrouladen (Zrazy zawijane)

Gut abgelagertes Rindfleisch quer zur Faser in nicht zu dünne Scheiben schneiden, klopfen (vorsichtig, dass keine Löcher entstehen!), salzen, pfeffern und mit einer nicht zu dicken Lage Füllung bestreichen. Zusammenrollen, mit überbrühtem Baumwollgarn umwickeln und in Butter oder Speck anbraten. Eventuell 1 geriebene Zwiebel zugeben. Die angebratenen Rouladen mit 1/2 Glas Brühe übergiessen, den Schmortopf zudekken und die Zrazy mindestens 1 Stunde auf kleiner Flamme schmoren lassen. Wenn erforderlich, etwas Brühe zugiessen. Zu den schmorenden Zrazy können 2 getrocknete Pilze, 1 gehackte Zwiebel und ein Stückchen in Streifen geschnittener Sellerie gegeben werden. 5 Pfefferkörner, 2 Pimentkörner und ein kleines Stückchen Lorbeerblatt würzen die Sauce, die nach dem Braten rund

1/4 l ausmachen und leicht aromatisch schmecken und duften soll.

Meerrettichfüllung

3 Löffel frisch geriebenen Meerrettich in einem Sieb mit kochendem Wasser überbrühen, abtropfen lassen, kurz in 1 Löffel Butter braten, vom Feuer nehmen, etwas Semmelmehl und 1 rohes Eigelb zugeben, durchkneten und mit Salz abschmecken.

Pilzfüllung

40 g getrocknete Pilze in 1/4 l Wasser kochen, fein hacken, in Butter zusammen mit 1 feingehackten Zwiebel anbraten, mit Salz und Pfeffer abschmecken. Jede Roulade zusätzlich mit einer dünnen frischen oder geräucherten Speckscheibe umwickeln. In Fett anbraten, danach den Pilzsud zugiessen und schmoren. Die Sauce kann vor dem Anrichten mit 1/8 l dicker Sahne und 1 gehäuften Teelöffel Mehl gebunden werden.

Zwiebelfüllung

2 Zwiebeln fein hacken und in 2 Löffeln

Butter glasig dünsten. 1 Löffel Sahne, 1 rohes Eigelb und 1 gehäuften Teelöffel Semmelmehl dazugeben. Mit Salz und Pfeffer abschmecken.

Sauerkrautfüllung

250 g Sauerkraut mit 1 Löffel Butter und eventuell etwas kochendem Wasser oder Brühe weichdünsten. Gesondert 100 g in kleine Würfel geschnittenen Räucherspeck und 1 in dünne Scheiben geschnittene Zwiebel dünsten (die Zwiebel darf nicht bräunen). Sauerkraut und Zwiebelspeck gut verrühren und das Fleisch mit der Masse bestreichen.

Polnische Füllung

1 geschälte kernige saure Gurke und 120 g frischen Speck in ca. 7 cm lange dünne Streifen schneiden. Die geklopften Rouladen leicht salzen, dünn mit Senf bestreichen, mit je 3—4 Speck- und Gurkenstreifen belegen und zusammenrollen.

„Geklopfte" Zrazy (Zrazy bite)

In Portionsscheiben geschnittenes Fleisch klopfen und gleichgrosse ovale Stücke formen, salzen, pfeffern und unmittelbar vor dem Braten mässig mit Mehl bestäuben. Die Scheiben auf beiden Seiten anbraten, danach aus der Pfanne in den Schmortopf geben. In der Pfanne im restlichen Fett eine in dünne Scheiben geschnittene Zwiebel anbräunen und das Fett mit der Zwiebel zum Fleisch geben. Kochendes Wasser oder Brühe zugiessen, einige Pfefferkörner und 3 Pimentkörner dazugeben und auf kleiner Flamme zugedeckt schmoren lassen. Falls erforderlich, ab und an etwas Wasser oder Brühe zugiessen.

Die Zrazy können mit feingeschnittenem Suppengrün oder 2—3 Pilzen geschmort werden. Sind sie weich, wird die Sauce mit saurer Sahne, der ein Teelöffel Mehl untergerührt wurde, gebunden. Sehr schmackhaft sind diese Zrazy, wenn während des Schmorens anstatt Sahne ein Glas herber Wein zugegossen wird.

Die angeführten Rezepte sind nur ein kleiner Teil der vielen Möglichkeiten der Zrazy-Zubereitung, die die polnische Küche kennt. Abschliessend soll noch ein 1822 aufgezeichnetes Rezept angeführt werden, das beweist, dass die „Napoleon-Legende" sogar bis in die polnische Küche vorgedrungen ist.

Napoleon-Zrazy

Aus Schmorfleisch vom Rind (1—1 1/2 kg) ovale, nicht zu grosse Scheiben schneiden, salzen, pfeffern, mit Mehl bestäuben und kurz in Butter anbraten, ohne sie zu bräunen. 2 grosse Möhren, 2 Petersilienwurzeln, 1/2 mittelgrosser Sellerie, 1 Kohlrabi und 1 grosse Zwiebel grob hacken.

Im Schmortopf 2 gute Löffel Butter zerlassen, das Gemüse in die Butter geben, auf das Gemüse Rindsscheiben legen, darauf wieder Gemüse usw. Den Abschluss soll Gemüse bilden. Alles mit einem Glas Weisswein übergiessen, in einen grösseren Topf mit kochendem Wasser stellen und auf kleiner Flamme 2 1/2 Stunden kochen lassen. Anstatt Wein kann Pilzsud verwendet werden. Wein ist allerdings pikanter.

Die altpolnische Küche war berühmt für ihren hervorragenden Schinken und ihre Würste, die schon in der slawischen Küche bekannt waren. Wurst wurde auf verschiedenste Art gereicht, heiss und kalt, gebraten und gebacken, mit Kohl und mit Erbsen sowie mit Sauce. Im 17. Jh. musste ein guter Koch Wurst auf 12 verschiedene Arten zubereiten können, ein herrschaftlicher Koch gar auf 24!

Zu den Lieblingsgerichten gehörte in Scheiben geschnittene und in heisser pikanter Sauce servierte Wurst. Unter August II. und August III. wurde sie mit dem Löffel gegessen, darauf spielt auch ein polnisches Sprichwort an.

Wurst in polnischer Sauce

Es ist ein einfaches, jedoch wohlschmekkendes Gericht, und wenn dazu Kartoffelpüree gereicht wird, gibt es ein vollständiges Mittagessen ab.

800 g — 1 kg ungeräucherte (weisse) oder leicht geräucherte Wurst mit einer Flasche hellem Bier oder ebensoviel Wasser übergiessen und zwei feingehackte Zwiebeln zugeben. Zugedeckt 20 Minuten kochen lassen. Die Wurstbrühe durch das Sieb streichen und gut mit einer brauen Mehlschwitze aus 1 Löffel Butter und 1 Löffel Mehl verrühren. 2 Löffel Weinessig oder Zitronensaft (nach Geschmack), einen

knappen Löffel Zucker und Salz nach Dafürhalten hinzufügen. Es kann auch ein Teelöffel Maggiwürze verwendet werden. Die Sauce aufkochen lassen und die in Scheiben geschnittene Wurst dazugeben. Die Wurst kann auch in pikant gewürzter Zwiebel- oder Tomatensauce angerichtet werden. In altpolnischer Biersauce, in Zwiebel- und Tomatensauce können auch Bockwürstchen gereicht werden, die nicht gekocht, sondern lediglich in der Sauce erhitzt werden.

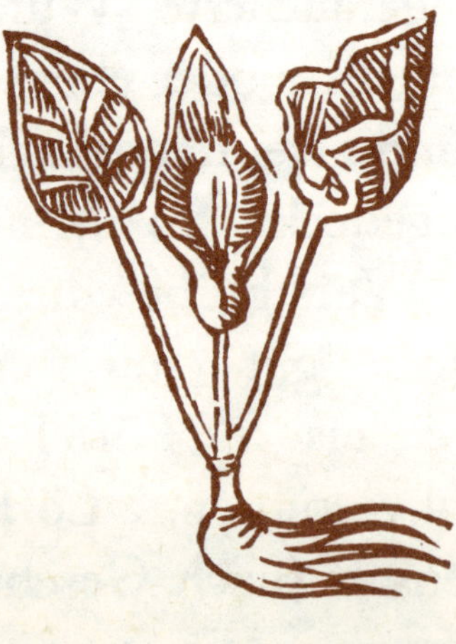

Hähnchen polnisch

Will man Hähnchen polnisch zubereiten, sind dazu junge Tiere mittlerer Grösse erforderlich. Für 4 Personen werden zwei Hähnchen benötigt. Es können auch tiefgefrorene Tiere verwendet werden, frische jedoch sind „unmittelbarer" im Geschmack, ausserdem gibt es sie immer im Handel. Sie sind schon ausgenommen, gereinigt und fast bratfertig.

Die Hähnchen kurz, aber gründlich (vor allem innen) mit kaltem Wasser waschen, mit einem sauberen Tuch austrocknen, mässig salzen, füllen, die Öffnung zunähen und — braten.

Füllung

1 altbackenes Brötchen in kalter Milch einweichen und gut ausdrücken. 50 g Butter mit 1 rohen Eigelb schaumig rühren, das Brötchen, 1 gehäuften Löffel feingehackte Petersilie (es darf auch 1 Teelöffel gehackter Dill sein) zugeben, gründlich verrühren, mässig salzen und vorsichtig den aus 1 Eiweiss

geschlagenen Eischnee darunterheben. Ist die Füllung zu weich, etwas Semmelmehl zufügen. Die Füllung reicht für 1 mittelgrosses Hähnchen.

Meist erhält man die Hähnchen ohne Leber. Sollte jedoch eine Leber dabeisein, wird sie roh gehackt und mit der Butter und dem Eigelb schaumig gerührt.

Während des Bratens wird das Hähnchen reichlich mit Butter beträufelt und später dann mit dem Bratensaft beschöpft. Das gebratene, knusprig gebräunte Hähnchen wird längs halbiert und vor dem Anrichten mit Bratensaft beträufelt. Den Rest des Bratensaftes serviert man in einer Sauciere.

Klassische Zugabe zum Hähnchen sind nach typisch polnischer Art mit Sahne angemachter Gurkensalat oder grüner Salat sowie junge Kartoffeln mit Butter und Dill.

Grüner Salat polnisch

1—2 Salatköpfe zerblättern, gründlich waschen und mit einem sauberen Tuch abtrocknen.

Die Marinade besteht aus dicker, nicht zu saurer Sahne, der etwas Zitronensaft, Zucker und Salz nach Geschmack zugegeben werden.

Unmittelbar vor dem Servieren eine Salatschüssel mit ganzen Salatblättern auslegen und die Sahne darübergiessen. Vorsichtig mit zwei Gabeln untereinanderheben, damit die Blätter gleichmässig mit Sahne bedeckt werden. Den Salat mit gevierteilten hartgekochten Eiern garnieren. Wer Knoblauch mag, kann die Salatschüssel vor dem Auslegen mit einer zerriebenen Knoblauchzehe einreiben.

Gurkensalat polnisch

Die jungen, noch kleinkernigen Gurken dünn schälen, auf dem Gurkenhobel zerkleinern, mit einem Teelöffel Salz bestreuen und nach einigen Minuten leicht ausdrücken.

Die Sahne wie beim grünen Salat zubereiten — zu 1/2 Glas Sahne den Saft von 1/2 Zitrone, 1/2 Teelöffel Puderzucker und falls notwendig, etwas Salz sowie einen gehäuften Teelöffel fein gehackten Dill geben. Den Gurkensalat mit 1/4 Teelöffel gemahlenem Pfeffer bestäuben und 1/2 Stunde vor dem Servieren kühlstellen.

Pute

Es ist nicht gelungen festzustellen, wann die Pute erstmalig auf dem polnischen Tisch erschienen ist. Auf jeden Fall geschah das vor langer Zeit, wahrscheinlich in der ersten Hälfte des 15. Jh. unter Kazimierz dem Jagiellonen.

Putenfleisch — junge Puten sind am zartesten und schmackhaftesten — ist eine hervorragende und teure Delikatesse. Pute kann auf verschiedenerlei Art gereicht werden, auch kalt und in Gelee, aber heiss, gebraten ist sie wohl am besten. In der polnischen Küche gehört sie zu den erlesensten Gerichten, die verhältnismässig selten, zugleich aber vorzüglich zubereitet auf den Tisch kommen.

Pute gebraten mit zweierlei Füllung

Von den vielen bekannten, oft recht unterschiedlichen Arten, Pute zuzubereiten, verdient die Pute polnisch mit zweierlei Füllung besondere Erwähnung.

Die zum Braten vorbereitete Pute salzen und eventuell mit Zitronensaft einreiben. Zwei Stunden vor dem Braten (unbedingt die Sehnen aus den Keulen entfernen) mit zwei verschiedenen Farcen füllen. Mit der einen wird der Kropf gefüllt und später zugenäht, mit der anderen das Innere des Vogels.

Füllung für den Kropf

Die feingehackte Leber der Pute mit einem guten Löffel Butter und 2 rohen Eigelb verrühren. 50—100 g kleine Rosinen und 2 Löffel Semmelmehl zugeben und mit Pfeffer, Muskatnuss, 1—2 zerstossenen Nelken und Salz abschmecken. Diese Masse vorsichtig unter den aus 2 Eiweiss geschlagenen Eischnee heben und den Kropf damit füllen.

Füllung für die Pute

1 mittlere Zwiebel fein hacken und in 30 g Butter glasig dünsten. 100 g frischen Speck in nicht zu kleine Würfel schneiden. 4 Sardellen nach kurzem Wässern reinigen und entgräten (Sardellen können auch gut durch einen knappen Löffel Sardellenpaste ersetzt werden).

2 altbackene Brötchen ohne Kruste in Milch einweichen und gut ausdrücken. 400 g kalten Kalbsbraten in Würfel schneiden. Alle Zutaten mit 1 Löffel abgetropften Kapern und dem Bratensaft (Gelee) vom Kalbsbraten 2—3 mal durch den Fleischwolf drehen.

In diese Masse 3 Eier schlagen und 100 g zerlassene Butter zugeben. Mit Pfeffer und Salz (eventuell einer Prise Muskatnuss) abschmecken. Diese Masse nach gründlichem Durchkneten in das Puteninnere hineintun.

Die Pute in einen tiefen Schmortopf legen, reichlich mit Butter begiessen und in der Backröhre bei mittlerer Hitze 2—3 Stunden braten. Ist die Pute sehr gross, verlängert sich die Bratzeit. Bräunt die Brust zu schnell, mit Aluminiumfolie abdecken, die abgenommen wird, wenn die Keulen braun sind.

Den nach den üblichen Regeln zerteilten Vogel auf einer Platte servieren. Rund um den Braten die in Scheiben geschnittene Füllung anordnen. Beide Füllungen können abwechselnd oder jede für sich liegen. Das Fleisch unmittelbar vor dem Auftragen mit Bratensaft begiessen, den Rest der heissen Sauce in einer Sauciere servieren.

Gesondert kann Preiselbeerkonfitüre gereicht werden, die sowohl zu dem Putenfleisch als auch zu beiden Füllungen hervorragend passt.

Kohlrouladen (Gołąbki)

Kohlrouladen sind eines der beliebtesten, einfachsten und ungemein wohlschmeckenden Gerichte der polnischen Küche. In den einzelnen Gegenden Polens werden sie verschieden zubereitet, haben jedoch eins gemein: Die Füllung wird in Kohlblätter gewickelt. Die billigen und schmackhaften Kohlrouladen können in grösseren Mengen bereitet werden, denn aufgewärmt oder noch einmal in Butter oder Schmalz gebraten sind sie noch besser.

Einen Kopf Kohl (er sollte nicht zu fest sein) nach möglichst tiefem Ausstechen des Strunks in kochendem Salzwasser 15—20 Minuten kochen, danach abkühlen lassen und die einzelnen Blätter abtrennen. Die vier obersten Blätter werden, da sie zu hart und meist beschädigt sind, beiseite getan, um damit den Schmortopf auszulegen.

Kohlrouladen mit Reis und Pilzen

In viel Salzwasser 200—250 g Reis fast weichkochen, mit kaltem Wasser abschrekken und in einem Sieb abtropfen lassen. 50 g getrocknete Pilze kochen und fein hacken (den Sud nicht weggiessen!). 2 mittelgrosse Zwiebeln hacken und in 50 g Butter oder Schmalz leicht anbräunen. Die Zutaten mischen und mit Salz und Pfeffer abschmecken. Es kann ein ganzes rohes Ei zugegeben werden, damit die Kohlrouladen fester werden.

Auf jedes Kohlblatt (der dicke Hauptnerv wird leicht geklopft, damit sich das Blatt leichter zusammenwickeln lässt) eine Portion Füllung legen, die Blattränder über die Masse schlagen und die Roulade fest zusammenwikkeln.

Die Rouladen in einem mit Kohlblättern ausgelegten dicken Emaille- oder Steinguttopf eng aneinanderlegen, mit dem gesalzenen Pilzsud übergiessen, mit kochendem Wasser auffüllen, so dass die Kohlrouladen knapp bedeckt sind, den Topf zudecken und die Rouladen in der Backröhre überbacken. Anstatt des Pilzsuds kann weisser Barschtsch verwendet werden, und aus dem Pilzsud kann man mit einer goldgelben Mehlschwitze und saurer Sahne eine Sauce zubereiten, die zu den überbackenen Kohlrouladen serviert wird.

Am schmackhaftesten sind Kohlrouladen, die einen Tag zuvor zubereitet und im selben Topf in der Backröhre in Butter goldbraun gebacken werden. Kohlrouladen mit Pilzen und Reis werden am Heiligabend zum Festmahl gereicht.

Kohlrouladen mit Reis und Fleisch

200—250 g Reis wie oben kochen. Man kann Pilze zu diesem Gericht verwenden, muss es aber nicht. 250 g gekochtes Schweinefleisch durch den Fleischwolf drehen und zusammen mit 1 in 60 g Butter oder Schmalz gedünsteten Zwiebel und eventuell 1 rohen Ei zum Reis geben.

Weitere Verarbeitung wie im vorigen Rezept. Anstelle von Schweinefleisch können auch 250 g durch den Fleischwolf gedrehte Wurst oder feingehackter Schinken verwendet werden. Die Kohlrouladen lassen sich eventuell in Schmalz aufwärmen. Dann werden sie mit ausgelassenen Speckwürfeln übergossen. Gesondert kann dazu Pilzsauce oder sogar kräftige Tomatensauce serviert werden.

Kohlrouladen nach Dörflerart

Früher wurde für Kohlrouladen — vor allem auf dem Dorf — in ganzen Köpfen gesäuerter Kohl verwendet. Heute sind sowohl derartiger Kohl als auch damit zubereitete Kohlrouladen eine grosse Seltenheit.

1 kg rohe geschälte Kartoffeln fein reiben, den Saft abgiessen und 350 g gekochte und gestampfte Kartoffeln, 2 kleine geschnittene, in 60—80 g Butter gedünstete Zwiebeln,

50 g ungekochte Krakauer Grütze sowie Salz und Pfeffer nach Geschmack dazugeben. Die Masse gut verrühren, auf die Kohlblätter legen, zusammenwickeln und die Rouladen gedrängt in den Topf legen. Mit Salzwasser übergiessen, auf kleiner Flamme 15 Minuten kochen lassen und danach zugedeckt in der Backröhre überbacken. Am folgenden Tag mit Schmalz aufbraten. Dieses echte und billige Volksgericht schmeckt ausgezeichnet.

Piroggen (Pierogi)

Piroggen sind eines der Gerichte, die sich vermutlich aus der uralten slawischen Küche herleiten lassen. Sie haben in der Küche sowohl der Städter als auch der Dorfbewohner in Polen stets eine Vorrangstellung eingenommen.

Piroggen gehören zu den billigen, leicht zu kochenden, nahrhaften und sehr schmackhaften Gerichten. Sie können unmittelbar nach dem Kochen serviert werden, man kann sie aber auch später aufwärmen. In beiden Fällen sind sie vorzüglich. Darum auch werden sie in grösseren Mengen zubereitet — zum Mittagessen kommen sie frisch auf den Tisch, zum Abendessen werden sie aufgewärmt.

Piroggenteig

Aus 350 g Mehl, einer Prise Salz und 1 ganzen Ei auf dem Backbrett einen Teig kneten. Ab und an etwas lauwarmes Wasser zugiessen, damit der Teig locker wird, sich gut durcharbeiten lässt und nicht an Händen und Backbrett kleben bleibt. Den Teig mit einer Schüssel bedecken (damit er nicht austrocknet), dann in 4 Teile teilen, die nacheinander dünn ausgerollt werden. Aus dem Teig mit einem Glas Scheiben von 5—6 cm Durchmesser ausstechen, auf jede Scheibe einen gehäuften Löffel Füllung geben, die

Scheiben zusammenklappen und die Ränder fest zusammendrücken, damit sich die Piroggen während des Kochens nicht öffnen. Das Formen der Piroggen erfordert etwas Übung, denn sie sollen zierlich, nicht zerdrückt, gut gefüllt und am Rand gut zusammengedrückt sein.

Füllungen

1. Für russische Piroggen (sie waren besonders im Raum Kraków beliebt) 1/2 kg gekochte Kartoffeln und 150 g Weisskäse oder Quark durch den Fleischwolf drehen. 1 kleines rohes Ei und 1 mittelgrosse, feingehackte, goldbraun gebratene Zwiebel zu dieser Masse geben und mit Salz und Pfeffer abschmecken.

Die geformten Piroggen in einem flachen breiten Kochtopf in reichlich leicht gesalzenem Wasser kochen. Steigen sie nach oben, werden sie noch 4—5 Minuten auf kleiner Flamme weitergekocht. Dann nimmt man sie mit einer grossen Schaumkelle heraus, lässt sie gut abtropfen und legt sie auf eine Platte.

Diese Regel gilt für die Zubereitung aller Arten von Piroggen.

Russische Piroggen werden mit Butter oder ausgelassenem Speck übergossen. Gesondert kann dicke, leicht saure Sahne gereicht werden.

2. Sehr beliebt sind Piroggen mit Kohl- oder Sauerkrautfüllung.

800 g Kohl in Salzwasser kochen, fein hacken und in Butter oder Schmalz zusammen mit 1 mittelgrossen feingehackten rohen oder gebratenen Zwiebel weichdünsten. Mit Salz und Pfeffer abschmecken. Zum Kohl können einige gekochte getrocknete Pilze und etwas Pilzsud gegeben werden. Danach den Kohl etwas schmoren lassen, damit die Füllung entsprechend dick wird. Aber auch ohne Pilze schmeckt die Füllung. Manch einer mengt 1 hartgekochtes, feingehacktes Ei unter die Füllung.

Das Sauerkraut (800 g) dagegen wird feingehackt in 60 g Fett (Schmalz oder Butter) geschmort. Dazu kommen 1 gebratene Zwiebel, Pfeffer, Salz und etwas

Semmelmehl. Man kann auch gekochte feingehackte getrocknete Pilze dazutun und ihr Kochwasser für eine Suppe verwenden.

Piroggen mit Kohl werden mit zerlassener Butter übergossen; zu Piroggen mit Sauerkrautfüllung passt besser ausgelassener Speck.

3. Piroggen mit Weisskäsefüllung: 340—400 g gut ausgedrückten fetten Weisskäse durch ein Drahtsieb streichen und mit 1 kleinen Ei gründlich verrühren. Mässig salzen. Die Füllung quillt während des Kochens, also nicht zu viel Masse auf den Teig geben. Sofort nach dem Kochen mit reichlich Butter (60 g) servieren. Gesondert kann Sahne gereicht werden. Piroggen mit dieser Füllung sind nicht zum Aufwärmen geeignet.

4. Piroggen mit Fleischfüllung. Ein in der polnischen Küche äusserst geschätztes Mittagsgericht, zu dem Rohkostsalate, vor allem mit Sauerkraut, gereicht werden. Die Füllung wird aus 400 g gekochtem Brühfleisch berei-

tet, das zusammen mit einem eingeweichten und ausgedrückten Brötchen durch den Fleischwolf gedreht wird. Gewürzt wird sie mit 1 in 40 g Butter leicht gebräunten, feingehackten, mittelgrossen Zwiebel, Pfeffer und Salz. Ist die Füllung zu trocken, 1 rohes Eigelb unterziehen. Piroggen mit Fleischfüllung werden meist mit zerlassenem Speck übergossen. Sie können auch mit trocken geröstetem Semmelmehl überstreut und anschliessend mit heisser Butter übergossen werden. Ausgezeichnet munden sie übrigens aufgewärmt (leicht angebraten).

5. Piroggen mit Buchweizengrützefüllung. Ein echtes Bauerngericht, beachtenswert, weil sehr schmackhaft.

1 Glas Buchweizengrütze körnig backen, 1 feingehackte, in Butter oder Schmalz (60 g) braungebratene Zwiebel dazugeben und mit Salz und Pfeffer abschmecken. Die Füllung kann mit 100 g durch ein Drahtsieb gestrichenem Weisskäse ergänzt werden. Piroggen mit Buchweizengrützefüllung werden mit

Butter oder ausgelassenem Speck übergossen und mit saurer Sahne serviert.

6. Süsse Piroggen mit Weisskäsefüllung. Ein typisch polnisches Gericht, das sich ausgezeichnet als Nachtisch eignet — ein Hinweis, der bei der Zusammenstellung einer Speisenfolge von Nutzen sein kann.

Der Teig wird etwas anders als für die bereits erwähnten Piroggen hergestellt, erforderlich sind dazu 1/2 kg Mehl, 40 g Butter, 1 ganzes Ei, 1 Eigelb, ungefähr 1/2 Glas lauwarmes Wasser und eine Prise Salz. Für die Füllung 400 g durch ein Sieb gestrichenen fetten Weisskäse mit 60—80 g Zucker verrühren. Die Masse mit 1 Löffel sehr fein gehackter, kandierter Apfelsinenschale und 50 g kleinen Rosinen verfeinern.

Die fertigen Piroggen mit reichlich Butter übergiessen und dazu frische dicke oder leicht saure Sahne reichen. Auch diese ausgezeichneten Piroggen eignen sich nicht zum Aufwärmen.

7. Piroggen mit Blaubeeren, Kirschen, kleingeschnittenen Äpfeln oder sehr dickem

Pflaumenmus haben den gleichen Teig wie russische Piroggen. Die Kirschen können vorher entsteint werden. Das Obst wird mit 1 Löffel gesiebtem Semmelmehl und 1 Löffel Zucker vermischt.

Die mit Butter übergossenen Obstpiroggen werden mit Zucker und Sahne serviert.

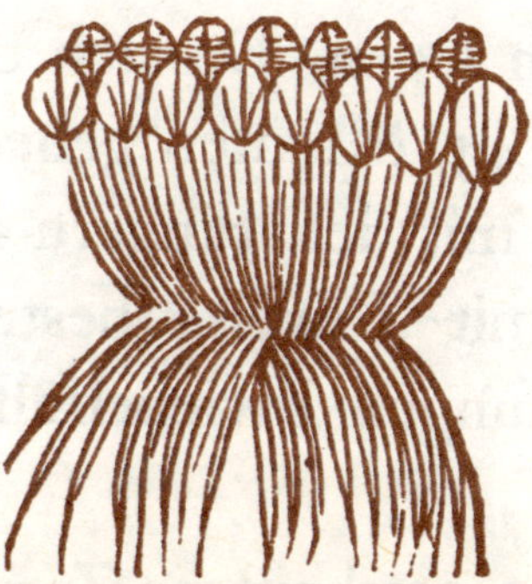

Zwiebelgebäck (Kołaczyki z cebulą)

Ein hervorragender Imbiss, der vor der Suppe gereicht wird. Ebensogut schmeckt er allerdings auch „direkt aus dem Ofen" zu Tee — anstelle von süssem Kuchen.

Aus 300 g Weizenmehl, 20 g Hefe, 1/4 Glas lauwarmer Milch, 40 g Butter, 2 rohen Eigelb und 1/3 Teelöffel Salz einen Hefeteig bereiten und gut durcharbeiten, so dass er nicht an Händen und Backschale festklebt. Das Verrühren kann man auch der Küchenmaschine überlassen, es tut dem Gebäck keinen Abbruch. Ist der Teig auf das Doppelte gegangen, aus ihm kleine Brötchen von ungefähr 30 g formen und 5 cm voneinander entfernt auf ein mit Butter bestrichenes Backblech legen. Danach die Brötchen weitere 30—45 Minuten gehen lassen und anschliessend mit den Fingern in der Mitte eindrücken, mit Eiweiss bestreichen, und in die Vertiefungen Zwiebelfüllung geben.

Füllung

200 g dünn geschnittene Zwiebel blanchie-

ren und gut abtropfen lassen, anschliessend in 50 g Butter weichdünsten. Mit 1/2 Teelöffel Zucker und einer guten Prise gemahlenem Pfeffer abschmecken.

Kohlgebäck (Kołaczyki z kapustą)

Ebenso schmackhaft wie Zwiebelgebäck. Es kommt heiss, „direkt aus dem Ofen", anstatt Pastetchen zur Suppe oder zum Tee auf den Tisch.

Der Teig ist der gleiche wie für Zwiebelgebäck. Einen kleinen Kohlkopf vierteilen, 15 Minuten kochen lassen, nach dem Abkühlen fein hacken und in 60 g Schmalz zusammen mit einer mittelgrossen, feingehackten Zwiebel kurz braten. Mit Salz und Pfeffer abschmecken und der Masse 50 g geriebenen, leicht ausgetrockneten Schnittkäse oder 60 g zerbröckelten Schafkäse und 1 rohes Ei hinzufügen. Alle Zutaten gründlich vermischen und die Füllung in die Vertiefungen der Brötchen geben. Das Gebäck leicht mit geschlagenem Ei bestreichen und bei Mittelhitze goldbraun backen.

Warschauer Pfannkuchen (hervorragend!)

Genau nach diesem Rezept zubereitete Pfannkuchen stellen sogar die erlesensten Konditoreipfannkuchen in den Schatten. Es ist jedoch weder ein billiges Rezept, noch eignet es sich für junge Hausfrauen, die gerade die ersten Schritte in der edlen Kochkunst machen. Das „Mysterium" des Pfannkuchenbackens nimmt ausserdem viel Zeit in Anspruch. Will man am Silvesterabend Pfannkuchen anbieten — unbedingt warme! —, muss man schon in den frühen Nachmittagsstunden mit ihrer Zubereitung anfangen.

Aus 60 g Hefe, 100 g Mehl, 1 Löffel Zucker und ca. 1/3 Glas Milch einen Vorteig ansetzen. Ist er gut gegangen, 400 g Mehl, 8 mit 80 g Zucker verrührte Eigelb, ungefähr 1/4 l lauwarme (nicht gekochte) süsse Sahne, 1/2 Stange zerstossene und durch ein engmaschiges Sieb gesiebte Vanille,

150 g zerlassene lauwarme Butter, 1/3 Teelöffel Salz und 1 Gläschen Sprit zugeben. Auch etwas feingeriebene Zitronenschale kann verwendet werden. Den Teig gründlich mit den Händen durcharbeiten. Löst er sich leicht von Händen und Backschale, ist er richtig. Er muss glänzend und elastisch und nicht zu fest sein. Fängt er erneut an zu gehen, in ca. 40 g schwere Portionen teilen (am besten wiegen, damit die Pfannkuchen gleich gross werden), mit der Hand kleine Scheiben formen, in deren Mitte 1/2 Löffel Füllung geben, zusammendrücken, eine Kugel formen und mit der zusammengedrückten Seite nach unten auf eine mehlbestäubte Serviette legen. Die fertig geformten Pfannkuchen mit einer sauberen Serviette bedecken. Sind sie fast doppelt so gross geworden, das Mehl vorsichtig mit einem Pinsel oder einer Feder abstäuben und sie nach und nach in stark erhitztem Schmalz in einem flachen und breiten Schmortopf backen, ohne dass sie einander berühren. Damit die Pfannku-

chen nicht zu stark bräunen, empfiehlt es sich, 2—3 rohe Kartoffelscheiben in das siedende Schmalz zu legen oder ab und an 1—2 Löffel Wasser zuzugiessen.

Sind die Pfannkuchen unten braun, werden sie vorsichtig umgedreht. Die fertiggebackenen Pfannkuchen auf einem Haarsieb oder weissem dünnem Kreppapier sorgfältig abtropfen lassen und noch warm mit reichlich Puderzucker bestäuben. Der Zucker kann mit zerstossener und durchgesiebter Vanille aromatisiert werden. Lauwarme Pfannkuchen kann man auch mit recht flüssiger Glasur überziehen und sie mit feingehackter kandierter Apfelsinenschale bestreuen.

Die klassische Füllung der Warschauer Pfannkuchen besteht aus gut abgetropfter Rosenkonfitüre mit feingehackten oder noch besser mit gemahlenen Mandeln. Für die angegebene Teigmenge sind ungefähr 150 g leicht erwärmte Rosenkonfitüre (Gewicht nach dem Abtropfen) und 80 g geschälte und gemahlene Mandeln erforderlich.

Verzeichnis der Rezepte

Suppen

Saucen

Eierspeisen

Fischgerichte

Fleisch-, Geflügel- und Wildgerichte

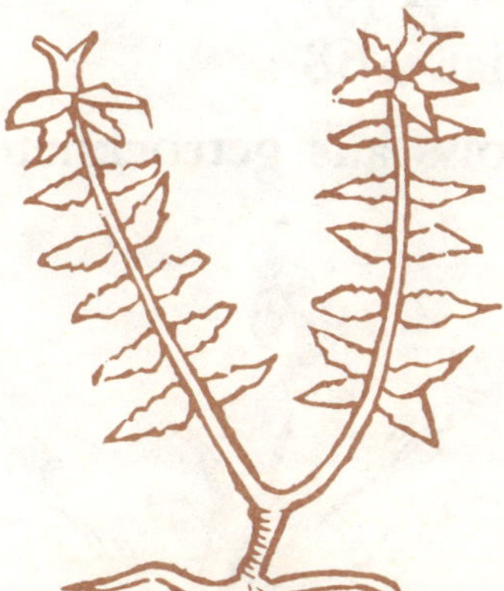

Gemüse- und Pilzgerichte

Grützen und Mehlspeisen

Kuchen und Torten

Desserts

Deutsch:
Dorota Matejak

Redakteur der polnischen Ausgabe:
Barbara Zielińska

Die eintausendachthundertsiebzehnte Publikation des Verlags Interpress

Das Buch erscheint zugleich in englischer und polnischer Sprache.

3. Auflage

PRINTED IN POLAND

Prasowe Zakłady Graficzne — Wrocław, ul. Piotra Skargi 3/5